El lenguaje
del Alma

El arte de escuchar la Vida
y alinearse con sus mensajes

JOSEP SOLER SALA

aia
ediciones

Primera edición: febrero de 2015
Primera reimpresión: junio de 2015
Tercera reimpresión: abril de 2018

Diseño de cubierta: Rafael Soria

Edición revisada por: Jorge Viñes Roig

© 2015, Josep Soler Sala

© De las ilustraciones, Josep Soler Sala

De la presente edición:
© Gaia Ediciones, 2015
　　Alquimia, 6 - 28933 Móstoles (Madrid) - España
　　Tels.: 91 614 53 46 - 91 614 58 49
　　www.alfaomega.es - E-mail: alfaomega@alfaomega.es

Depósito legal: M. 226-2015
I.S.B.N.: 978-84-8445-533-2

Impreso en España por: Artes Gráficas COFÁS, S.A. - Móstoles (Madrid)

Una noche, cansado,
abandoné todo propósito.

Y el propósito que la Vida
tenía para mí se realizó.

Sentí una inmensa paz y,
de pronto, dejé de respirar.

Al instante siguiente
la Vida me respiró.

JOSEP SOLER

Dedico esta obra a
Josep Bonaventura y Victòria,
fundidos en lo Uno,
por el regalo de la vida
que me llegó a través de ellos,
por sus dones y desafíos,
que también fueron los míos,
y por el Amor Infinito
que nos ha unido para siempre.

Índice

Prólogo del editor

TODOS HEMOS PASADO MOMENTOS duros y difíciles en nuestras vidas. En tales circunstancias nos sentimos arrebatados por un viento que nos arrastra a nuestro pesar y que nos produce la sensación de hallarnos extraviados en un caos vital que no parece tener sentido. Lo usual en estos casos es que nos consideremos hostigados por la mala suerte. Son momentos a veces terribles que nos suscitan una inmensa soledad y que nos llevan a sentirnos víctimas desvalidas de una existencia caprichosa e imprevisible.

Todos hemos pasado por situaciones así, y seguramente experimentaremos alguna más a lo largo de nuestro viaje por la vida. La cuestión es: ¿son realmente estas adversidades mero producto del azar? ¿Es acaso la Vida una suerte de juego sádico y sin sentido que nos lleva a padecer contratiempos gratuitamente?

La buena noticia es que no; la vida no es así. Josep Soler manifiesta en esta obra que todo lo que nos sucede está lleno de sentido y que nuestro ser interno, al que Josep se refiere como alma, nos habla continuamente a través de las eventualidades de la vida.

Esto no es una mera hipótesis. Por el contrario, resulta plenamente experimentable y podemos comprobarlo por nosotros mismos. Para ello, basta con que rememoremos algún momento en el que hayamos pasado por una situación difícil y que nos preguntemos si somos ahora la misma persona que éramos antes de aquella circunstancia adversa. ¿No es acaso más cierto que algo cambió en nosotros a partir de ese momento? Si lo miramos bien, comprobaremos que aquella adversidad, fuera cual fuere, nos llevó a una transformación. Puede que en aquel entonces no nos diéramos cuenta cabal de ello, pero ahora, al contemplar ese acontecimiento retrospectivamente, percibimos que a raíz de ese suceso floreció en nosotros una cualidad nueva: quizá nuestras miras se ampliaron y después del evento adquirimos una sabiduría de la que antes carecíamos, o acaso en ese proceso fuimos capaces de abandonar una actitud errónea o una adicción o una perspectiva que nos limitaba...

Si observamos los trances de nuestra vida, podremos apreciar que, gracias a esos aparentes reveses, nació en nosotros algo que antes no estaba y que nos abrió a una mayor plenitud, acaso otorgándonos mayor conciencia, quizá llevándonos a ser una persona mejor o más amorosa o más humilde; más libre o más «ella misma»; alguien más maduro, más auténtico o más verdadero. Y ese es precisamente el sentido y la razón de tal evento.

En efecto, la vida tiene la cualidad de forjarnos y de incitarnos a crecer. Eso es lo que expresa el aforismo popular «No hay mal que por bien no venga», que es otra manera de decir que todo problema o adversidad trae aparejado un bien. Y así es: si contemplamos retrospectivamente nuestra existencia podremos apreciar que todo lo que nos ha ocurrido ha estado lleno de sentido y nos ha conducido con mano firme y sabia a una plenitud mayor. ¡Porque la vida es inteligente!

El lenguaje del alma nos demuestra que la vida encierra siempre un regalo de plenitud, y que el dolor que trae consigo no es un castigo fútil sino una oportunidad de crecer. Y si llega una desventura, no es para afligirnos gratuitamente sino porque ese es el modo en que la vida nos aleja de la inercia y la ignorancia para llevarnos más allá, hacia la libertad total. Así es como funciona el proceso evolutivo: dándonos firmes aunque amorosos impulsos hacia un estado más pleno, desde la célula al organismo, desde lo rudimentario a lo complejo, desde la ignorancia a la conciencia, desde la miserable pequeñez a la inconmensurable plenitud del Ser.

Cuando nos percatamos de la sabiduría y la inteligencia que hay detrás de los procesos de la vida, empezamos a vislumbrar que la actitud más sabia que podemos adoptar ante los infortunios es tratar de descubrir su mensaje y la llamada que nos ofrecen, y detectar el cambio de dirección que la vida nos propone a través de tales eventos y circunstancias. De esa manera seremos capaces de alinearnos con ese empuje vital para así fluir favorablemente con las vicisitudes de la vida con el mismo gozo que experimenta el surfista cuando aprende a cabalgar las olas.

Josep Soler realiza en *El lenguaje del alma* una doble aportación: por una parte, muestra que la vida entraña un propósito inteligente y que nuestra existencia está llena de sentido. Por otro, revela las claves precisas para desentrañar el significado de lo que nos sucede, es decir, para entender el «lenguaje del alma» y permitirnos así dar una respuesta eficaz y evolutiva a las adversidades. Por ello se trata de un libro a la vez liberador y curativo, que actúa como una brújula que ayuda a recorrer sabiamente la aventura de la vida y a permanecer orientados y conscientes en medio de sus cuitas.

JORGE VIÑES
Madrid, 21 de enero de 2015

Propósito, estructura
y contenido del libro

ESTA OBRA ESTÁ DIRIGIDA a toda persona que tenga el espíritu de reconocer su vida como un viaje o aventura donde los regalos aguardan en cada paso. Para recibir estos dones o regalos basta con desarrollar la percepción que permite reconocerlos y entender su mensaje. La intención del libro es compartir esta capacidad de escucha para que más y más personas en cualquier etapa de su camino puedan distinguir y comprender estos regalos más allá de lo que aparenta ser una circunstancia adversa o favorable.

En el capítulo 1, *La llamada del alma*, descubrimos *El lenguaje del alma, el arte de escuchar la Vida y alinearse con sus mensajes*. El lenguaje que usa el alma para comunicarse contigo es el de los símbolos y las señales universales; por tanto, la clave para escuchar la llamada del alma es entender su lenguaje.

En el capítulo 2, *Experimenta estar alineado*, exploraremos las diez vías o artes para alinearnos instantáneamente con la llamada del alma, que en síntesis son: 1) sentir y escuchar el cuerpo, 2) el arte de decir sí, 3) seguir la voz interior, 4) observar las situaciones que se repiten, 5) atender a las coincidencias, 6) entrar en la espiral de sincronías [1], 7) pedir una señal clara, 8) creer en

---

[1] La palabra *sincronía* proviene de los términos griegos *syn*, que indica 'juntos', y *cronos*, que indica 'tiempo', y hace referencia a situaciones que suceden si-

la magia y despejar la duda, 9) abrir el corazón, y 10) establecerse en la práctica de la meditación. Dominar las diez artes implica ser capaz de captar el mensaje que la Vida trae en ese momento para alinear nuestro siguiente paso.

En el capítulo 3, *Llamadas suaves de la Vida*, empezaremos a descubrir las distintas llamadas del alma empezando en primer lugar por las suaves, que son las que se manifiestan a través de contrariedades o incomodidades que suceden en nuestro escenario vital. Además, descubriremos la manera de escucharlas para alinearnos con ellas. Todas las llamadas contienen un preciado regalo, y recogerlo convierte tu camino de vida en una aventura donde los tesoros aparecen en los lugares más inesperados.

En el capítulo 4, *Llamadas intensas de la Vida*, aprenderemos a prestar atención a las llamadas más intensas, que son las que tocan el cuerpo a través de síntomas físicos. Si uno ha ignorado o rehusado escuchar y seguir las *llamada suaves*, o bien no ha podido hacer los ligeros ajustes que esas llamadas nos invitan a realizar en nuestro camino de vida, se presenta una nueva oportunidad a través del siguiente nivel de intensidad. Aprenderemos a escuchar el mensaje de las *llamadas intensas* convirtiéndonos en artistas creadores conscientes de la realidad a través de un proceso que llamo *Esculpir el síntoma*.

En el capítulo 5, *Encontrar el acontecimiento semilla*[2], descubriremos la experiencia que es la raíz de distintos síntomas físi-

---

multáneamente. Mediante el principio de sincronicidad, C. G. Jung da cuenta de una forma de conexión entre fenómenos o situaciones de la realidad que se enlazan de manera acausal, es decir, a través de sincronías que no presentan una ligazón causal o lineal que responda a la tradicional lógica causa-efecto. Llamo espiral de sincronías al encadenamiento de dos o más sincronías, es decir, una serie de coincidencias o situaciones que se enlazan con el fin de que se encuentren personas con un propósito en común.

[2] El viaje al acontecimiento semilla es un proceso orientado a encontrar el regalo de origen o experiencia raíz de los síntomas físicos, emocionales o creencias.

cos, emocionales o mentales. Esa es también la experiencia que da origen a determinadas situaciones que se han repetido en nuestra vida y que constituyen eventos o acontecimientos que hasta ese momento habíamos interpretado como desagradables. Pondremos especial atención en las llamadas que llegan a través de lo que se denomina *enfermedad*. Una enfermedad calificada de grave es una llamada extrema del alma y apunta a una transformación personal. Ese es el regalo que recogeremos en el siguiente capítulo.

El capítulo 6, *El regalo está disponible*, encara el proceso de transformación personal que se deriva de escuchar las distintas llamadas del alma. Lo dedicaremos a la integración o sanación del acontecimiento semilla, recogiendo el regalo en su mismo origen. El que finalmente se sana no es ya el mismo que el que se enfermó. Hay un antes y un después que incluye una transformación personal. La vida tiene un sentido que uno puede comprender para liberarse y sanar. Recoger el regalo no solo nos libera, sino que también contiene la posibilidad de sanarnos a nosotros mismos, a nuestras relaciones personales y a nuestros ascendientes y descendientes.

Intercalo en el texto algunas de las historias representativas de las que he sido testigo. Son testimonios de personas que, gracias a haber escuchado y seguido la llamada de la Vida, han tejido su propio camino y también el mío. En el índice, los títulos de estos ejemplos están escritos en cursiva para facilitar la comprensión global del texto.

Finalmente, incluyo en el anexo las prácticas para acompañar el proceso de transformación personal. El lector que se sienta llamado a realizarlas puede utilizarlas para profundizar en su experiencia personal.

Una última observación: después de finalizar la lectura, puedes seguir utilizando este libro abriéndolo al azar por cualquier página en cualquier momento, ya que la historia que se presente será un reflejo intencionado o una sincronicidad de lo que estés viviendo en ese momento y apuntará al siguiente paso en tu viaje de transformación personal.

Espero que esta obra sea un buen acompañante para disfrutar de un camino que tiene un destino inevitable: despertar a la realidad de que somos seres espirituales en una aventura que se vive en un cuerpo humano.

Capítulo 1
La llamada del alma
Comprender el sentido

EL ARTE DE ESCUCHAR LA VIDA

¿Hay una sabiduría que lo contiene todo? ¿Hay algún propósito en todo lo que sucede? ¿Hay alguien ahí?

En las siguientes páginas descubrirás que la respuesta es definitivamente sí. Sí, la Vida es sabia; sí, todo lo que ocurre en la vida y en el cuerpo tiene sentido, y sí, hay alguien que siempre está aquí y en quien puedes confiar ilimitadamente: tu alma. El alma nos envía sus mensajes en una miríada de formas, y para poder escucharla hay que comprender su lenguaje, despertando un arte que hemos olvidado, el arte de escuchar la Vida.

Dominamos el arte de escuchar la Vida cuando descubrimos el mensaje de los acontecimientos que se presentan en nuestro escenario, especialmente los que interpretamos como desagradables o contradictorios. Cuando escuchamos atentamente, encontramos el mensaje; cuando lo tomamos y lo incorporamos a nuestra vida, se convierte en un regalo.

Es fácil encontrar el regalo cuando el mensaje llega a través de algo agradable, como por ejemplo cuando aparece la oportunidad que estabas esperando o cuando te enamoras y todo confluye para que la unión con esa persona se realice. En estos casos la situación que se presenta es una señal de que estamos alineados y es una invitación a seguir adelante en esa misma dirección.

Por el contrario, no es tan fácil encontrar el regalo cuando se presenta a través de un obstáculo en el escenario de la vida o de una enfermedad en el cuerpo. Sin embargo, son precisamente estas situaciones aparentemente adversas las que contienen los más valiosos y poderosos mensajes para guiar nuestro siguiente paso en el camino de vida. Recoger el mensaje al que señalan estas situaciones nos despierta, nos libera de la circunstancia que nos hacía sufrir y también nos sana; y no solo puede sanar nuestro cuerpo físico[3] o nuestra propia vida, sino también nuestras relaciones personales, a nuestros ascendientes[4] y a nuestros descendientes[5].

Bienvenido a *El lenguaje del alma, el arte de escuchar la Vida y alinearse con sus mensajes*. El lenguaje que usa el alma para comunicarse contigo es el de los símbolos y las señales universales, no el lenguaje racional articulado, que es una convención. Por tanto, la clave para escuchar lo que quiere decirnos el alma es entender su lenguaje. Todos tenemos la maravillosa capacidad de recibir el mensaje que el alma nos muestra, y la intención del libro es despertarla. Esta obra te mostrará cómo convertirte en un artista consciente capaz de crear tu vida y tu cuerpo físico, ambos como un reflejo de tu ser interior. Vas a aprender a descubrir el mensaje que hay detrás de lo que te ocurre, y vas a de-

---

[3] Dedicamos los capítulos 5 y 6 a comprender cómo ocurre la sanación en el cuerpo físico, mostrando distintos ejemplos de enfermedades consideradas graves y leves.

[4] En el apartado *Somos Uno: se sana uno, se sanan todos*, del capítulo 6, damos varios ejemplos de cómo el efecto de la sanación de una persona se extiende a su entorno, sanando y transformando aspectos de sus relaciones colaterales y de sus ascendientes.

[5] En los apartados *El niño, un reflejo del alma familiar* y *Las enfermedades de los niños*, del capítulo 5, observaremos que los síntomas físicos y de comportamiento que manifiestan los niños son un reflejo del alma familiar. A través de dos ejemplos veremos que cuando la situación familiar se transforma, el niño sana también.

sarrollar la capacidad de alinearte instantáneamente con él para crear salud en tu cuerpo y plenitud en tu vida.

SE PRESENTA UNA LLAMADA

De vez en cuando ocurre algo que irrumpe en lo cotidiano de forma inesperada, algo que no estaba previsto ni planificado. Si comparamos nuestra trayectoria en la vida con el rumbo de un velero navegando en mar abierto, el suceso que ha ocurrido representa un cambio repentino en la dirección del viento. Un buen navegante nota con facilidad los cambios de viento y, en concordancia con ellos, ajusta de inmediato las velas y el timón para enderezar su rumbo.

Cuando lleguemos a comprender *El lenguaje del alma*, veremos que los sucesos que nos trae la Vida contienen el impulso necesario para enderezar nuestra trayectoria vital.

Es importante aclarar que cuando escribo «Vida», con la inicial en mayúscula, lo hago como sinónimo de Unidad, Dios o Conciencia Divina en cualquiera de sus manifestaciones. En último término, es la dimensión espiritual en cada uno de nosotros, es decir, lo que llamamos nuestra alma.

El alma es nuestra conciencia de unidad con todo lo que nos rodea, es nuestra dimensión espiritual. Cada persona recibe su llamada a su singular manera y también en función de sus creencias. Por ejemplo, si la percibe desde su interior sentirá que es su voz interior o su alma quien le habla; si la percibe como proveniente del exterior sentirá que es la Conciencia Divina o la Vida quien le habla o le guía. En cualquier caso, ya sea a través de las circunstancias de la vida o desde el interior del corazón, es siempre el alma quien nos está hablando con el fin de llevarnos a alinearnos con nuestra naturaleza espiritual. En el apartado *Las antiguas tradiciones y la nueva física* del capítulo 3 profundizaremos en esta comprensión.

Cuando escuchamos *El lenguaje del alma* nos damos cuenta

de que las situaciones imprevistas contienen claros mensajes para que hagamos un ajuste en el rumbo de nuestra vida. Si escuchamos y atendemos esta llamada, experimentaremos una *alineación instantánea* [6], el viraje sucederá de forma suave y amable y nos sentiremos bien a pesar del contratiempo. Si no atendemos la llamada y continuamos con el antiguo rumbo, el cambio de dirección habrá de suceder más tarde, probablemente de forma más brusca o incluso dramática.

La llamada del alma llega en tres niveles. El primer nivel nos da la oportunidad de alinearnos instantáneamente a través de seguir nuestra voz interior, las corazonadas y también a través de prestar atención a los sueños y las coincidencias en lo que percibimos como realidad externa, es decir, casualidades inesperadas que se presentan en el escenario donde transcurre nuestra vida. Llevado a lo cotidiano, esto implica escuchar a nuestra intuición y hacer caso al corazón, incluso a pesar de tener un plan preestablecido en otra dirección.

Si no conseguimos alinearnos en el primer momento, la oportunidad se seguirá presentando y llegaremos al segundo nivel, que es el de las «llamadas suaves». Estas se manifiestan en nuestra vida como contratiempos, obstáculos o dificultades, y, en nuestro cuerpo, a través de sensaciones incómodas. Cuando comprendemos *El lenguaje del alma*, seguir su llamada se convierte en el arte de decir sí a lo que la Vida trae en cada momento. No solo a lo que nos gusta, sino a todo. Cuando no escuchemos, la llamada reaparecerá más adelante, probablemente con mayor intensidad, para que finalmente alcancemos a comprender profundamente lo que está pasando. La forma más simple de estar alineado con el camino espiritual es abrazar lo que la Vida nos presenta en cada momento. Cuando nos rendimos al fluir de la existencia, desaparece la resistencia y uno se entrega completamente a lo que surge.

---

[6] Uno está alineado con la Vida cuando piensa, siente, dice y hace en la dirección que esta señala y con la plena lucidez del sentido que ello tiene.

Imagina cómo sería la experiencia de un viaje o camino en el que uno dice «No» a cada paso, en un enfrentamiento continuo con lo que ocurre, chocando contra los obstáculos y nadando contra corriente. Ahora imagina lo contrario, decir «Sí» a tu pulsión[7] y hacerte uno con la Vida en cada paso. Puedes alinearte con esa pulsión o resistirte a ella. Al resistirte, se transforma en un impulso reprimido, se acumula y se hace más grande, y en la siguiente oportunidad irrumpirá con más fuerza. Si uno niega o ignora esa pulsión de vida durante cierto tiempo, la llamada del alma pasa de suave a intensa.

El tercer nivel corresponde a las «llamadas intensas», que son las que transmiten poderosos mensajes a través de síntomas físicos, emocionales o enfermedades; también corresponden a acontecimientos que tienen la capacidad de variar drásticamente el rumbo de la vida. Dolores corporales, enfermedades, accidentes y también separaciones no deseadas son ejemplos de llamadas que apuntan a un ajuste en la trayectoria de vida. Lo que se puede calificar como una enfermedad seria o crónica es una llamada intensa del alma. Una enfermedad grave, si además se percibe como una amenaza para la continuidad de la vida, es una llamada extrema del alma y apunta no solo a un simple ajuste en el timón, sino a un cambio radical de rumbo en el curso de la existencia. Y ese es precisamente el regalo que trae esa llamada extrema.

Podemos preguntarnos por nuestro grado de escucha en este momento, porque no se trata de si el alma nos habla o no, sino de nuestra capacidad o voluntad de escuchar. ¿En qué nivel estás ubicado? Estás escuchando lo que sucede en el momento y te sientes a menudo alineado, o estás en el nivel de las llamadas suaves y se suceden las adversidades o contrariedades en el escenario de tu vida? En algún momento quizá alcancemos el nivel de las llamadas intensas y el cuerpo físico nos llame la atención con dolores, síntomas variados o incluso con una enferme-

---

[7] Pulsión en el sentido del impulso psíquico característico del ser humano.

dad. No importa el nivel al que hayamos llegado si nos proponemos escuchar inmediatamente los mensajes o señales que nos
proporciona el alma a través de las circunstancias que se presentan. Bienvenido a *El lenguaje del alma*, que vas a aprender a
escuchar y a usar.

Algo te ha llamado la atención para tomar este libro. Quizá
alguien te lo recomendó, o bien se te presentó de repente o acaso el título te resultó sugerente. Sea como fuere, quizá puedas reconocer el impulso de tomarlo como una llamada suave de la
Vida, ya que el alma nos está llamando continuamente. Bienvenido a la aventura que representa haber dicho sí a esta llamada.
La intención del libro es ofrecer una guía de viaje que te sirva
para orientarte a lo largo de tu camino por la vida y para disfrutar a lo largo de todo su recorrido, siempre nuevo. Ahora ya estás listo para dar el siguiente paso: el momento de experimentar
ser Uno con la Vida. Para mí es un honor acompañarte.

ENCUENTRA SENTIDO A LO QUE ESTÁ OCURRIENDO

Es posible que una situación complicada esté sucediendo
ahora en tu vida y que no te sea posible aceptarla y entregarte a
ella. Aceptar significa abrir el corazón para que abrace todas las
sensaciones que te despierta esa situación. Entregarte significa escuchar interiormente y hacer lo que sientes que toca hacer. Si no
puedes aceptar lo que está pasando, integrarlo y abrir el corazón
a lo que está ocurriendo, es evidente que la Vida te está empujando para que des un paso adelante en tu crecimiento o evolución. Es como si tu forma de ver la vida se hubiera quedado
pequeña, estrecha o anticuada para la situación que se está produciendo. Esa forma de ver la vida, que también puedes llamar
tu antiguo mundo o sistema de creencias, requiere un ajuste para
adaptarse a la nueva situación y crecer a través de ella.

Aunque parece que nos movemos hacia delante por la vida
dirigiéndonos hacia las cosas que queremos, la realidad es que crea-

mos y atraemos lo que aparece delante de nosotros. Cada situación que se nos presenta es como si estuviéramos frente a un escenario que abre sus cortinas y nos muestra lo que hemos creado. Cualquiera que sea la situación que estés viviendo, vas a dar un paso transformador en tu vida cuando descubras su propósito. Sea lo que sea lo que aparezca en tu escenario, contiene una invitación del alma para evolucionar. Para que suceda esa evolución, la clave es encontrar el sentido profundo de lo que está ocurriendo. Para encontrarlo puedes hacerte algunas de estas preguntas, las que sean más sugerentes para ti:

— *¿Para qué estoy viviendo esto?*
— *¿Cómo lo he creado internamente?*
— *¿Qué parte de mí se está reflejando exteriormente en esta situación?*
— *¿Qué parte de mí se quedó anticuada y es el momento de renovarnos?*
— *¿Hacia dónde apunta mi crecimiento o transformación personal?*
— *¿Cuál es el nuevo paso que me toca dar en la vida y cómo lo doy?*
— *¿Cuál es el regalo que me está reservado en esta situación y que está aguardando a que lo reciba?*

Después de explorar estas preguntas dándote un espacio de silencio para responderlas, es posible que el sentido que le dabas a esa situación en tu vida haya cambiado. Cuando encuentres el propósito que hay detrás de la circunstancia que estás viviendo podrás alinearte con la situación y con el momento en una sola respiración.

Si ahora no aparece la respuesta a estas preguntas, no importa. Vas a aprender a encontrarla a través de las prácticas y ejemplos del libro a medida que vayas avanzando en su lectura. Finalmente, cuando el sentido sea pleno, la transformación tendrá lugar y la pregunta desaparecerá.

El lenguaje del alma señala hacia el regalo que aparece en el escenario y que está esperando a ser recogido. Finalmente, el regalo tiene la capacidad de liberarnos de cualquier situación para que podamos así reconocernos como la pura conciencia que somos, y nos lleva a alinearnos con el paso que estamos dando en el camino.

Esta obra está creada con la intención de acompañarte a encontrar el sentido o propósito que hay detrás de lo que aparentemente está sucediendo, es decir, la verdad[8] que hay detrás o más allá de tu opinión o primera impresión sobre lo que está pasando. Lo que se observa en el mundo físico es el resultado de un proceso creativo interior. Lo interesante no es el objeto o la situación que se manifiesta, sino cómo uno la ha creado internamente. El libro está inspirado en el camino que te lleva a recoger el regalo definitivo, es decir, la liberación, y en cómo las circunstancias de la vida te conducen inexorablemente a encontrarla.

Te garantizo que si buscas el sentido a las cosas que te pasan, definitivamente lo vas a encontrar. Es a eso a lo que me he dedicado durante más de veinte años de exploración de las relaciones entre mente, cuerpo y alma: a encontrar sentido a las vivencias que han ocurrido en el camino de otras personas y en el mío propio. Mi contribución es mostrar y ayudar a recibir regalos en un espacio donde la salud conecta con la espiritualidad.

En los próximos capítulos exploraremos las claves para que puedas encontrar el sentido y el regalo de cualquier circunstancia, por adversa, dolorosa o absurda que parezca. Daré continuos ejemplos de cómo esto sucede para que te sirvan de inspiración y de guía. Encontrar el regalo de esos acontecimientos va a hacer que tu experiencia de vida sea satisfactoria y plena. Lo que llamo liberación está en la siguiente dimensión de la conciencia, a la que inevitablemente nos dirigimos en nuestro viaje por la vida.

---

[8] Uso el término *verdad* en el sentido de que a pesar de que realidades hay muchas —cada uno vive su propia realidad—, verdad solo hay una.

Capítulo 2
Experimenta estar alineado
Las diez vías

U NO ESTÁ ALINEADO CUANDO piensa, siente, se enfoca y actúa en una dirección con pleno sentido. Es un conocimiento sencillo que no siempre es fácil de experimentar.

Profundizar en el camino de tu vida te dará la oportunidad de estar alineado en cada uno de tus pasos. En esta fascinante aventura espiritual que se desarrolla en un cuerpo humano, lo natural es que nos pasen todo tipo de cosas. A lo largo de este viaje vivimos acontecimientos intensos que nos hacen sentir una amplia gama de sensaciones y emociones, que van desde una inmensa alegría hasta una gran tristeza. En unas ocasiones viviremos situaciones en las que experimentaremos poderosamente nuestras emociones. En otras, esperamos que ocurran determinadas cosas: tenemos sueños, deseos, planes y expectativas que a veces no se realizan. Si en lugar de sentirnos desilusionados y desorientados profundizamos lo suficiente en lo que está ocurriendo, descubriremos que hay algo que pensamos o sentimos que no está alineado con la realización de nuestros sueños o deseos.

En las siguientes páginas exploraremos las claves para experimentar una alineación instantánea, para así poder disfrutar plenamente en cada paso del camino.

ARTISTAS CREADORES

Somos los artistas creadores de nuestra vida y del estado de
nuestro cuerpo. Creamos nuestra realidad conscientemente y,
en parte, también de forma inconsciente, ya que nadie crearía
voluntariamente ni una situación desagradable en su vida, ni un
dolor de muelas o de espalda en su cuerpo. En la medida en que
no nos gusta lo que estamos creando, somos artistas que desco-
nocen su arte, ya que ¿cómo es posible que queramos que ocurra algo y finalmente ocurra otra cosa? ¿Cómo es posible que
queramos estar sanos y se manifiesten tensiones, dolores y enfermedades?

Cuando no estamos alineados, nuestros objetivos, deseos, resistencias y miedos apuntan hacia distintos lugares. Cuando pensamos una cosa mientras sentimos otra y aun decimos otra distinta para hacer otra diferente, estamos desenfocados y enviamos
nuestra intención en distintas direcciones. El resultado es tensión en el cuerpo y caos en el escenario de nuestra vida. Descubriremos a continuación cómo revertir la situación y convertirnos en creadores conscientes de nuestra vida y de nuestro cuerpo.

ALINEAR LOS DISTINTOS CUERPOS

Para aterrizar en la experiencia de estar alineados, exploremos en primer lugar el efecto que tienen sobre el cuerpo físico
las otras dimensiones del cuerpo humano. Veámoslo en detalle.

Nuestro maravilloso cuerpo humano incluye distintos cuerpos. Podemos imaginarlos en su conjunto como si fueran una serie de muñecas rusas, como si el cuerpo físico fuera el que está
en el interior y los demás se situaran alrededor de él:

1.º *Cuerpo físico.* Es con el que nos identificamos en primer
    lugar y el límite visible y material del «yo». Representa
    la acción.

2.º *Cuerpo energético*. Siendo invisible para la mayoría de personas, se suele percibir normalmente entre unos cuarenta centímetros y un metro alrededor del cuerpo físico. En él están ubicados los siete centros primarios de energía denominados *chakras*. Representa la energía para la acción.

3.º *Cuerpo emocional*. Tampoco podemos ver nuestras emociones, aunque sí sentirlas intensamente, ya que en ocasiones hacen que nos doblemos de dolor, nos encojamos o sintamos un agujero, vacío o nudo en el cuerpo. Representa el sentir.

4.º *Cuerpo mental*. Podemos identificarlo como el conjunto de nuestras creencias y pensamientos. Son nuestras ideas sobre el mundo y sobre nosotros mismos que, por una parte, han sido adquiridas por nuestra experiencia y, por otra, sembradas consciente o inconscientemente por el sistema familiar. Las cosas que ocurren en nuestro escenario y que percibimos como realidad no significan nada[9] hasta que el cuerpo mental les da un significado. Representa el pensar.

5.º *Cuerpo espiritual o alma*. Aunque hay más cuerpos o dimensiones, hagamos una pausa en el quinto. Representa el cuerpo del propósito y el que da sentido a los cuerpos anteriores. El alma es la expresión del Espíritu o de la Conciencia en el cuerpo humano, y se conecta directamente al cuerpo físico a través del corazón.

La salud está ligada a la alineación o equilibrio entre los distintos cuerpos. Un camino para experimentar la salud de forma inmediata es alinear todos los cuerpos con el superior: el cuerpo espiritual o alma.

---

[9] En el capítulo 5, en el apartado *Construimos nuestra realidad sobre el acontecimiento semilla*, exploraremos en detalle este proceso de dar significado a las cosas que nos ocurren.

¿Y SI NO NOS SENTIMOS ALINEADOS?

Usualmente los cuatro primeros cuerpos quedan alineados cuando pensamos, sentimos, dirigimos la energía y actuamos en la misma dirección. En un ejemplo imaginario, aunque pueda resultar contradictorio para las normas morales, un ladrón estará alineado si piensa que tiene que robar, siente que tiene que hacerlo, lo planea y lo hace. En este ejemplo, es probable que en algún momento de su vida este ladrón reciba una llamada de su cuerpo espiritual o alma, es decir, que le ocurra algo que le haga alinearse con el propósito de la vida de forma más elevada. Esto podría ocurrir en una situación extrema o en un momento donde se replanteara su vida. Esta situación límite podría ser que le detuvieran y fuera encarcelado, o quizá se encontrara con una enfermedad, lo cual representaría en el ejemplo una llamada intensa del alma. Este tipo de llamadas las exploraremos en el capítulo 4.

El que tenga la ilusión de querer corregir a alguien, debe tener en cuenta que cada persona tiene su camino, del que no necesita ser salvado. Aunque nos parezca que esta persona anda por un camino equivocado y queramos despertarla, la mejor manera de hacerlo es aumentar nuestra luz para profundizar en el camino propio. Mientras el ladrón no sienta una desalineación interior, es inútil tratar de despertarlo. El simple intento indica que estamos enfocando nuestra energía en la dirección equivocada. No se trata de cambiar al otro, sino de transformarse uno mismo. Todos somos Uno, de modo que cuando uno se sana, también se sana el que está delante, que es un reflejo nuestro en el espejo de la Vida. Esto nos enfoca de nuevo en nuestra propia alineación.

Ahora bien, si sentimos que estamos desalineados, que nuestros distintos cuerpos o dimensiones del ser están en conflicto interno, ¿qué podemos hacer? Si nos encontramos pensando una cosa y sintiendo otra, sin saber si hacer caso a nuestra cabeza o a nuestras vísceras; si, por ejemplo, nuestro cuerpo mental está en contradicción con el emocional, ¿a cuál de los dos debemos hacer caso? La respuesta es que a ninguno de los dos. La desalineación ocurre porque no estamos conectados con el cuerpo espiritual e ignoramos el sentido profundo de lo que está pasando o de lo que estamos haciendo. Lo que sí podemos hacer es acceder a un nivel de conciencia que está más allá de la contradicción entre las ideas de deseo en la mente y las sensaciones en el cuerpo.

Un paso fundamental es distinguir entre los deseos del personaje que encarnamos y el propósito del alma. Son los deseos del personaje los que muchas veces generan conflicto con el resto de cuerpos. El personaje que creemos ser y todos sus deseos se alojan en el cuerpo mental. La aventura del alma es el viaje donde el personaje, con sus dones y desafíos, se entrega al propósito del alma. Cuando no hay alineación entre los deseos del personaje y el propósito del alma, uno se siente emocionalmente mal. Si esta situación continúa por cierto tiempo afectará a los cuerpos energético y físico.

Cuando conectamos con el cuerpo espiritual, es fácil distinguir los deseos del personaje o ego[10] del propósito del alma. Los deseos del ego parten de su propia necesidad, del sentimiento de carencia, y buscan alimentar un personaje hambriento. Los propósitos del alma son transpersonales, son íntegros, generosos y altruistas, y parten de la pulsión natural de compartir abundancia, que es fuente de inspiración genuina para alcanzar un mundo mejor para todos en sus múltiples formas.

Si desconocemos cuál es ese propósito en el momento, siempre podemos escuchar al corazón, que es el lugar a través del cual se expresa el amor incondicional. Si no logramos distinguir con claridad cuál es el siguiente paso y la sensación de desalineación continúa, el cuerpo físico soportará tensión y se generará caos a nuestro alrededor.

---

[10] El ego está ligado al personaje y se identifica con él. Está sustentado en las ideas que tenemos acerca de quiénes somos y de cómo son y deben ser las cosas, incluyendo la idea de que estamos separados del Origen, Fuente o Conciencia. Los deseos del ego buscan la satisfacción personal por encima de todo.

Hay tensión en el cuerpo físico

Si crees que deberías hacer una cosa y estás haciendo otra, no te vas a sentir alineado al respecto y probablemente notarás una sensación incómoda en el cuerpo. Es como si la cabeza tirase del cuerpo hacia un lado, las piernas anduvieran en otra dirección, la energía estuviera desenfocada, la emoción o el estómago se sintiera revuelto y el corazón percibiera el conjunto con desasosiego.

Si enviamos nuestras intenciones en diferentes direcciones, estamos estirando de nosotros mismos a la vez hacia distintos lugares, generando tensión en nuestro cuerpo y en nuestra vida. El alma nos llama a través del cuerpo porque, en lugar de estar alineados, estamos en contradicción interna. Nuestro cuerpo tiene cierta resistencia física; por tanto, la tensión ignorada o mantenida en el cuerpo más allá de su aguante dará lugar a síntomas físicos, dolores musculares o enfermedades. La llamada pasa de ser suave a intensa porque hemos pedido al cuerpo más de lo que puede dar en condiciones de relajación. Inconscientemente hemos sacado al cuerpo de su equilibrio original y los síntomas físicos buscan el nuevo equilibro. El proceso se regularizará por sí mismo, la falta de alineación nos empujará hacia una transformación personal. Cuando esta se realice, habremos recogido el regalo al que señalaban los síntomas físicos y experimentaremos salud en el cuerpo.

Generamos caos a nuestro alrededor

Nuestra falta de alineación interna se manifiesta externamente experimentando caos y confusión en el escenario donde se desarrolla nuestra vida. Tanto el escenario como la trama que acontece son una proyección de lo que vivimos en nuestro interior, como si fuera una pantalla de cine donde se refleja fielmente nuestra película interna. Al igual que nos ocurre en el cine, no somos conscientes del cuarto oscuro de donde sale la proyección. Miramos la pantalla como si no tuviéramos nada que ver con lo que se proyecta, a pesar de que uno mismo es el director, el guionista y el protagonista de la película. Sin embargo, debería ser fácil darse cuenta de que es la misma película la que se reproduce una y otra vez, porque, aun con nuevos personajes, la trama es recurrente. Es decir, se nos repiten las mismas situaciones y, en general, preferimos pensar que no tenemos nada que ver con ellas.

Creemos que los escenarios son reales y que las cosas que ocurren son de verdad, hasta que profundizamos suficientemente en lo que está ocurriendo. Entonces descubrimos que lo que percibimos como realidad es solo un reflejo de nuestro ser interior. ¿Lo dudas?

Soy yo —mi cuerpo mental— el que da el significado a lo que me ocurre. Lo que se presenta en el escenario de mi vida —el hecho que acontece— no tiene un significado hasta que se lo doy. Este significado es casi siempre instantáneo, automático, inconsciente y está *condicionado* por mis experiencias anteriores. Si percibo lo que ha ocurrido como una desgracia, me sentiré mal al respecto. Si percibo el mismo hecho como una oportunidad, me sentiré excitado o entusiasmado. El hecho que ha ocurrido significará cosas diferentes para distintas personas, y resulta evidente que el significado que tiene para mí, fui yo quien se lo dio.

¡Bienvenido a donde vives la mayor parte del tiempo! Resides en tu cuerpo mental, que es el que le da el significado a lo que ocurre. Vives en el mundo que has construido, proyectando tu realidad interior en el exterior. Cuando miras algo y lo nombras, entra a formar parte de tu realidad. Vemos entonces que, dado que el escenario es un reflejo o extensión de los cuerpos interiores, el desequilibrio que hay a nuestro alrededor lo estamos generando nosotros mismos debido a nuestra falta de alineación interna. Se debe a esta desalineación que, en lugar de orden y claridad, se manifieste confusión en nuestra vida.

De modo que lo que ocurre no significa nada hasta que le damos realidad en nuestra vida. Sin darnos cuenta, entramos a vivir en esa *realidad condicionada* que acabamos de crear. Si alguien se siente emocionalmente mal, es debido a la interpretación que da a las cosas que ocurren en su vida. Aunque aparentemente la solución sea dar otro significado a lo que ocurre —algo así como ver la vida en positivo—, es mucho más interesante descubrir el proceso de nombrar y crear la realidad. En el capítulo 6 exploraremos este proceso creativo para hacerlo consciente.

Si imaginamos una escalera que nos eleva hasta la conciencia plena, el último peldaño o nivel es liberar de esta *realidad condicionada* a los innumerables fenómenos que percibimos en el escenario de nuestra vida; esto nos dará nuestra propia libertad. Cuando afirmo que algo que sucede en el escenario no significa nada, afirmo que carece de realidad hasta que uno mismo se la da. A medida que seas más y más consciente de este proceso de creación de realidad, más libre e independiente serás de las cosas que ocurran en tu vida, hasta que saborees el espacio de libertad absoluta. Hasta que lleguemos a ese espacio de vacío, y mientras nos estemos ubicando en los niveles o peldaños intermedios de la escalera de la conciencia, lo más interesante no es saber que yo interpreto mi realidad, sino darme cuenta de que esa interpretación me habla de mí, que es mi reflejo interior. Descubrirlo me dará la oportunidad de conocerme y alinear internamente mis distintos cuerpos para manifestar o materializar mis propósitos y disfrutar de claridad en mi vida.

Creamos la realidad de forma inconsciente

En el proceso de creación de realidad asumimos sin saberlo el papel de artista inconsciente. Tenemos deseos que están en la cara visible de la consciencia, y sumergida en la inconsciencia está la cara oculta de esos mismos deseos. El artista que es poco consciente de su arte está pintando la realidad usando unos colores que ve a la vez que algunos otros que no es capaz de ver. En consecuencia, se sorprende finalmente de que la realidad de su cuadro no refleje lo que quería pintar, ya que lo que se manifiesta en el escenario de nuestra vida es la creación conjunta de ambas caras, la visible y la oculta, la consciente y la inconsciente.

En general, deseamos lo que creemos que no tenemos. El deseo está en el consciente y la creencia de carencia, en el inconsciente. Supongamos que quiero tener una pareja y oculta en mi inconsciente hay una profunda sensación de soledad. Tanto el deseo de tener pareja como la cara oculta de este deseo —evitar la soledad— están en el cuerpo mental. No encontramos la plenitud porque estamos desconectados del cuerpo espiritual.

Sigamos con el ejemplo de querer una pareja para mitigar una sensación de soledad, o de abandono, o bien de no ser querido, o quizá de falta de valor personal. Si el sentimiento nos resulta doloroso, en lugar de explorarlo lo que hacemos en cambio es soslayarlo, es decir, en general optamos por huir de este. En lugar de dirigirnos hacia nuestro interior para afrontar nuestra soledad en este ejemplo, nos damos media vuelta y salimos al exterior buscando afuera una pareja con la fantasía de que ella va a paliar nuestro dolor de forma perenne.

Lo que sucede en el escenario de nuestra vida es que si hay un deseo de no estar solo tratando de tapar una poderosa creencia de carencia, lo que crearemos será un reflejo de esa misma carencia. La creencia de carencia interna se seguirá reflejando en el escenario externo como un fiel espejo, y o bien no aparecerá la pareja deseada[11], o bien me seguiré sintiendo solo incluso aunque la encuentre.

No quiero mirar hacia dentro porque lo primero que veo es una zona oscura. Si lo hiciera debería afrontar que lo que realmente me sucede es que me siento solo, y aceptar esa realidad

---

[11] En el apartado *El corazón del proceso creativo y la señal clara*, muestro cómo enfocarnos en la acción interna en lugar de poner el énfasis en la acción externa para encontrar una pareja.

me duele o me incomoda; prefiero mirar hacia fuera y pensar que todo se arreglará cuando encuentre una pareja. Lo que no sé es que si atravesara esa zona oscura llegaría hasta mi parte luminosa, donde se encuentra la plenitud. Si nos atreviéramos a adentrarnos más allá de la soledad, la podríamos traspasar [12] para descubrir que somos Uno con Todo. La sensación de soledad no puede sostenerse frente a la plenitud de la conciencia; se desvanece. Cuando podemos mirar de frente nuestra sensación de soledad, descubrimos que es la llamada del alma invitándonos al reencuentro pleno. Si escucháramos esa llamada, retornaríamos a la plenitud que nos está llamando. Rechazar la llamada nos conduce a una eterna insatisfacción, pues nada ni nadie afuera puede reunirnos con nosotros mismos.

Las situaciones inesperadas y aparentemente contradictorias que se presentan en el escenario contienen mensajes del alma que pretenden mostrarnos que somos seres completos y no nos falta nada. Cuando no estamos alineados con esta verdad de abundancia y plenitud, el alma nos llama. Si profundizamos lo suficiente en nuestro camino, llegaremos a descubrir el mensaje latente que se aloja en estas llamadas y podremos elevarlo a la luz de la conciencia.

Las siguientes páginas mostrarán cómo escuchar y seguir la llamada para que puedas transformar cualquier circunstancia, por adversa que parezca, creando salud en tu cuerpo y plenitud en tu vida.

Diez vías para experimentar
una alineación instantánea

El alma nos habla constantemente para guiar nuestro camino. Si seguimos estas llamadas, que es la vía directa para quedar

---

[12] En la práctica *Intensificar una emoción hasta que se transforma en gozo*, del capítulo 3, muestro cómo puede hacerse.

alineado en el instante, brotará el impulso que se requiere para tejer el siguiente momento. La Vida teje el momento a través de cada uno de nosotros, algo que sucede impecablemente mediante la acción espontánea que surge cuando estamos alineados. Cada una de nuestras pulsiones, acciones o silencios es una hebra que se entrelaza con las de otros seres en el tejido universal para configurar la realidad. Es el entramado o proceso creativo de la Vida, que se recrea de un instante a otro.

En este capítulo expongo diez vías para alinearse instantáneamente a través de la comunión entre los acontecimientos externos y las sensaciones internas. La clave es observar los acontecimientos como un reflejo o extensión de nuestro ser interior y darse cuenta de que las sensaciones son la expresión de una sabiduría que proviene de la parte más profunda de uno mismo. Por tanto, para alinearse con la Vida, hay que prestar atención a cómo se enlazan las sensaciones internas y los acontecimientos externos creando el tejido universal.

Si tu intención es dominar el arte de estar alineado, puedes practicar con cada una de las siguientes vías durante una semana, incorporando en cada semana sucesiva la vía anterior. En un momento sin tiempo te habrás convertido en un experto del arte de vivir.

Las diez vías o artes para experimentar una alineación instantánea son:

1. Sentir y escuchar el cuerpo.
2. El arte de decir sí.
3. Seguir la voz interior.
4. Observar las situaciones que se repiten.
5. Atender a las coincidencias.
6. Entrar en la espiral de sincronías.
7. Pedir una señal clara.
8. Creer en la magia y despejar la duda.
9. Abrir el corazón.
10. La meditación.

Primera vía: Sentir y escuchar el cuerpo

Te puedes alinear instantáneamente cuando escuchas de forma amplia y profunda lo que está sucediendo en el cuerpo. Ante cualquier situación que se presente, siente cómo reacciona tu cuerpo. Estando de pie y centrado, si se presenta algo que te favorece realmente y pones atención a tu cuerpo, notarás que este se abre y va hacia delante; eso te impulsa a dar el siguiente paso, que será en dirección a lo que se ha presentado. Si es algo que no te favorece tanto, el cuerpo se contraerá e irá hacia atrás; de esta forma también te indicará la dirección. El cuerpo está siempre alineado con la pulsión del momento, y cuanto más sensible te permitas ser, más fácil será seguirla.

Otra manera de escuchar el cuerpo es prestar atención a las sensaciones internas cuando se presenta una nueva situación o mientras estás en contacto con alguien. Una sensación corporal incómoda o desagradable indicará que hay algo que no está alineado en tu relación con esa situación o persona. Si estás conectado con tu sensibilidad interna, tu cuerpo te indicará con una sensación sutil, por ejemplo un pinchazo o un nudo en el estómago, o con una sensación de vacío o una vibración, justo el preciso momento en que se está produciendo la desalineación. Nombro estas sensaciones a modo de ejemplo, ya que puede tratarse de alguna de ellas o bien de cualquier otra, pues no hay dos cuerpos iguales. Cuando descubras cuáles son las sensaciones en tu caso, se convertirán en tu código personal y a partir de entonces las reconocerás fácilmente, pudiendo confiar plenamente en tus señales de alerta. Si se presentan estando con alguien y no sabes de qué te están advirtiendo, puedes preguntar a la persona directamente:

—Mientras estabas hablando de esto he notado un pinchazo en mi estómago.

Y observar atentamente qué ocurre a continuación. Si la persona está abierta a explorarlo, la interacción se convertirá en un regalo para ambos. Es una manera de llevar a la luz o evidenciar aspectos que no están claros y que más adelante se podrían manifestar como problemas, situaciones inesperadas o síntomas leves. Si prestamos atención al cuerpo, este tiene la capacidad de captarlos antes de que se manifiesten y nos permite alinearnos instantáneamente con lo que está ocurriendo.

También puedes prestar atención a tus sensaciones corporales cuando te hablas a ti mismo. Si tu cuerpo está tranquilo y sosegado y te dices «tengo que hacer X», probablemente notarás que se manifiesta en tu cuerpo alguna sensación. Si esta sensación es desagradable, aunque lo sea solo ligeramente, se hará evidente que alguno de tus cuerpos no está alineado con ese «hacer X». Si tus cuerpos estuvieran alineados no dirías «tengo que hacer X», ya que en lugar de decirlo lo estarías haciendo y disfrutando del proceso.

En otro ejemplo, si te escuchas diciéndote internamente «esto que hago no me conviene» o «estoy bloqueado» o «esto me hace daño», se estará manifestando algún tipo de desalineación entre alguno de tus cuerpos, lo cual es lo que está provocando el efecto de bloqueo o de confrontación en tu cuerpo físico. Estas situaciones te invitan a descubrir cuál de tus cuerpos está apuntando hacia otra dirección y te da la oportunidad de alinearte con el cuerpo superior.

Supón que alguien está realizando diariamente una actividad con la que no se siente alineado. Lo habitual es que el cuerpo emocional se lo advierta a través de alguna sensación incómoda. Si decide continuar con lo que hace, va a tratar de ignorar la sensación desagradable porque esta le recordará constantemente que algo no anda bien. Por tanto, para seguir haciéndolo, debe desconectarse del cuerpo. Con el tiempo, si sigue haciendo lo mismo, va a necesitar un síntoma físico de mayor volumen que ya no pueda seguir ignorando. Este le advertirá que hay algo en su vida que sigue desalineado.

También puede ocurrir que a través de alguna experiencia dolorosa hayamos asociado sentir con sufrir y nos parezca que lo mejor es desconectarnos del cuerpo para sentir poco. En tales casos, nos parece que si cerramos el pecho, comprimimos el abdomen y respiramos de forma superficial vamos a sentir menos y por tanto a sufrir menos. Es un intento de protección que, si bien puede funcionar en un momento puntual, cuando se convierte en un patrón [13] provoca que perdamos sensibilidad corporal: nos contraemos, nos endurecemos y sentimos menos.

En nuestro camino por la vida el alma nos llama a través del cuerpo para liberarnos y sanar. Inicialmente nos llama a través de suaves sensaciones corporales. Si tenemos poca sensibilidad necesitaremos más intensidad para poder percibirlas, y la llamada pasará de suave a intensa. Si recuperamos la sensibilidad del cuerpo, podremos atender la llamada cuando es suave y ahorrarnos de este modo sucesivas incomodidades.

Como conclusión, si tienes una sensación incómoda, es decir, si tu cuerpo emocional te llama la atención, está indicando una desalineación entre el cuerpo mental (lo que piensas) y el físico (lo que haces), o bien entre el cuerpo mental y el cuerpo espiritual (el que da sentido a lo que haces).

En ambos casos puedes preguntarte tantas veces como precises para qué estás haciendo lo que estás haciendo. Finalmente, después de que hayas respondido varios «¿para qué?», aparecerá una respuesta final que te va a conectar y alinear con una verdad profunda. Si no aparece una clara respuesta de inmediato, muy probablemente lo hará más adelante a medida que avances en la lectura del libro.

Práctica: Recuperar la sensibilidad corporal

Algunas de las sensaciones que estamos enumerando son sutiles. Para poder notarlas hay que estar en contacto con el cuerpo y, si este está aletargado, hay que despertar primero su sensibilidad.

---

[13] En el capítulo 5 encontraremos el acontecimiento semilla vinculado a estos patrones corporales, y en el capítulo 6 realizaremos su sanación.

Para realizar la práctica ponte en pie y mantente centrado según tu postura acostumbrada. Separa tus pies un poco más de lo habitual y siente que el peso de tu cuerpo se reparte en cada una de tus plantas de manera equilibrada. Puede ayudarte a encontrar una nueva postura más equilibrada hacer algún micromovimiento o ligero balanceo de delante hacia atrás o de izquierda a derecha, y viceversa. Empleo la expresión «micromovimiento» en el sentido de hacer un movimiento casi imperceptible desde el exterior, de forma que un observador externo apenas lo advertiría. Sin embargo, la sensación interna puede ser intensa y que experimentes en tu cuerpo un «menos es más», dado que cuanto menos mueves el cuerpo por fuera más tienes que afinar la atención para seguir el movimiento, de modo que tu conciencia corporal aumenta. Siguiendo con el mismo microbalanceo, puedes ascender tu atención por las piernas, destrabando las rodillas y llegando a la pelvis. Permite a tu pelvis salir de la postura habitual para que, a través del microbalanceo, encuentre un nuevo equilibrio, más libre o más alineado con quien eres hoy. Puedes ascender tu atención por la zona genital, abdominal y por la espalda. Con la misma intención, permite a través del microbalanceo y de la atención en la respiración que tu columna, cuello y cabeza salgan de la postura habitual para encontrar un nuevo equilibrio más alineado. Puedes seguir desplazando tu atención en sentido inverso, desde la cabeza hasta los pies, llevando la atención a tus órganos y centros de energía, y notando las sensaciones que aparezcan en este recorrido.

Desplaza tu atención por tu cuerpo tantas veces como quieras. El objetivo de esta práctica es recuperar la extrema sensibilidad corporal.

* * *

LAS CLAVES PARA ALINEARSE
ESCUCHANDO EL CUERPO

- Ante cualquier plan que se presente sentiré cómo reacciona el cuerpo.
- Si se abre y va hacia delante, excelente. El cuerpo me indicará el siguiente paso.
- Si se contrae o va hacia atrás, me indicará que hay algo que no está alienado con la realización de ese plan. Antes de seguir adelante con él, me preguntaré varias veces «¿para qué?» en relación al plan que se ha presentado. Preguntaré hasta que aparezca una respuesta que me conecte con un propósito más amplio.
- Sabré que estoy alineado porque sentiré bien el cuerpo.

Segunda vía: El arte de decir sí

La siguiente vía para alinearse instantáneamente es decir sí a lo que la vida trae. Cuando decimos sí a lo que aparece en nuestra vida, somos capaces de crear el siguiente momento usando la energía que acompaña a la situación que se presenta en ese instante. Esa energía estaba siendo usada antes para resistirse al suceso, lo cual era un desperdicio en balde puesto que estábamos negando lo que ya es. Por otro lado, oponerse al acontecimiento bloquea el flujo natural de la emoción que viene con él, la cual queda estancada en el cuerpo.

Cuando se descubre el enorme poder que se despliega a través del acto de decir sí a lo que sucede, se experimenta un cambio radical en la vida. No se trata solo de aceptar lo que se presenta en el momento, sino de apuntarse a ir en esa dirección. Cuando uno dice sí a una situación, se alinea con ella y está listo para recibir el regalo que se presenta.

Ofrezco a continuación algunos episodios de mi propio camino de vida como ejemplos de la manera en que uno puede apuntarse a decir sí a la Vida y entrar en una espiral de sincronías afortunadas.

La búsqueda de una nueva dirección

Desde 1988, con 23 años, vivía episodios de dolor e inmovilización en el cuello que se extendían a menudo hasta el omóplato y el hombro derechos. Estos ataques incrementaron su frecuencia e intensidad en los siguientes años y poco a poco fueron acercándose al límite de lo insoportable. Aparentemente, estaban causados por jugar al baloncesto y me aconsejaron que lo dejara. Un especialista me dijo que, aun así, el «problema» no tenía solución y tendría que acostumbrarme. Me resistí a creer que iba a vivir con ese dolor el resto de mi vida, y así fue como me introduje en el mundo de la medicina china. El dolor disminuyó, aunque el síntoma continuaba señalando con fuerza. Un médico acupuntor me aconsejó que hiciera yoga para relajarme. En esa época yo era socio de un gimnasio y me sorprendí al descubrir que también había clases de yoga ahí. Aún no sabía que la Vida le pone a uno fácil el camino si es capaz de seguir las señales, decir sí y saltar sobre sus resistencias.

La sala de yoga era acristalada en parte y podía observarse lo que se hacía allí desde el resto del gimnasio. Como no sabía muy bien en qué consistía el yoga, antes de apuntarme miré a través de los cristales para saber de qué se trataba. Vi que dirigía la clase un personaje extraño que llevaba un vestido rojo, y entré sin pensarlo. La clase consistía en dar una serie de saltos, soltar unos gritos, sentarse en silencio con los ojos cerrados y luego abrazarse unos a otros. Me parecía un poco raro eso del yoga. Me daba la impresión de que todos los que estaban en esa clase andaban despistados.

«Si es bueno para mi espalda, hago lo que sea», pensé.

Dije sí, lo cual me obligó a desprenderme de algunas de mis limitaciones. La parte más incómoda era tener que abrazar a ese tipo extraño, con barba y vestido con la túnica roja. También temía que alguno de mis amigos me viera a través del cristal haciendo esas cosas raras y ser ridiculizado.

A finales del verano de 1992 empecé a asistir regularmente a clase. En esa misma época se había materializado un sueño: estrenaba un precioso coche que había imaginado durante varios años. Una madrugada de otoño, cruzaba la Diagonal de Barcelona subiendo por la calle Aribau y allí, a cierta velocidad y por la forma del pavimento, el coche casi podía levantarse del suelo en un pequeño salto. Me gustaba la sensación de elevarte y caer hasta que el coche se hacía uno con el asfalto. En ese instante, mi conciencia dio el mismo salto. Se elevó al cielo para preguntarse:

«¿Y ahora qué?»[14].

Y luego aterrizó para introducirse en un vacío donde esa pregunta seguía resonando sin respuesta…

«… y ahora qué… —era como si las palabras flotaran en el espacio— … y ahora qué…».

Lo poco que sabía es que era el momento de tomar *una nueva dirección*. Al día siguiente, al salir de un estacionamiento en el centro de la ciudad, rompí un intermitente. Aplacé mis planes para ir inmediatamente al taller a sustituirlo por un *nuevo indicador de dirección*. En ese momento era incapaz de comprender la metáfora que representaba ese hecho. Lo único que podía entender era mi torpeza por no dominar aún las medidas del nuevo coche. El cambio del intermitente formaba parte de mi intención de mantener el coche impecable. Interiormente estaba buscando una nueva dirección y no me daba cuenta de que exteriormente ya se había realizado.

Esa tarde en la clase de yoga, Aden, el profesor, hizo dos anuncios que iban a cambiar radicalmente los escenarios en los

---

[14] La pregunta se refería a si debía buscar otro sueño material para realizar.

que se desarrollaba mi vida. El primero era que su maestro norteamericano iba a dar un curso en la ciudad donde vivía mi novia. Se me ocurrió algo extraño: pensé en la cantidad de pasos que habría dado alguien nacido en América hasta llegar a ese lugar, y decidí inmediatamente ir al curso. El segundo anuncio de Aden era la suspensión de las clases de yoga a partir de febrero porque se iba de viaje a la India.

Al final de la clase le dije que contara conmigo para las dos cosas, para el curso y para el viaje. Se alegró de que me inscribiera en el curso y también de mi interés por el viaje a la India, aunque me dijo que lo sentía pero que no podía ir con él porque yo no estaba preparado. Insistí sin tener en cuenta que él podía tener razón.

A mis 27 años no era precisamente un hombre de mundo. La única frontera que había cruzado era la de Andorra, que estaba a poco más de dos horas de mi casa. Además, no hablaba inglés, nunca me habían interesado los idiomas porque hasta ese momento no había pensado en viajar. Había trabajado en la costa, no tenía amigos extranjeros y pensaba que no se estaba en ningún lugar mejor que en casa. Y esas limitaciones no eran nada comparadas con el mayor desafío: la India, un lugar exótico y extraño, casi mágico, un mundo radicalmente diferente al mío. Aden, para desanimarme, me dijo que visitaríamos varios lugares donde había hambre, lepra y otras enfermedades contagiosas.

—Lo que tardo en hacer la mochila es lo que necesito para prepararme —le contesté.

Como me vio tan decidido me dijo:

—Primero ve al curso y luego ya veremos.

Las decisiones estaban tomadas. No podía imaginar cómo esos eventos iban a cambiar el rumbo de mi vida.

Aprendiendo a escuchar la Vida

Recuerdo que el día del curso, mientras estacionaba el coche frente al lugar donde se realizaba, vi en la puerta a un hombre rubio y supuse que era el maestro. Él me miro por un momento.

Entré en la sala y me senté en las últimas filas. Luego entró él, se sentó y empezó a hablar tranquilamente. Al escucharle hablar me parecía que estaba describiendo una verdad profunda. Inmediatamente surgió un sentimiento de respeto hacia él. De repente, a mitad de la sesión, señaló hacia el final de la sala, por la zona donde estaba yo sentado, y preguntó:

—¿Qué le ha pasado a tu coche en la parte delantera derecha?

Algunos asistentes se giraron y parecía que me miraban.

«¡Me está preguntando a mí!», me dije sorprendido. Aunque tenía clara la respuesta, pues acababa de cambiar el intermitente, lo que no podía comprender es que él supiera que lo había roto. En mi cabeza me preguntaba cómo era posible que él me hubiera visto y recordado, aun sin conocerme, durante la hora escasa que estuvo el intermitente roto... Conclusión: imposible.

La explicación de este fenómeno resultó ser muy simple: era un don de videncia. Me dijo que esa rotura indicaba una nueva dirección. De pronto todo encajó. Yo ya sabía que tocaba una nueva dirección... El intermitente señala nuevas direcciones... Rompí el intermitente... Tocaba romper con viejas direcciones. *¡Una nueva dirección!*

Él compartía en el curso un nuevo paradigma que llamaba «El Código Secreto del Cuerpo». Este extraordinario conocimiento se transmitía en unas doce hojas de apuntes en las que se relacionaba cada parte del cuerpo y cada enfermedad con un área de la vida. De forma que si una parte del cuerpo reclamaba mis cuidados, estaba señalando metafóricamente hacia una parte de mi vida que requería mi atención. Sorprendentemente, descubrí que mis dolores de cuello y hombro se relacionaban con mi manera de comprender mi vida, con la responsabilidad mal entendida y con mi propia importancia personal.

Un viaje a otro mundo

Por otro lado, Aden ya había accedido a que le acompañara a la India. Miraba mi billete de avión una y otra vez y me costaba creer lo que leía: destino final Bombay. Como si estuviera en medio de un sueño, ese lugar no me parecía real. Tres días antes del viaje llegó la noticia de que habían explotado diez bombas en el centro de Bombay.

«Lo que faltaba», pensé.

Aún podía echarme atrás, pero no, ni hablar; estaba a las puertas de un nuevo mundo. Ahora que había encontrado una nueva dirección, no me iba a quedar a medias. La parte más importante de mi equipaje eran los apuntes del curso. También llevaba un traductor electrónico de inglés que al final no tuvo utilidad, dado que la mayor parte de las personas con las que me comuniqué no comprendían ese idioma.

El viaje en avión fue duro. Al intenso dolor de cuello y hombro se sumó una infección de garganta con fiebre alta que había ido incrementándose a medida que transcurrían las horas de vuelo. Al aterrizar en Bombay deseé mil veces regresar. Allí el calor era sofocante y espeso, tanto que era difícil respirar. Era como tener que masticar el aire antes de poder tragarlo. Todos mis sentidos se estaban colapsando. Veía suciedad allí donde miraba, los fuertes olores taponaban mi nariz y era aún peor tratar de respirar por la boca. La presión de la multitud me asfixiaba; varias personas al mismo tiempo me exigían vociferantes unas monedas agarrándome del brazo y tirando de mi ropa.

Aden tenía razón: no estaba preparado para aquello. Quería regresar a mi casa inmediatamente. Deseaba que todo eso no fuera nada más que una pesadilla y quería despertar del terrible sueño. Supongo que la fiebre alta contribuía a mi delirio. No sentía que tuviera capacidad de decisión. Solo un pensamiento en mi mente permanecía constante por encima del resto: seguir a Aden, que se perdía por momentos entre la multitud. De alguna manera llegamos a un lugar donde pudimos hospedarnos y descansar. Unos días después empecé a encontrarme mejor.

El dolor de cuello desapareció sin dejar huella

A medida que avanzaba el viaje, me iba alineando con ese nuevo mundo que me empujaba a soltar mis viejos patrones. Me sucedía un fenómeno extraño: era como si todo lo que yo sabía, lo que llamaba mis conocimientos, que, además, creía que eran muy importantes, no me sirvieran para nada. Allí no tenían ningún valor, en especial mis creencias acerca de lo que estaba bien y mal.

Al mismo tiempo, mi vida, que yo consideraba muy valiosa, allí no tenía ninguna importancia. Es decir, tenía la misma importancia que las de los demás seres a mi alrededor. En la superpoblada Bombay, daba la impresión de que a nadie le preocupaba nada de lo que sucedía a su alrededor. La vida de una persona parecía no tener valor. A la vez, la sensación de la vida hirviendo a mi alrededor era extraordinaria. Más allá de mis opiniones caducas, flotaba una extraña sensación de paz. Por encima de la aparente gravedad, crudeza o crueldad de algunas situaciones o de esa distinta realidad, parecía que todo estaba en equilibrio, todo estaba en su sitio.

A pesar de que los dolores físicos me seguían acompañando con intensidad, observaba en mi cuerpo un fenómeno curioso, y era que los síntomas se movían cuando viajaba de una ciudad a otra: unos nuevos aparecían y otros antiguos desaparecían. El más interesante de todos fue el dolor de cuello, que, cuatro días después de llegar a la India, cuando salí de Bombay hacia Puna, se trasladó definitivamente al hombro. En un corto periodo en el que viajé por distintos lugares y ciudades, fui testigo de cómo el dolor se movió hacia el brazo, luego al codo, seguidamente al antebrazo y a la muñeca y posteriormente se instaló en la mano.

Estoy describiendo lo que pasó, aunque en ese momento no pude explicármelo. Luego lo que quedaba del dolor de la mano llegó a los dedos y finalmente desapareció con el gesto de dar.

Disfrutando de un jugo de fruta en una calle de Puna, sin poder creer lo que estaba viviendo, me sentía pleno y lleno de gozo. Estaba atravesando un proceso de transformación personal, había comprendido cómo estaba creando tensión en mi cuerpo y ¡mi dolor había desaparecido sin dejar rastro! Y no solo eso, sino que además estaba descubriendo un nuevo mundo, un lugar de abundancia interior donde siempre hay más que suficiente.

Siempre hay y habrá

Libre de mis dolores físicos, me dirigí en tren hacia Bangalore. Era un viaje previsto para dieciocho horas que se convirtieron en casi cuarenta. Fui unas cuantas horas de pie en el tren y luego ya me senté en el suelo. Había subido al convoy sin comer, y en las paradas los vendedores ambulantes ofrecían comida picante, enrollada en papel de periódico sucio y de aspecto muy dudoso. La higiene de los vendedores era también muy sospechosa y, con el calor sofocante, el mero hecho de imaginar el tiempo que hacía que esos alimentos habían dejado de ser frescos me quitaba las ganas de comer. Observaba también, en cada una de las interminables paradas, cómo algunos viajeros parecían deleitarse con estos mismos alimentos. Las horas iban transcurriendo y mi hambre aumentaba. Cada nueva comida me parecía aún de peor aspecto que la anterior, hasta que el hambre dio un giro inesperado a mi percepción y, de pronto, ya no parecía tan detestable. Después de más de un día sin comer y sin tener idea de cuándo iba a llegar a Bangalore, el hambre pudo más que mis manías y por fin comí lo mismo que mis compañeros de viaje. El manjar no resultó ninguna bendición para mi aparato digestivo, que se puso del revés. Llegué a Bangalore con náuseas y en estado patético. Allí viví el último episodio de esta serie de viajes, dolores y renovaciones.

Empecé un proceso de vómitos, descomposición intestinal y fiebre muy alta en un hotel frente a la estación. Con el paso de los días, trataba de mantener la confianza en que ese proceso terrible tenía algún sentido. Intentaba estar físicamente hidratado, pero aun tomando nada más que unos sorbitos de agua, mi cuerpo los expulsaba inmediatamente. Desde que llegué a la India había sido testigo de cosas fascinantes en mi cuerpo, como si hubiera estado viviendo sanación tras sanación. Toda la esperanza que me quedaba era confiar en la sabiduría de mi cuerpo y en la de la vida. Sentía que me adentraba en un poderoso proceso de limpieza. Tomaba el agua gota a gota, a veces con un poco de azúcar y sal.

Parecía estar empeorando, dado que no había ningún indicio de mejoría y mi peso estaba reduciéndose drásticamente. Había perdido la noción del tiempo y pasaba largos periodos en el límite de la conciencia, incluso perdiéndola ocasionalmente. El chico de la recepción aparecía cada dos o tres días, y una vez vino con alguien a quien señalaba, a la vez que decía:

—Doctor, doctor…

Como yo decía «No, no» repetidamente, me mostró una tarjeta donde me pareció que ponía *Sexologist*.

Si conservas el sentido del humor aun en las situaciones críticas, la vida siempre te da la oportunidad de que no te tomes las cosas demasiado en serio. Hay que tener en cuenta que la vida usa muchas veces el humor negro. Agradeciendo con la mano, le dije al doctor:

—No, no —y seguí tomando agua, gota a gota.

Me miraba en el espejo cuando iba al baño y me costaba reconocer mi cuerpo. Antes era delgado y, en ese momento, ese cuerpo esquelético parecía el de un sadu[15]. Tumbado en la cama vivía episodios de alucinaciones y aparecían imágenes de mi infancia como si fueran piezas sueltas en medio de un caos que, de pronto, encajaban con situaciones que había vivido los últimos años, cobrando nuevo sentido.

---

[15] Sadu o renunciante: un hombre que ha renunciado a casi todas las cosas en la vida para intentar alcanzar la unión con lo divino. Su aspecto es extremadamente delgado.

Una noche me despertó un escarabajo que paseaba por mi brazo. Sintiendo fuerza en las piernas por primera vez desde hacía días, me levanté y miré por la ventana. Era como si la noche hirviera en la calle, como si el asfalto desprendiera vapor. De repente me sentí extraordinariamente vivo. De algún lugar llegó una voz o una expresión que resonaba en mi cabeza, o quizá en todo el espacio: «Siempre hay y habrá, nunca va a faltar».

Fue una revelación. De pronto me di cuenta de que siempre hubo y siempre habrá. Esa sensación me liberó del peso del pasado, del presente y del futuro. Era como si toda la gravedad del universo hubiera caído por completo, y una vez más se instalaba la sensación de que todo estaba bien y precisamente en su lugar. Me encontraba perfectamente y ¡tenía hambre!

Apuntarse a una nueva vida

Cuando regresé de mi viaje a la India y Nepal resultó que ya no encajaba en mi vida anterior. Me sentía desubicado y pasé unos días intentando adaptarme de nuevo a mi antigua vida. Llevaba un tiempo dedicándome a los negocios con otros socios y, justo antes del viaje, había terminado una carrera universitaria de ciencias empresariales con la intención de ser aún mejor empresario. Al regreso del viaje me sentía actuando en una comedia sin sentido cuando me vestía con traje para ir a la oficina. Al mirarme en el espejo me golpeaba la evidencia de que no encajaba en mi antigua ropa; de hecho, había perdido varios kilos de peso. De pronto me vi disfrazado y me di cuenta de que el que solía estar dentro de ese traje ya no estaba ahí. No era una cuestión de comprarme nuevos trajes para encajar en ellos, sino de alinearme con mi cambio de vida. Comprendí lo que estaba pasando: el que había vuelto no era el mismo que el que se había ido; el que ahora estaba sano no era el mismo que el que había estado enfermo. Había ocurrido una transformación personal.

Alineándome con mi nueva vida, decidí proponer al maestro ampliar los apuntes que había repartido en el curso. Sentía que no solo había comprendido realmente ese conocimiento, sino que lo había experimentado en mi cuerpo: había vivido una transformación personal y me había sanado de mi terrible dolor de espalda.

Cuando le comenté mis planes, me escuchó y me dijo que podíamos escribir un libro.

«¡Increíble!», pensé.

Instantáneamente, noté los pensamientos que acudían a mi cabeza en una especie de diálogo interno. Era como si una parte de mí, una voz sentenciadora que me dejaba muy pocas posibilidades, le hablara a otra parte de mí que respondía tímidamente: «Nunca has escrito nada, tienes formación en economía… y tu lengua materna es el catalán. Además, nunca te has interesado mucho por la lectura, y menos por la escritura. Bueno, recuerda que tu abuela escribía poesía, quizá tengas algún don familiar…».

Todos estos pensamientos me hacían percibir serios problemas, aparentemente insalvables. A pesar de todo no me di más tiempo para pensar que no podía hacerlo; era un proyecto fascinante.

—Lo que haga falta —le dije.

Este es un buen ejemplo de que cuando la vida presenta algo, una oportunidad, una posibilidad o un desafío que está alineado, uno se apunta a pesar de todo. Si lo analizamos desde el punto de vista lógico, todo señalaba en mi contra acerca de mi capacidad para escribir un libro. Sin embargo, mi impulso de corazón era mucho más poderoso que cualquier idea de impedimento.

Finalmente ese libro se llamó *La medicina del alma*, y fue publicado en 1994. En su redacción participó mi entrañable amiga Pilar Margarit. En cierta ocasión Pilar me preguntó algo sobre el libro, y empecé a contestarle según había oído responder al maestro otras veces. De pronto sucedió algo inesperado: me escuché diciendo algo nuevo. Era como si una conexión especial estuviera pasando a través de mí y ni siquiera estuviera articulando las palabras. Físicamente sí lo estaba haciendo; era mi voz y mi intención de hablar, solo que el contenido de mi discurso provenía de algún lugar más allá de mí. No me consideraba el autor de mis palabras y, a la vez, tenía la certeza de que lo que decía era verdad. Esto dio un nuevo sentido a lo que estaba haciendo: si la conexión había pasado a través de mi, podría pasar a través de otras personas. Quería desarrollar y compartir esa conexión para que más personas pudieran usarla. Ese mismo propósito se está realizando también a través de este libro.

Resumen: El cuerpo mental se rinde al cuerpo espiritual

En el arte de decir sí a lo que la Vida presenta, el cuerpo mental debe rendirse al espiritual. Para ello, hay que distinguir entre la pulsión del corazón que se presenta y la aparición del pensamiento que la sigue. Cuando puedas sentir claramente la pulsión genuina del corazón y desvincularla del pensamiento, habrás dado un gran paso en tu camino, porque no tendrás más remedio que decir sí a lo que se presenta. Esta pulsión genuina proviene del cuerpo espiritual, y el pensamiento, del cuerpo mental.

En el corazón reside nuestra verdad interior. Su pulsión surge en el instante y nos lleva a una acción espontánea sin pensamiento restrictivo. El pensamiento llega justo a continuación, después de analizar, valorar o procesar racionalmente la pulsión que se presenta. En bastantes ocasiones, el pensamiento que sigue a la pulsión tiende a limitarla o recortarla, dificultando que el sí sea completo. A veces esta limitación proviene de tratar de mantener a salvo la «buena» opinión que otros tengan de nosotros, y así evitamos arriesgar nuestra imagen. Si la limitación de esa pulsión es motivada por el temor a arriesgarnos, por el miedo o por tratar de evitar sentir, probablemente esta evitación o demora nos va a conducir tarde o temprano a algún sufrimiento.

En este punto lo más interesante es observar cómo un pensamiento puede impedir seguir la pulsión espontánea del momento y dejarnos rezagados. Eso puede ocurrir continuamente, viviendo en la fantasía del pasado y perdiéndonos la riqueza del momento presente, una vez tras otra. Perdemos la oportunidad de alinearnos completamente con lo que está sucediendo y también la posibilidad de entrar en una espiral de sincronías.

Si el impulso que aparece es dañar o perjudicar directamente a otra persona, es necesario detenerse para observar de dónde surge, es decir, cuál es el origen de dicho impulso. Este impulso no estará surgiendo del cuerpo espiritual, sino probablemente del cuerpo emocional. Uno no puede pretender dañar a otro sin tener el daño dentro de sí mismo. Esto es una especie de karma[16] instantáneo, porque para hacer daño hay que crear daño dentro de uno mismo; en consecuencia, resulta más dañado el que trata de dañar que a quien se pretende dañar. El impulso de dañar te da la oportunidad de sanar tu propio daño. Cuando uno descubre que el alma siempre estuvo, está y estará intacta, ya no hay daño dentro y el impulso que surge es limpio y verdadero.

En cualquier situación, por complicada que sea, puedes reconocer una pulsión interior que te lleva a hacer o decir algo. De forma muy práctica, uno puede decir sí a esa pulsión instantánea del corazón; seguirla es estar alineado con la Vida tal como se presenta. En ese momento sabrás que el cuerpo mental se ha rendido al cuerpo espiritual. La situación que vives, junto con la pulsión que te llega, es lo que la Vida requiere para tejer el siguiente momento, y así un instante tras otro.

Partiendo de un momento de silencio, primero llega el impulso del corazón y, si no hay pensamiento, la acción es inmediata. Este es un proceso creativo completo: hay una pulsión y, a continuación, una acción que conduce a la manifestación, ya sea dar una pincelada a un cuadro, añadir un condimento a una comida, decir algo a alguien o levantarse y moverse. Si esta ac-

---

[16] El karma se interpreta en algunas filosofías orientales como una ley de causa y efecto, donde una acción presente marca el inicio de un ciclo que provocará una reacción o un efecto en el fututo sobre el mismo actor, equilibrando el ciclo.

ción se aplaza o se reprime es debido a que, justo a continuación de la pulsión, llega un pensamiento de autocrítica, una justificación o una creencia limitante.

Cuando uno sigue la pulsión inicial, entra en una espiral de sincronías en la que profundizaremos en los apartados siguientes. Si no la sigue, lo más probable es que el pensamiento o la justificación le dejen a uno atascado en el pasado o imaginando distintos futuros no deseados. Eso hará que, probablemente, se pierda también la siguiente pulsión.

A continuación ofrezco una síntesis de este proceso desarrollada sobre los ejemplos anteriores. En primer lugar muestro el impulso y, después, el pensamiento o la justificación.

— Cuando imaginé el coche de mis sueños, dije sí. Atendiendo a mi situación económica en el momento en que ese sueño se presentó, era imposible que algún día pudiera tener ese coche. Decir sí me llevó a vivir un mundo de abundancia interior y exterior.

— Me dijeron que el yoga me iría bien para la espalda. Fui y me encontré con que tenía que abrazar a un hombre barbudo vestido con una túnica. A pesar de que, según mi forma de ver la vida, eso era una extravagancia ridícula, dije sí.

— Cuando me ofrecieron ir a un curso, dije sí, a pesar de que para mí era un taller para gente «extraña».

— Cuando apareció la posibilidad de un viaje a la India, dije sí no solo a pesar de mis creencias limitantes, sino también de la opinión del profesor de yoga, que no me veía capacitado para el viaje.

— Cuando se abrió la posibilidad de escribir el libro dije sí, a pesar de mis pensamientos acerca de mi aparente falta de preparación para hacerlo. Ello me ha conducido a este, ya mi tercer libro.

Ahora es tu turno para decir sí a lo que la Vida trae.

Las claves del arte de decir sí

- Sea cual sea la situación que aparezca en mi escenario, le diré sí como si fuera su creador, aunque aún no sepa cómo la he creado. En lugar de negar la situación y la energía o la emoción que llega, usaré su fuerza para crear conscientemente el siguiente momento.
- Me conectaré con la pulsión de mi corazón y diré sí a la acción espontánea que surja en ese momento de claridad. Si se presentan pensamientos restrictivos o limitantes acerca de mi capacidad o preparación para llevarla a cabo, les prestaré atención y reconoceré cuáles de estos pensamientos son mis miedos.
- Haré lo que crea profundamente que deba hacer y saltaré por encima de mis antiguos miedos usando la energía de la emoción que ha generado la situación.

Tercera vía: Seguir la voz interior

El tercer arte de alineación es escuchar la voz interior y seguirla a donde te lleve. Imagina que tienes una idea o un plan preestablecido y cuando lo vas a realizar escuchas tu voz interior o aparece un impulso o intuición de hacerlo de manera diferente o de ir a otro lugar. Si quieres mantenerte alineado con tu voz interior, hazle caso. También puedes seguir con tu idea fija de lo que ibas a hacer, pero entonces es posible que te pierdas algo o que vaya a suceder algún contratiempo o impedimento para realizar tu plan. Cuando un impulso surge más allá de la parte racional, contiene una profunda sabiduría y es la evidencia de que hay una parte de ti que no está completamente alineada con la realización de ese objetivo o plan.

Confiar en la intuición y seguir la pulsión interior produce inmediatamente una alineación con lo que está ocurriendo en el momento. En cualquier instante, sea lo que sea que estés viviendo, puedes darte cuenta de cuál es esa pulsión interior. Cuanto más intensa sea la situación, más claro va a aparecer tu impulso. A esa pulsión interior es a la que puedes decir sí para que la Vida actúe libremente a través de ti, tus cuerpos queden alineados y las cosas sucedan con fluidez y facilidad.

Cuando uno escucha su voz interior y le hace caso siguiendo el impulso que trae con ella, lo que para la mente racional podría representar un camino arduo, largo y lleno de dificultades se convierte en una aventura excitante donde las cosas se presentan de forma fácil e inesperada. Ello es la prueba evidente de que la actuación se ha realizado desde la alineación.

A continuación comparto dos ejemplos de personas que escucharon su intuición o siguieron su sueño y se apuntaron al impulso que les siguió. Veamos la facilidad con la que pueden suceder las cosas cuando uno teje el momento siguiendo su llamada interna.

Mariano y Fina

Mariano vivía con su esposa Fina y sus cuatro hijos en Buenos Aires. Una mañana de domingo estaba recostado en su cama, con un libro abierto en las manos y mirando las hojas verdes de un árbol frente a su ventana.

Entonces Fina entró en la habitación y le dijo:

—Querido, ¿qué te pasa? Tienes mal aspecto…

—No estoy mal, sino perdido —le respondió—. Siento que este no es el lugar donde debemos vivir…

—Y, entonces, ¿cuál puede ser el lugar? —preguntó Fina.

Mariano estaba viendo unos pajaritos jugando en el árbol. Siguiendo su impulso del momento dijo:

—Me gustaría que viviéramos en el campo, que nuestros hijos crecieran en la naturaleza.

Entonces miró al libro que tenía entre sus manos y la primera palabra que leyó fue *microclima*.

Inmediatamente recordó que alguien que había conocido esa semana le había dicho que en la ciudad de Merlo había un microclima especial.

—¡Vámonos a Merlo! —le dijo a Fina escuchando su intuición y siguiendo de nuevo su impulso.

Un mes después estaban llegando todos a Merlo y se disponían a encontrar casa. En el primer paseo en coche por la ciudad, Mariano vio una casa preciosa y le dijo a Fina dando voz a su intuición:

—Yo viviría en esa casa.

Fina, siguiendo ese impulso, paró el coche, se bajó y se dirigió hacía la entrada de la casa. No sabían quién vivía ahí, y tampoco había ningún cartel o anuncio de casa en venta ni en alquiler.

Una señora mayor abrió la puerta y Fina le dijo:

—Buen día, nos gustaría vivir aquí.

Resultó que esa casa había pertenecido a una persona sin descendencia que, cuando murió, le dejó la casa a su sirvienta. Esta, que había cuidado a su propietario durante años, se había hecho mayor y la casa resultaba demasiado grande para ella y ya no podía atenderla.

Pocos días después, Fina, Mariano y sus cuatro hijos estaban instalados en esa preciosa casa disfrutando del campo y del microclima de Merlo.

Mariela y su sueño

Este es el relato de Mariela, una colaboradora de México que describe la sucesión de acontecimientos que se alinearon para realizar su sueño. La situación de partida, es decir, el momento en que sintió el impulso de realizar su sueño pendiente, no era ni ideal ni aparentemente posibilitadora. Lo que ocurre es que, cuando uno escucha su voz interior y la sigue, los sucesos se concatenan, se alinean espontáneamente. Esta historia es un ejemplo de lo que puede pasar.

«En ese momento tenía 46 años, estaba divorciada tras 20 años de matrimonio y tenía a mis tres hijos adolescentes conmigo. Además, había pasado por una mastectomía por fibrosis quística severa, lo que implicó cinco grandes cirugías para recuperarme. Quería hacer un cambio en mi vida, un cambio profundo. Mi alma lo pedía y yo lo necesitaba, y nada mejor que hacer realidad mi sueño de estudiar el doctorado.

Siempre había deseado hacer un doctorado, era algo que había buscado a medida que crecía académicamente. Pero entre que criaba a mis hijos y trataba de resolver mil ataduras más, el tiempo del doctorado no llegaba. A esas alturas de mi vida, pensaba que ese sueño ya no se podría hacer realidad porque ya no era una joven y, además, ¿dónde conseguiría una beca para mí, a mi edad y con mi situación familiar?

Sin embargo, un buen día toda la vida se organizó para que las cosas se dieran. Todo fue cuestión de alinearme con ese sueño y apareció la posibilidad de la beca. Y no solo de la beca, sino la posibilidad de hacer un doctorado en España que me venía como «anillo al dedo» en virtud de mis necesidades universitarias. Se me concedió la oportunidad de postularme para la beca y entonces había aparecido el doctorado deseado. Solo faltaba que las cosas se conjugaran de manera que mi sueño pudiera suceder, así que empecé los trámites. Cada paso que daba lo hacía a conciencia, dando lo mejor de mí tal como correspondía, y luego lo soltaba para dejar que la vida se encargara de llevarlo a buen fin. Hacía mi parte y la vida la suya sin que yo tratara de controlar el proceso, solo haciendo mi parte.

Mi familia se opuso radicalmente a que iniciara esa aventura teniendo la edad que tenía y, sobre todo, me decía mi hermano:

—Eres una mujer divorciada. Tienes que ponerte en paz contigo y velar por tus hijos.

Mi madre decía, además, que ella se moriría si yo me iba a otro país y tan lejos. Había mucha oposición familiar y también incertidumbre en mi trabajo, lo que me dificultaba conseguir el apoyo que necesitaba. A pesar de eso, yo seguía con mi sueño y sentía una energía enorme para realizarlo. Mis hijos también estaban felices con la idea de irnos todos, y eso era suficiente para mí.

Mientras las cosas se definían en cuanto a la beca, la aceptación de la universidad, resolver todo lo relativo a mi trabajo en Monterrey, hallar plaza en las escuelas de mis tres hijos en España, etc., por dentro de mí le pedía a Dios que aparecieran suficientes «señales» y que yo las pudiera ver y sentir para saber que estaba en lo correcto y que mi decisión tendría futuro. Tenía algunos temores o dudas, porque no es lo mismo irse a estudiar a los 25 o 30 años, cuando uno es joven y sin compromisos, que dar ese paso divorciada, con las secuelas de salud que todavía tenía, con 46 años y con tres adolescentes que, además, dependían económicamente de mí.

Recuerdo que entre las primeras cosas que decidí hacer para conseguir dinero fue vender mi camioneta y el coche de mis hijos. Este último lo había sacado por medio de un préstamo en mi trabajo y lo debía por completo, pero lo importante era tener liquidez para poder yo «becar» a mis hijos. Así, pese a que mi hermano me dijo que era el peor momento para vender un coche porque entonces había muchos créditos y facilidades para comprar autos nuevos, puse el aviso en el periódico y solo me llamó una persona, el mismo que me compró la camioneta, pagándome en efectivo. Vino el domingo a casa, la vio, me dijo que volvería por la tarde con su esposa, les gustó a los dos y a las siete de la tarde de ese mismo día ya tenía el dinero completo en mis manos.

Al día siguiente —lunes— metí todo ese dinero en el banco para pagar el préstamo. El martes me llamó otra persona para ver el coche de mis hijos. Hicimos la cita a las ocho de la noche, pero antes, a las siete, recogí a mi hija de la dentista y salió con la novedad de que le iban a quitar las muelas del juicio y debía pagar cinco mil pesos inmediatamente. No tenía el dinero en ese momento, así que le dije:

—*Vamos a ver qué se puede hacer.*

Llegamos a casa y a las ocho llegó el señor interesado en el coche y le agradó, aunque no tenía todo el dinero en ese momento. Sin embargo, me dijo:

—*Me gusta mucho y lo quiero reservar. Tengo cinco mil pesos. ¿Qué le parece si hacemos un trato?*

¡El dinero que yo necesitaba lo tenía en ese momento y me llegaba por el camino que Dios elegía! Para mí era otra señal más de que estaba alineada con la vida. Yo los había pedido y ¡ahí estaban!

Luego vino el momento de dar de baja las matrículas de ambos coches y de que los nuevos propietarios cumplieran la promesa que me habían hecho de hacer el trámite hacia finales del mes. Me llamó uno de ellos y me citó ese mismo día para entregarme los papeles en la dependencia de gobierno, donde se hacía el cambio de propietario. Al salir de ahí se produjo la siguiente sorpresa: encontré al otro comprador que justo entraba a hacer el cambio en ese mismo momento, y en una hora más yo tenía en mis manos los dos trámites completos. La vida me seguía demostrando que al decir sí todo se acomodaba para mí.

Todo fue sobre ruedas: me concedieron la beca y el doctorado que solicité, aunque la aventura seguía. Ya en España, en mi primer día, justo al llegar y al tratar de encontrar un departamento, volví a recibir una nueva «señal». Por medio de un conocido de una amiga mía, tenía citas para ver varios pisos. Lo más importante era conseguir uno que estuviera cerca del colegio para evitar los desplazamientos de mis hijos, que yo no habría podido atender. El primero que vi era amplio e iluminado, con tres dormitorios, cocina, sala y dos baños. ¡Perfecto! Al verlo sentí que era para mí y mis hijos. El lugar me encantó, así como mis renteros, y al decirles que me interesaba pero que quería algo cerca del colegio de mis hijos, ¡resultó que el colegio estaba justo en la esquina del departamento! ¡Ya no tendría que preocuparme por cómo iban a llegar de casa a la escuela! Todo se acomodaba en un orden perfecto, reiterándome que ese era el camino, que todo estaba y estaría bien, como efectivamente sucedió.

Pasaron muchas más cosas y viví sincronías constantes a lo largo de esos cuatro años de mis estudios en los que me la pasé entre España y México. Fueron años increíbles, armoniosos, como transitar un camino dulce, liso y cuidadosamente ordenado para mí y mi sueño, aunque lo único que en realidad hice fue decir sí a la vida, seguir mi intuición y confiar.

* * *

LAS CLAVES PARA ALINEARSE
SIGUIENDO LA VOZ INTERIOR

- Estaré atento a mi voz interior, especialmente cuando tenga un objetivo preestablecido o esté en mitad de una acción.
- Si aparece un impulso o intuición de hacerlo de manera diferente o de ir a otro lugar, le haré caso.
- Confiar y seguir la voz interior produce inmediatamente la alineación con lo que está ocurriendo en el momento.

Cuarta vía: Observar las situaciones que se repiten

El cuarto arte de alineación es prestar atención a las cosas que se repiten en tu vida y descubrir cuál es el mensaje que te están mostrando. Una situación que se está repitiendo en tu vida es claramente un susurro del alma para que le pongas atención. Contiene una invitación a tomar una acción interna o externa en la dirección que señala la situación que se repite. En el capítulo siguiente exploraremos los sueños repetitivos o pesadillas recurrentes, que son también una llamada suave del alma.

Un viaje a Perú

Un verano aparecían en mi vida referencias a Perú por todas partes. Me refiero a que constantemente me encontraba con personas y cosas que aludían a Perú de una u otra forma en una repetición constante. Esto me hacía plantearme si debía viajar a ese país, aunque también había otros lugares que me apetecía conocer.

Somos creadores de lo que se presenta en nuestro escenario, tanto si somos conscientes de ello como si no. Pero como me parecía que mis ganas de ir a Perú no eran suficientes para generar la gran cantidad de alusiones que se sucedían acerca de ese país en tan corto periodo de tiempo, pensaba que tenía que haber algo más que se estaba acercando.

Por relatar algunas de ellas, puedo decir, por ejemplo, que cuando me mudé a Málaga la mayoría de las personas con quienes interactuaba, ya fuera al tomar un taxi o yendo a un restaurante o de compras, eran peruanos. Mi nuevo vecino también resultó ser peruano. Además, encontraba ofertas para viajar a Perú en mi buzón y muchos días me despertaba con música peruana, ya que había un grupo de ese país que solía cantar en la plaza a la que se abría el balcón de mi casa.

Un día tropecé con un libro en el suelo, que resultó ser una guía de viajes de Perú. Ese mismo día me llamó Cristina, una buena amiga de la que hacía tiempo que no sabía, llorando de emoción. Como casi no hablaba, pude escuchar la música que sonaba de fondo, que también era peruana. Me contó que estaba sentada en el metro de Madrid y que frente a ella había un grupo de peruanos cantando canciones típicas. Se había emocionado sin motivo aparente y mi imagen le había venido claramente como una intuición; por eso me había llamado. Definitivamente, algo se estaba cociendo con respecto a Perú.

A final del verano me encontré con Antonio, un amigo médico al que no veía desde hacía unos meses y con el que había coincidido en un retiro de silencio. En ese momento, manifestaba una severa necrosis de cadera y no podía caminar sin ayuda. Según decía, la única solución era una prótesis. La siguiente vez que lo vi me quedé muy sorprendido: estaba totalmente recuperado sin haber pasado por el quirófano. Me dijo que, además de haberse dado cuenta de algunas cosas en relación con su cadera, una mujer le había curado con sus manos a través de lo que llamaba una operación astral. Me insistió mucho en que tenía que ver a esa mujer.

Como yo no creía en ese tipo de *milagros* sino en los que operan desde la propia consciencia, sentí curiosidad. Según aseguró Antonio, ella sabía cuál era el estado de la persona con solo pasar sus manos a cierta distancia de su cuerpo.

Fui a verla y, sin tocarme, me dijo que mi cuerpo estaba bien, a la vez que señalaba un par de puntos donde mi salud podía mejorar. Antes de despedirnos, me dijo algo que me dejó totalmente desconcertado:

—Por cierto, si quieres ir a Perú, salimos en noviembre.

Cuando después de unos instantes de conmoción pude reaccionar, le contesté:

—Bueno, no es que realmente quiera ir a Perú pero… sí, en cierta manera, estaba esperando este viaje. Cuenta conmigo.

En ese momento me acordé de mi amiga Cristina y le pregunté si podía acompañarme.

—Sí, claro —me respondió—. Siempre son siete los que forman un círculo —me dijo enigmáticamente.

Cambio de rumbo para seguir alineado

Este es un ejemplo de cómo el alma guía, aunque no lo hace necesariamente en línea recta. El camino tiene giros y, cuando uno sigue la llamada, se va alineando con ellos.

Unos días después de mi encuentro con la sanadora, el huracán Mitch alcanzó Centroamérica, especialmente Nicaragua, lo cual me provocó gran consternación. Me surgió la intención profunda de apoyar de alguna manera a los cientos de miles de personas afectadas y, como no se me ocurrió nada mejor, hice lo que estaba a mi alcance en ese momento: una donación en una entidad bancaria.

También me di cuenta de que las alusiones a Perú habían desaparecido: los músicos ya no tocaban bajo mi balcón e incluso mi vecino se había mudado. Pensé que podía deberse a que el viaje a Perú ya se había concretado, pero luego vi que no era este el motivo; se aproximaban giros inesperados.

Antes de la fecha prevista para el viaje recibí una llamada de la sanadora: los planes habían cambiado de repente. Un empresario de Madrid le había donado una importante cantidad de dinero y se estaba organizando un viaje a la zona de Centroamérica más afectada por el huracán, en colaboración con una ONG con sede en Valencia. Además de prestar ayuda humanitaria y logística, la intención era visitar las zonas más devastadas y hacer círculos de meditación y sanación.

Me preguntó si iba con ellos. Le dije que claro que sí.

La sanadora, el empresario, la representante de la ONG, una amiga llamada María José, Cristina y yo sumábamos seis personas. Faltaba una más para completar el círculo de siete que había mencionado la sanadora.

El mismo día en que llegamos a León, Nicaragua, mientras estábamos sentados en la recepción del hotel que iba a ser nuestro centro de operaciones, se nos acercó un hombre que se presentó así:

—Soy Juan, un bombero de Cartagena. No sé lo que estáis haciendo aquí, pero contad conmigo para lo que sea.

¡Ya éramos siete!

En los dos meses que pasamos en Nicaragua, Honduras y El Salvador, dimos distintos niveles de apoyo a parte de los afectados. La experiencia fue intensa y en algunos momentos incluso dramática y conmovedora. Definitivamente, constituyó un regalo de vida para todos los que participamos.

Mi intención, aun sin entrar en la experiencia del viaje, es mostrar con este ejemplo una llamada del alma a través de repeticiones; en este caso, las continuas alusiones a Perú. También es un ejemplo de flexibilidad y de decir sí a la vida para alinearse con los cambios de dirección de la llamada.

*   *   *

LAS CLAVES PARA ALINEARSE OBSERVANDO
LAS SITUACIONES QUE SE REPITEN

- Prestaré atención a lo que se repite en mi vida para descubrir cuál es el mensaje que me está mostrando.
- Sabré que la situación que se está repitiendo es susurro del alma para que le conceda mi atención.
- Declararé una intención interna o manifestaré una acción externa en la dirección que señala esta llamada.

Quinta vía: Atender a las coincidencias

Uno se puede alinear instantáneamente con la Vida cuando presta atención de forma amplia a lo que está sucediendo a su alrededor y empieza a relacionarse con las coincidencias, encontrando su sentido más allá de la simple casualidad. Este es el quinto arte de alineación.

Una coincidencia se produce cuando dos o más sucesos o personas que guardan algún tipo de conexión entre ellos confluyen en el mismo momento y espacio, ya sea físico o virtual. Naturalmente, todas las personas que, por ejemplo, coinciden en un medio de transporte tienen un propósito común, que es llegar a algún lugar. Eso no hace necesariamente que su encuentro sea significativo, más allá de esa motivación común que es desplazarse en una misma dirección, aunque si nos permitiéramos explorar ese espacio podríamos darnos cuenta de la cantidad de coincidencias que se producen. Cuando comprendes *El lenguaje del alma* no hay coincidencias fruto del azar. Las cosas suceden con un propósito, y si estamos atentos podemos usar la información que nos llega para dar nuestro siguiente paso. Una coincidencia está evidenciando una intención de la Vida, por tanto esta contiene una oportunidad para los que la podemos observar o quizá también nos muestre cómo concluir un tema pendiente. Doy dos ejemplos en este apartado. En el primero, *Un asunto pendiente*, la coincidencia empuja al protagonista a resolver algo estancado en la fantasía del tiempo.

Por otra parte, una coincidencia es aún más significativa cuando se repite. En este caso es una invitación clara para seguirla y explorarla. Cuando ocurre una repetición, es muy probable que las personas que coinciden tengan algo que intercambiar, como veremos en el segundo ejemplo, *Coincidencias en el aeropuerto del D.F.*

Un asunto pendiente

Marcelo, un buen amigo que vive en Barcelona desde hace muchos años, tenía un asunto pendiente que resolver en Argentina. Las dos últimas veces que había estado allí había llegado el momento de su vuelta sin tener tiempo de abordarlo. Los años habían ido pasando y el asunto seguía sin ser atendido, ocupando el espacio, la atención y la energía de Marcelo. Él sabía que tenía que hacer algo al respecto. En un momento de interiorización e inspiración, decidió ir a Argentina con billete de ida únicamente, para que no le sucediera como en las anteriores ocasiones. ¡Se quedaría allí hasta resolver el asunto!

Como una extraña coincidencia, al día siguiente el periódico que Marcelo leía habitualmente publicó una increíble oferta de vuelo solo de ida a Buenos Aires. En este ejemplo vemos que cuando uno sigue una pulsión del corazón, esta se refleja exteriormente en el escenario manifestándose a través de una coincidencia. El mundo exterior se muestra como un espejo [17] del interior.

La oferta era para comprar el billete ese mismo día o el siguiente a un precio muy rebajado.

«Es hoy o mañana —se dijo a sí mismo—. No hay tiempo para pensar... ¡Voy!».

Compró el billete ese día y por la noche empezó a sentirse enfermo. Tuvo continuas molestias físicas desde esa noche hasta el día en que se subió al avión.

Este ejemplo nos ilustra también que, cuando uno sigue su impulso, al pensarlo posteriormente desde la lógica tiene la tentación de retractarse. La persona se pone a imaginar qué podría suceder y lo que haría en consecuencia; entonces se complica la vida, se hace líos mentales y además, en este caso, se enferma. En realidad, cuando uno se apunta de corazón a algo, nunca sabe lo que va a pasar. Posteriormente, la mente intenta controlar el desenlace haciendo planes, como si tuviera que resolverlo todo ella sola. Lo que ocurre es que uno nunca está solo, no vamos solos a ningún sitio: la Vida nos acompaña y nos guía. Se trata entonces de escuchar y atender a la Vida, que lo resuelve todo por sí misma y solo te involucra si ello es necesario. La parte que nos toca es estar presentes y ser impecables con lo que sentimos y hacemos. Eso nos alinea inmediatamente con lo que está sucediendo, porque el impulso que sentimos y seguimos forma parte de la misma ola o sincronía que se conecta con otros movimientos y situaciones en forma de coincidencias.

Saber esto también descarga el ego o la importancia personal, pues la acción no depende del ego, no la hace uno y, por tanto, no puede adjudicarse el mérito del resultado. Lo que sea que ocurra no lo va a hacer el *yo pequeño* [18]. Cuando conectas

---

[17] Este impulso del corazón se refleja como un espejo ampliado de nuestro ser interno en lo que percibimos como realidad externa.

[18] El *yo pequeño* es el yo individual y separado del Todo, y es un sinónimo del ego, en contraste con el Yo grande que es Uno con Todo, que es una expresión del alma o de la Vida como Totalidad.

con el impulso del corazón y lo sigues, la vida te apoya. Es así de sencillo.

La anécdota final es que el asunto se resolvió en presencia de Marcelo de forma inesperada y sin que fuera necesaria su intervención directa.

Coincidencias en el aeropuerto del D.F.

En mi último viaje a México me dirigía hacia Oaxaca para presentar un libro. Ya en el aeropuerto del D.F. me detuve en una enorme sala a esperar el anuncio de la salida del vuelo en la pantalla. Después de un buen rato sin noticias me senté en una de las butacas, y justo en ese momento anunciaron que el vuelo saldría con más de una hora de retraso.

«Vaya —pensé—, tengo que avisar a quienes me están esperando allí». Busqué en mi celular el número de la persona que debía recibirme, pero debido a un baile de prefijos telefónicos no podía realizar la llamada. Entonces pregunté a una chica que estaba sentada justo a mi lado, y ella me indicó el prefijo correcto. Me relajé cuando descubrí que el retraso de mi vuelo encajaba perfectamente con los planes de quienes debían recibirme, que también iban con retraso. Decidí entonces disfrutar de mi tiempo en el aeropuerto viendo un campeonato de surf en una de las grandes pantallas de un bar.

Cuando escuché el anuncio de la salida del vuelo por megafonía, me dirigí hacia la puerta de embarque y me situé en la cola. Allí me di cuenta de que me había colocado justamente detrás de la misma chica a la que le había preguntado sobre los prefijos.

«Vaya —pensé—, también se dirige a Oaxaca».

Al buscar nuestros asientos descubrimos que nos los habían asignado contiguos. Una vez acomodados y observando esta tercera coincidencia, no tuve más remedio que preguntarle a qué se dedicaba y cuál era el motivo de su viaje a Oaxaca.

Para mi sorpresa, me dijo que era periodista y que iba a hacer unas entrevistas para una cadena de informativos culturales en la feria del libro de Oaxaca. Entonces le dije que quizá me podría entrevistar a mí, dado que iba a presentar un libro en esa ciudad. La verdad es que ni siquiera sabía que esos días se celebraba allí una feria del libro y esa información me llegó en el momento justo para añadir otra entrevista de radio a mi agenda y presentar el libro también allí.

Además, al profundizar en la conversación que empezó a través del libro, resultó que le proporcioné unas claves muy útiles para resolver una situación personal complicada por la que estaba atravesando. De hecho, todavía recibo de vez en cuando un *e-mail* suyo explicándome cosas que le han ocurrido después de nuestro reincidente encuentro.

Las coincidencias [19] se siguieron sucediendo durante mi participación en la feria del libro y en el curso que di a continuación.

*   *   *

Las claves para alinearse atendiendo a las coincidencias

- Tendré en cuenta que en *El lenguaje del alma* las coincidencias no suceden por casualidad.
- Sabré que cuando se presente una coincidencia será una señal inequívoca de que estoy alineado y mantendré mi intención en la misma dirección.
- Si hay alguien que participe de la coincidencia le preguntaré con curiosidad desapegada, por si aparece un regalo para ambos.
- Trataré de descubrir el proceso creativo que ha promovido que la coincidencia se presente ante mí y daré un paso en la dirección que señale.

---

[19] En el apartado *Sincronías* de www.lenguajedelalma.org están descritas varias coincidencias más que se sucedieron en la feria del libro, acerca de distintas personas que llegaron a mi curso por una extraña combinación de sincronías.

Sexta vía: Entrar en la espiral de sincronías

Una sincronía es una coincidencia de dos o más fenómenos
a la que se suma un significado común. La sexta vía de alineación instantánea es seguir esta coincidencia significativa para acceder a una espiral de sincronías, es decir, una serie consecutiva
de coincidencias que apuntan en la misma dirección. Cuando
sigues la espiral te encuentras con personas que vibran en tu misma sintonía, y eventos no planificados de forma lógica suceden
espontánea y armoniosamente. Puede ser el camino más corto
para manifestar tus sueños o propósitos.

Una sincronía establece una conexión entre acontecimientos o sucesos que tienen lugar simultáneamente, a pesar de que
no guardan una relación causal entre ellos. Lo que conecta estos
sucesos es la conciencia de la persona o personas que los pre-
sencian. Se puede experimentar como una coincidencia inesperada que aporta un sentido o una respuesta a lo que uno está viviendo en ese momento de su vida.

La sincronía hace referencia a situaciones o fenómenos que
suceden al mismo tiempo. Por ejemplo, una fuente abundante
de sincronías se presenta al prestar atención a lo que sucede en
tu cuerpo —pensamientos, emociones y sensaciones— y a lo
que sucede al mismo tiempo en el escenario donde transcurre
tu vida.

Cuando ocurra algo extraño o inesperado en tu escenario
presta atención especialmente, en el mismo y preciso instante,
a lo que está sucediendo dentro de tu cuerpo —lo que piensas
o sientes—. Si adquieres el hábito de ser consciente de estas conexiones, comprobarás que la situación que se produce en tu escenario es un reflejo externo de lo que estás viviendo por dentro; la situación es tu propio reflejo en el espejo de la Vida.

Si lo que quieres es disfrutar intensamente de tu aventura
de vida, ahora es tu turno, puedes tomar un papel más consciente en este proceso creativo. Se logra acceder a la espiral de
sincronías diciendo sí a tu voz interior, siguiéndola y dejándote

llevar por las situaciones que se repiten o aparecen como coincidencias. Veamos el siguiente ejemplo.

La espiral apunta a Medellín

He incluido la ciudad de Medellín en mi próxima gira americana. ¿Cómo ha sucedido? He entrado en una espiral de sincronías.

Saliendo del aeropuerto de BCN para mi visita a México, mi editor me confirmó que el último libro no estaría listo para la feria del libro de Barcelona[20], donde tenía la intención de presentarlo. Mi regreso estaba previsto para ese evento, así que de pronto ya no tenía motivo para regresar a Barcelona en esa fecha y disponía de unos días libres antes de continuar hacia Chile, y podía evitar dos vuelos transoceánicos. Me pregunté interiormente hacia dónde podría ir cuando terminara mis cursos en México, y me sorprendió que se detuviera justo delante de mí un chico que mostraba en su chaqueta la palabra COLOMBIA ocupando toda su espalda.

Pensé:

«Es interesante, porque Colombia queda a mitad de camino entre México y Chile».

Instantes después, al revisar mi *mail* antes de subir al avión, recibí un mensaje de una colaboradora que me decía que las últimas tres personas que había conocido, sin conexión entre ellas, le habían hablado de Medellín.

Me dije:

«No solo me está llegando la información del país, sino también de la ciudad».

En ese momento recordé que mi amiga Pilar —había estado esa semana en su casa— tenía un enorme mapa del mundo en su salón donde señalaba Medellín con tres banderas. Como no

---

20 23 de abril, celebración de San Jordi en Cataluña. Día del libro y de la rosa.

había ninguna otra bandera en todo el mapa, le pregunté qué significaban. Representaban su clara intención de visitar Medellín y me explicó que una buena amiga terapeuta vivía allí y tenía previsto visitarla muy pronto.

Al aparecer esta sincronía, decidí pasar a la acción dando un paso en dirección a Medellín. Le escribí a Pilar antes de subir al avión y le pedí que me conectara con su amiga por la posibilidad de viajar a Medellín y presentar mi trabajo allí.

Al llegar a México D.F. me llevaron a instalarme en un apartotel. Cuando pregunté por la clave de Internet, me dijeron:

—Medellín.

—¿Cómo? ¿Por qué Medellín? —pregunté sorprendido.

—Es porque estamos en la calle Medellín —y señalando a la calle me mostró una bandera de Colombia que presidía una fonda colombiana en la acera de enfrente.

Era la cuarta coincidencia que apuntaba a Medellín en un solo día. Al conectarme a Internet recibí un *mail* de la amiga de Pilar en Medellín. Pilar le había escrito por la mañana y respondía que estaría encantada de organizar mis cursos allí.

Como acabamos de ver en este ejemplo, para entrar en la espiral de sincronías, un camino es prestar atención a la conexión entre tu mundo interior y tu mundo exterior, es decir, entre lo que pasa por dentro del cuerpo y lo que pasa por fuera.

Veamos cómo ocurre. A la vez que me estoy preguntando hacia dónde voy a ir después de México, se para frente a mí un chico con un letrero de Colombia. Si esto por sí solo no es suficiente, recibo un *mail* con referencia a Medellín en el instante siguiente. Interiormente digo sí y recuerdo otra «señal» de Medellín la semana anterior. Tomo una acción en dirección a Medellín y las respuestas que obtengo siguen mostrándose alineadas.

Para vivir la sincronía hay que establecerse en el presente, porque si estás persiguiendo las cosas tu atención está puesta en el futuro. Si tus ojos no están mirando lo que está ocurriendo te pierdes la sincronía del momento, que siempre sucede delante de ti.

Cuando persigues algo desde tu necesidad, tu sensación de falta no está dejando que eso se acerque a ti de forma natural. Cuando nos relajamos, el alma lo coloca delante de nosotros en forma de sincronía para que despertemos a la realidad de que somos seres completos.

Observaremos como ejemplos de este apartado una serie de sincronías relacionadas con la celebración de los cursos. Uso el ejemplo de dar cursos por dos motivos: el primero, porque su celebración es una suma de intenciones de muchas personas que se unen en el mismo acto creativo; el segundo es porque la pasión me impulsaba a realizarlos. Nada impulsa tanto la espiral de sincronías como estar conectado con tu pasión. Conéctate con tu pasión o tus dones[21] y ofrécelos al mundo[22] entrando en la espiral de sincronías. Aparecerán personas y eventos que vibrarán con esa misma frecuencia, tejiendo el momento juntos.

¿En serio?

Veamos el caso de Patricia, una cirujana de Oaxaca, que vio uno de mis vídeos en Internet y tuvo el impulso de asistir a uno de mis cursos. Ella no sabía cómo podría ir, ya que no se le ocurría la manera de organizarse para desplazarse a España. Lo que no podía imaginar es que yo estaba en México, y menos aún que iba a estar en su misma ciudad solo dos días después y, además, dando el curso al que ella quería asistir.

Aun sin saberlo y motivada por otra actividad, el día del curso pasó casualmente por delante del centro donde este se realizaba. Allí vio repentinamente el cartel anunciador y, estupefacta por semejante sincronía, irrumpió en la sala en mitad del

---

[21] En el libro *Las nueve puertas, disolviendo la dualidad*, que será publicado próximamente, podrás descubrir a través de tu fecha de nacimiento cuáles son tus dones.

[22] En el apartado *Tus dones* de www.lenguajedelalma.org ofrecemos información sobre el proyecto Red de Dones.

evento pidiendo permiso para contar su historia y quedarse. Ella no dejaba de decir:

—¿En serio? ¿Es esto real?

«Mañana Road»

En ese mismo viaje, en San Miguel de Allende, conocí a Alberto y, dada la cantidad de coincidencias entre su vida y la mía, como si fuéramos espejos uno del otro, nos hicimos amigos inmediatamente. Acepté su invitación de pasar las Navidades en su casa de Dallas. Estando ahí se presentó la posibilidad de otro curso en la ciudad mexicana de Monterrey (MTY), ya que Alberto tenía interés en conocer mi método de trabajo en grupo. Él tenía unos conocidos en MTY que, al parecer, podían reunir un pequeño grupo de personas en los siguientes días. Alberto debía desplazarse allí de todas maneras por motivos de trabajo y el plan sería hacer el curso inmediatamente, ya que antes de diez días yo debía estar de regreso en España.

Mi parte era decidir si me apetecía ir o no. Si aceptaba, él pondría en marcha la organización. Aceptar significaba para mí cambiar mis planes de descanso por un viaje de ida a México y regreso a España en pocos días. Además, según mi experiencia, cuatro días, que eran los que quedaban, eran muy pocos para organizar un curso.

Al día siguiente estaba sentado en el salón de la casa decidiendo si ir o no a México. En ese momento escuché que me llamaba mi amigo Alberto:

—¿Vamos? —dijo refiriéndose a salir a dar un paseo del que habíamos hablado en el desayuno.

A lo que yo le contesté:

—Sí.

Poniendo atención al proceso de las sincronías, lo que pasa por dentro es que estoy decidiendo si voy a MTY o no. Lo que pasa por fuera, en el mismo instante en que lo estoy decidiendo, es que Alberto me invita para salir de la casa y le respondo «Sí».

En el mundo de la realidad aparente, nada tiene que ver su pregunta «¿Vamos?» con la respuesta que estoy buscando. Sin embargo, en el mundo de la sincronía, en el que habito desde hace años, la pregunta y la respuesta encajan perfectamente.

Inmediatamente me di cuenta de que la decisión ya estaba tomada sin mi intervención racional, porque ya había dicho «Sí». Por tanto, seguí la sincronía y le comuniqué a Alberto la decisión de ir.

—¡Excelente! —sonrió.

Entonces me preguntó cuántas personas quería aceptar como máximo. Le respondí que para un encuentro de interacción personal podía atender a un grupo de unas 30 personas.

A los dos días fuimos a comer al centro de Dallas y en mitad de la comida Alberto recibió una llamada de una de las organizadoras locales. Entendí que estaban hablando del límite marcado de 30 personas y Alberto me preguntó si podíamos aceptar a 30 más.

—¿Más? —respondí—. Te refieres al límite de 30 del que hablamos, ¿no?

—Ya hay 35 personas apuntadas y otras 30 en lista de espera, ¿qué hacemos?

Costaba creer que en solo dos días se hubieran inscrito 65 personas. Sonriendo, Alberto me dijo:

—En Texas hemos inventado la talla Texas, que es la extragrande.

Me di cuenta de que el proceso estaba más allá del control de mi personaje y acepté todas las personas en lista de espera.

Conduciendo de regreso a casa, Alberto me preguntó cuándo quería que saliéramos para MTY. En ese momento estábamos en mitad de la autopista, casi cruzando por debajo de un enorme panel que indicaba: «MAÑANA Road».

Siguiendo la espiral de sincronías, lo que pasa por fuera es que Alberto me pregunta cuándo nos vamos a MTY. En ese momento yo mismo me pregunto cuándo salir, y lo que pasa por fuera, al mismo tiempo, es que tenemos justo enfrente un enorme indicador que dice «Carretera MAÑANA».

Se lo muestro a Alberto, sonreímos y decidimos salir «mañana».

Finalmente, en esos cuatro días se reunieron ochenta personas para este encuentro de MTY. Después de uno de los cursos fuimos a pasear por el área forestal de Chipinque y se produjo otra bella sincronía. Estaba hablando de cómo alinearnos con el viento y al extender mi brazo un pájaro se posó en mi mano [23].

El latido del corazón universal. Hacia la isla de La Palma

Si tenemos que hacer las cosas con esfuerzo o nos cuesta conseguir lo que nos proponemos, es que no estamos suficientemente alineados. Cuando sí lo estamos, las cosas se presentan en el escenario con facilidad; basta con a) enfocar claramente la intención de lo que queremos experimentar —asegurándonos de que todos nuestros cuerpos apuntan en esa misma dirección— y b) desapegarse de una forma concreta de resultado. Es importante desapegarse de la rigidez de un resultado determinado debido a que la Vida nunca se repite. Cuando te imaginas algo de una manera ya lo has creado en tu cuerpo mental, por tanto ya existe en forma de idea o pensamiento; es decir, ya es real en el cuerpo mental. Cuando lo que has creado con tu imaginación se precipite en la dimensión física, es decir, cuando lo imaginado llegue a tu escenario físico, lo hará de una manera nueva y quizá sorprendente. No será exactamente como tú lo pensaste o planificaste ya que eso ya «fue», y el proceso creativo puro de la Vida no hace duplicados.

De modo que enfoca tu intención de lo que quieres, desapégate del resultado y sé bienvenido a la espiral de sincronías, las

---

[23] En el apartado *Imágenes* de www.lenguajedelalma.org podrás apreciar la fotografía tomada en Chipinque, área forestal de Monterrey. Alineado con el pájaro de San Francisco —Blue Jay— en la palma de la mano.

conexiones increíbles y el misterio de las infinitas posibilidades. Veamos en los próximos dos ejemplos cómo las conexiones se realizan de forma inesperada y sorprendente.

Estaba visitando las islas Canarias, concretamente la isla de Tenerife para dar una conferencia allí, y me animaron a visitar también la isla de La Palma. Disponía de una semana entre otros eventos, y pensé que, si iba, podía dar un curso allí, aunque no me apetecía entrar en los canales de organización habituales. Decidí que si debía ir y hacer el curso, tendría que organizarse solo. Entregué a la Vida mi intención y mi disposición sin hacer nada más, desapegándome del resultado.

En la conferencia que di en Tenerife apareció Manel, un médico catalán. En la conversación que mantuvimos después de la conferencia me dijo *casualmente* que daba consultas en la isla de La Palma. Para seguir la sincronía del momento le dije que tenía intención de hacer un curso allí, aunque era la primera persona a quien se lo decía. Quizá el lector se pregunte en qué basaba mi expectativa de dar un curso allí si no se lo decía a nadie. La respuesta es que simplemente estaba esperando a que se presentara en mi escenario la sincronía que me llevara suavemente hasta la isla. Manel me dijo que conocía a una persona, Celina, que tenía un centro de actividades en La Palma. Quedamos en que él la llamaría para preguntarle si querría hacerse cargo de la organización. Celina, rebosante de alegría y emoción, aceptó encantada organizar el curso. Cuando se puso en contacto conmigo me contó lo que le había pasado. Resultó que ella usaba uno de mis libros para sus clases y en ocasiones se lo prestaba a alguno de sus alumnos para que lo leyera. Hacía unas semanas que el libro no aparecía y no recordaba a quién se lo había prestado. Entonces le pidió al universo que el libro apareciera de nuevo y ahora ¡el autor se lo iba a llevar en persona y además dedicado!

Estuvimos calculando las fechas y llegamos a la conclusión de que su petición al universo y mi impulso de visitar la isla de La Palma sucedieron de forma sincrónica.

El fenómeno de la espiral de sincronías puede describirse así: imagina el universo como si fuera un solo cuerpo; imagina que en el centro de este cuerpo universal hay un corazón que pulsa, como si esta pulsación se extendiera en todas direcciones hacia todo el espacio. De la misma manera que el latido de tu corazón se extiende por todo tu cuerpo físico llevando su impulso a cada célula, cada ser del universo recibe la pulsación del corazón universal, como si fuera una célula de ese único cuerpo. Cada ser está recibiendo la misma pulsación del corazón universal y sintiéndola a su manera en su cuerpo individual.

El impulso que recibe cada ser está relacionado con todos los demás, en una sinfonía o sincronía. Cuando uno dice sí a ese impulso y lo sigue, está alineándose con el resto de personas o seres que están vibrando en la misma frecuencia. Esa alineación hace que determinadas personas, impulsos y acciones se atraigan unas a otras. Se incrementan las sincronías visibles y la facilidad con la que se conectan los eventos en la vida cotidiana.

Las conexiones se suceden una tras otra hasta el punto que se hace evidente para cualquier persona que no pueden ser fruto del azar. Se manifiesta una espiral de sincronías, aunque visto externamente parece que uno está continuamente de suerte.

Uno se alinea con el proceso creativo y este se manifiesta con facilidad. En un universo que se extiende infinitamente en todas direcciones, tu corazón es el centro[24].

Llegar montado en la sincronía

Exploremos con más detalle la anterior propuesta de desapegarse de una forma concreta de obtener un resultado. Cuando uno se dirige a un lugar, suele buscar la vía más rápida. Se nos enseña a pensar de forma lógica y se nos dice que el cami-

---

[24] El centro de un universo infinito es el punto de observación. Si el observador eres tú, tu corazón es el centro del universo.

no más corto para llegar de A a B es una línea recta. Sin embargo, lo cierto es que no hay en todo el universo ningún objeto que se mueva en línea recta, ni siquiera la luz[25]. En muchas ocasiones el camino más corto para llegar a un lugar no es el que parece. La idea de una línea recta es precisamente la búsqueda de un resultado concreto, con la fantasía añadida de que si uno se desvía de la línea lógica tardará más en llegar.

Si podemos soltar nuestras ideas rígidas de cómo deberían ser las cosas y consideramos que hay infinitos caminos para conseguir un resultado, quizá descubramos que el camino más corto no es la línea recta, sino la espiral de sincronías. Veamos a continuación el ejemplo de alguien que viaja montado en la sincronía.

Se iba a realizar un retiro de meditación en un lugar especial en la playa de Bolonia, Cádiz. Había quedado allí con mi amigo Juan Carlos, que vendría de Barcelona, a unos 1.200 km de distancia de la playa. Estábamos al inicio de la Semana Santa y, dadas las fechas, le fue imposible encontrar un pasaje en transporte público que le llevara hasta ahí. Además, terminaba su trabajo un miércoles por la tarde y el curso empezaba el jueves siguiente por la tarde. Ante la incertidumbre sobre su forma de llegar, me dijo:

—No hay problema, ya llegaré.

Cuando terminó su trabajo se fue a la estación y tomó el primer tren que salía en la dirección aproximada hacia la que él se dirigía. Ese tren llegaba hasta Cartagena, a mitad de camino hacia la playa y fuera de la ruta directa hasta ella.

«Si va para allá, ahí que voy yo también», se dijo.

Al bajar del tren en Cartagena encontró un autobús que estaba saliendo en dirección a Almería. Aunque también se desviaba un poco de su destino, se dijo lo mismo:

«Si va para allá, ahí que voy yo también».

Al llegar a Almería no encontró otro medio de transporte, así que decidió salir a la carretera general para hacer autostop.

---

[25] La presencia de materia provoca la curvatura de la luz.

Inmediatamente se paró un vehículo cuya ruta coincidía aproximadamente con la que a él le interesaba seguir.

El lugar donde se realizaba el curso no tenía realmente una dirección definida. Era preciso saber dónde estaba la casa en la que se celebraba el curso y acceder hasta ella por una pista de tierra difícil de encontrar. El jueves por la tarde, unas horas antes del curso, salí de la casa en dirección al centro del pequeño pueblo de Bolonia, donde había quedado con un transportista que nos traía un material. Al llegar vi un camión aparcado en la puerta de un bar y deduje que era el del transportista que estaba esperando.

Entré en el bar y, sorprendentemente, encontré que allí estaba mi amigo Juan Carlos apoyado en el barra tomándose una cerveza bien fresquita.

Asombrado, le dije:

—¿Cómo has llegado tan rápido? ¡No te esperábamos como pronto hasta mañana!

—Nada, muy fácil, he recorrido más de 300 kilómetros haciendo autostop.

—¡Me alegro de verte! Por cierto, estoy buscando al conductor de ese camión. ¿Le has visto llegar? —le pregunté.

—Pues claro. ¡He venido con él! Está en el baño.

Nos miramos y soltamos una carcajada que aún puedo escuchar.

Resultó que el camionero fue la segunda persona que se paró cuando Juan Carlos hizo autostop. Ambos iban al mismo lugar sin saberlo, pues ninguno tenía una dirección. El resultado fue que Juan Carlos había recorrido los 1.200 km en un tiempo récord, conectando distintos medios de transporte que le llevaron hasta la misma puerta de un lugar perdido en una playa de Bolonia. Su trayectoria no fue la línea recta, pero llegó del modo más rápido montado en la sincronía.

* * *

Las claves para entrar en la espiral de sincronías

- En primer lugar me establezco en el momento presente, que es el espacio donde las sincronías suceden.
- Ahora, presto atención a la conexión entre mi mundo interior y mi mundo exterior, es decir, a lo que pasa dentro del cuerpo y lo que pasa fuera.
- Al mismo tiempo que algo está sucediendo en el interior de mi cuerpo —por ejemplo, siento un impulso de hacer algo o aparece una idea o pensamiento—, una sincronía está sucediendo a la vez en mi cuerpo extendido. Les prestaré atención a ambas, como parte de la misma pulsión universal y proceso creativo de la Vida, que se expresa simultáneamente tanto dentro de mí como en mi escenario.
- Si me es posible, seguiré la sincronía externa hasta donde me lleve.

Séptima vía: Pedir una señal clara

Otra forma de alinearse instantáneamente es pedir una señal clara al alma para saber cuál es el siguiente paso. La petición surge del cuerpo mental y se dirige al cuerpo espiritual, creando un puente entre ambos. Si sigues la señal que muestra el alma, el resto de los cuerpos se alinean inmediatamente.

Como has ido observando hasta ahora, lo que se presenta en tu escenario, es decir, en tu mundo externo, es un espejo de tu ser interior. Cuando preguntas al alma con la intención de escuchar, verás que se refleja inmediatamente la respuesta en tu escenario, la cual surge de la parte más profunda de ti.

Puedes pedir una señal sobre cualquier cosa, por ejemplo, cuál debe ser tu siguiente paso, qué debes hacer ante una determinada situación que se presente o sobre cualquier cosa que desees saber. El alma te dará la clave a través de lo primero que capte tu atención en el escenario, por ejemplo, el primer lugar u objeto sobre el que se detenga tu mirada, el primer sonido que escuches o la primera sensación que se presente.

Veamos ahora dos ejemplos de pedir una señal y encontrarla atendiendo a la sincronía que se presenta, es decir, a la relación que se crea entre tu petición y su reflejo instantáneo en el escenario de tu vida.

Posteriormente exploraremos el mecanismo que se despliega al realizar esta petición, que apunta al corazón de tu proceso creativo.

Primera vez en México

La primera vez que fui a México no tenía ni siquiera la intención consciente de ir. Desde entonces he estado en el país varias veces y ahora puedo decir que fue mi cuerpo espiritual el que me guio hasta allí. Como ya mencioné en el apartado anterior *Observar las situaciones que se repiten*, me dirigía a Nicaragua después del huracán Mitch en el año 1998. Todo estaba listo para el viaje y era el momento de reservar el billete. No había vuelo directo desde España a Managua y tenía que decidir si hacía la escala en Miami o en México D.F. Me encontraba en el metro (suburbano) de Barcelona dirigiéndome hacia la agencia de viajes para comprar el vuelo, y como aún no sabía dónde hacer la escala para llegar a Managua pregunté al alma:

«¿Por dónde voy, por Miami o por México?».

En ese momento, al llegar a la estación se abrieron las puertas del metro y frente a mí apareció un anuncio en el que se leía «El sabor de México» y que se refería a una marca de cerveza mexicana. Cuando salí del vagón el letrero quedó justo delante de mi nariz. En este caso la señal fue muy evidente.

Una vez en México se dieron una serie de circunstancias que impidieron que volara directamente a Managua y, en cambio, me llevaron a atravesar el país hasta Tapachula por la carretera Panamericana. Durante ese viaje se plantó la semilla para que actualmente visite México una vez al año para compartir mi trabajo.

Masaje en Cracovia

En cierta ocasión en que me encontraba en Cracovia participando en un programa europeo de acompañamiento a la culminación de la vida, me quedaba una tarde libre. Mientras paseaba por el centro de la ciudad pensando en lo que hacer a continuación, de pronto me surgió la idea de regalarme un masaje. Había tenido una caída espectacular esquiando los días anteriores y sentía que mi cuerpo me lo iba a agradecer.

En ese momento necesitaba una señal que me dirigiera hacia un buen masaje. La pregunta era: «¿Dónde encontrar un masaje?», así que pedí que mi alma me mostrara una señal que me indicara qué dirección seguir. Inmediatamente, lo primero que captó mi atención fue una oficina de turismo, ya que estaba pasando justo por delante de su puerta.

Poniendo atención al proceso de las sincronías, lo que pasa en mi interior es que de pronto me apetece recibir un masaje. Lo que pasa por fuera en el mismo instante que aparece mi impulso es que estoy pasando justo delante de una oficina de información y turismo.

Me doy cuenta de que mi mente racional opina que una oficina de turismo no es el mejor lugar para encontrar un masaje. No obstante, sabiendo las cosas interesantes que ocurren cuando uno se monta en una sincronía, entro en la oficina y pregunto en inglés a una chica detrás del mostrador dónde puedo recibir un masaje. La chica me mira con cara extraña y me dice que no puede informarme de ningún lugar al que dirigirme.

En ese momento entra un chico a la oficina y ella me dice:

—Espera, voy a preguntar a mi novio —señalando al chico que entra— por si él conoce a alguien.

El novio afirma inmediatamente que sí que conoce a alguien. Tiene un amigo fisioterapeuta que es muy bueno y al que puede llamar en ese momento si yo lo deseo. Me advierte que solo puede haber un problema, y es que su amigo no habla inglés; solo polaco y español.

—¡Perfecto! —le contesto en español.

«Casualmente» el masajista disponía esa tarde de una hora libre, así que doy las gracias a la pareja y me dirijo a encontrarme con él.

Una vez allí descubro que el fisioterapeuta había vivido once años en Madrid como exiliado por motivos políticos. Luego regresó a su país de nuevo y hacía años que no practicaba el español.

Recibí un masaje extraordinario, como si fuera entregado desde un profundo estado de meditación. Cuando el fisioterapeuta concluyó su tarea me preguntó si yo hacía meditación, porque él era practicante zen desde hacía veinte años. Curiosamente había empezado su práctica zen en Madrid.

Cuando dos personas se encuentran en una sincronía, hay un regalo para ambos. El regalo que me entregó fue un masaje en meditación. El que recibió fue practicar su español oxidado, aunque por lo que me contó al final había algo más que yo le había regalado. Me dijo que hacía más de un año que estaba pensando en visitar España y que hasta ahora no se había decidido. Mi llegada se lo había recordado y había decidido ir. De alguna manera, yo había llegado para decírselo.

El corazón del proceso creativo y la señal clara

Vamos ahora a profundizar en el proceso creativo que da origen a lo que percibimos como realidad. En general, cuando queremos que ocurra algo en el escenario de nuestra vida solemos realizar una acción externa para conseguirlo. Por ejemplo, imagina que empiezo a escribir un *e-mail* con mi computadora y esta se apaga repentinamente. Probablemente pulsaré el botón de arranque y esperaré a que se ponga en funcionamiento de nuevo. Si después de intentarlo varias veces y revisar las conexiones el aparato no se enciende, la siguiente acción externa podría ser avisar a un técnico para repararlo. Una opción diferente, que quizá represente un cambio radical en nuestra forma de pensar y actuar para relacionarnos con la realidad, es la acción interna.

¿Cómo la realizamos? En este ejemplo la acción interna sería preguntarme qué estoy viviendo interiormente para así descubrir qué parte de mí tiene, por ejemplo, una resistencia a escribir ese *mail*.

Como vemos, lo usual cuando queremos interactuar con el mundo es realizar acciones externas para lograr nuestros fines. Sin embargo, dado que mi escenario es un reflejo de mi ser interior, es más interesante y probablemente revelador realizar en cambio una acción interna y observar qué ocurre en el escenario. Si hay una parte de mí que me impide escribir ese *mail*, puede que esta se esté manifestando a través de la avería. Esto es un ejemplo típico de desalineación. Aquí vemos que si el cuerpo mental quiere escribir un *e-mail* y el emocional tiene una resistencia a hacerlo —o viceversa—, el resultado es que mi campo energético está en un conflicto interno que se extiende a mi alrededor, y mi escenario físico manifiesta en parte esa misma confusión. Dado que la mayor parte del proceso radica en el inconsciente, la parte visible es, en este caso, la computadora que no enciende.

Los vanos intentos para resolver externamente una situación —que en ocasiones, y por más que lo intentemos, no se resuelve— es precisamente lo que aconseja prestar atención a los aspectos internos que no están alineados con la solución. A veces ocurre, por ejemplo, que reparamos un aparato y se estropea de nuevo una y otra vez. Son las sincronías externas las que nos permiten observar los procesos inconscientes, para poder hacerlos conscientes y recoger su mensaje. Si mi resistencia es inconsciente, el hecho de preguntarme internamente por ella quizá pueda aflorarla en mi consciente; eso me permitirá darme cuenta y dar un paso en mi evolución.

Como veremos en el apartado titulado *Objetos que dejan de funcionar* del siguiente capítulo, cuando descubro el mensaje y lo integro, mi resistencia interior desaparece. Y no solo recojo mi regalo debido a que he crecido en ese aspecto de mi vida, sino que además la computadora se arregla sola.

El proceso creativo de pedir una señal clara crea una conexión entre el cuerpo mental y el espiritual. La petición surge del cuerpo mental y la señal nos la muestra nuestro cuerpo espiritual. Cuando la pedimos, la señal aparece en nuestro escenario, que es el espejo ampliado en lo que percibimos como realidad. Naturalmente, podemos pedir una señal acerca de cualquier cosa; ahora bien, si pedimos una señal acerca de una fantasía mental, el alma nos mostrará las contradicciones internas que dan origen a esa fantasía. Gracias a ello, se presenta una vez más la oportunidad de despertar del sueño o pesadilla de que somos seres limitados víctimas de la realidad.

Imagina que te apetece tener una pareja con quien compartir tu vida. Los meses o los años pasan y la pareja no llega, o las personas que aparecen no cuajan. Dado que lo natural es compartir el camino de vida con alguien si así lo deseas, es evidente que si ello no ocurre es porque hay una parte de ti que está alejando esa pareja. Por tanto, más interesante que realizar acciones externas para encontrarla es darte cuenta de cuál es esa parte de ti que la está apartando.

Si te preguntas sobre tu pareja y lo primero que ves exteriormente o que te llama la atención o que aparece como una imagen interna es, por ejemplo, un muro de cemento, es posible que llegues a la conclusión de que hay un muro que se interpone entre tu pareja y tú. Te animo, por tanto, a encontrar qué parte de ti está colocando simbólicamente ese muro de separación o de defensa. Hay personas que quieren tener una pareja y a la vez tienen miedo de tenerla por el motivo que sea; por ejemplo, porque temen que pueda romperles el corazón. Esto es otro ejemplo de falta de alineación entre los cuerpos mental y emocional. El muro es la metáfora de ese miedo. Mientras persista el miedo, lo más normal es que la pareja no aparezca o que uno mismo la ahuyente cuando se presenta; o bien, que aparezca una pareja que le haga vivir todos los miedos y además le rompa el corazón.

Cuando has localizado cuál es la parte de ti que se resiste a la realización de un deseo profundo, puedes realizar las prácticas de los capítulos 4, 5 y 6 para integrarla y liberarla. De momento, el propósito ahora es que descubras cuál es esa parte de ti.

Tal como vimos recientemente en el apartado *Artistas creadores*, el proceso creativo es inconsciente en muchos casos. Tanto en el cuerpo mental como en el emocional hay mecanismos inconscientes que activan patrones de pensamiento, emocionales y de comportamiento. Lo que ocurre en el escenario o en el cuerpo, ya sea una coincidencia, un contratiempo o una enfermedad, nos da la clave para descubrir y llevar a la consciencia estos aspectos inconscientes. Pedir una señal nos permite anticiparnos y tomar instantáneamente el pulso al proceso creativo.

Si pides una señal sobre si vas a mudarte a Canadá y en ese momento se rompe un vaso entre tus manos, podrías llegar a la conclusión de que no vas a ir. Es una lástima quedarte ahí y colocarte de víctima del proceso creativo, pensando: «Pobre de mí, ya no voy a ir a Canadá». Por otro lado, probablemente eso es lo que va a ocurrir, no porque tenga que ser así, sino porque estás creando el cuerpo mental de esa manera.

Este es el corazón del proceso creativo porque te muestra cómo estás creando tu vida: si no hay alineación interna, lo que se va a manifestar en tu escenario no es lo que deseas conscientemente, sino lo que estás proyectando con el conjunto de todos tus cuerpos. Pedir una señal te permite anticiparte a lo que se va a manifestar en tu mundo físico, porque te muestra lo que estás creando antes de que llegue. El futuro no existe más que como una ilusión. Lo que vivimos lo estamos creando ahora.

El vaso que se rompe te da la clave de que hay algo que ha de romperse para que el viaje a Canadá se manifieste. Si aún no tienes claro de qué se trata, pregunta una vez más; por ejemplo: «¿Qué necesito romper internamente para ir a Canadá?». O si el vaso contenía algún líquido que se derrama, eso siempre apunta a las emociones, de forma que podrías preguntar: «¿Qué emoción estoy conteniendo y cómo se relaciona con mi viaje a Canadá?». Entonces presta atención a lo se refleja inmediatamente en tu escenario, es decir, lo primero que capta tu atención —una imagen interna o externa, un sonido o pensamiento— al mismo tiempo que estás haciendo la pregunta.

Si te parece que no surge la respuesta, no importa, tenemos libro por delante; de hecho, aún estamos en el capítulo 2. Pedir una señal revela el corazón de tu proceso creativo. Te permite hacer conscientes los aspectos inconscientes que están manifestando una vida que no quieres o que no te satisface completamente. Una vez detectados, en los próximos capítulos aprenderás a sanarlos internamente, convirtiéndolos en regalos y disfrutando del arte de vivir.

Como otro ejemplo aclarador, realizando esta práctica en una presentación en México, una asistente pidió una señal acerca de su deseo a ir a vivir a Europa. Lo primero que le llamó la atención al pedir esta señal fue un símbolo oriental que estaba pintado en una de las paredes de la sala. Ese símbolo era muy parecido a la marca de su *spa*, un negocio familiar del que ella se había tenido que hacer cargo y que quería traspasar. Se dio cuenta de que había enganchado a ese *spa* su concepto de fidelidad a la familia, y eso le había impedido venderlo. Hasta ese día lo había intentado varias veces sin que apareciera ningún interesado. Muy contenta con su descubrimiento, pidió permiso para compartirlo en público. Cuando terminó de hablar otra persona levantó la mano para decir que estaba buscando un *spa* en esa ciudad, que ese era el motivo por el que estaba allí y que había asistido a la conferencia por casualidad.

* * *

LAS CLAVES PARA ALINEARSE
PIDIENDO UNA SEÑAL

- Pedir una señal es un camino directo que crea una conexión entre el cuerpo espiritual y el mental, por tanto estos quedan alineados.
- En cualquier situación puedo pedir una señal en voz alta o internamente sobre cualquier cosa que quiera saber. Lo que se presenta en mi escenario es un espejo de mi ser interior; por tanto, cuando pido una señal con la intención de escuchar, reflejo inmediatamente la respuesta en mi escenario.
- Si sigo la señal que da el alma, mis otros cuerpos quedan alineados inmediatamente.

Octava vía: Creer en la magia y despejar la duda

Al inicio de este capítulo descubrimos que cuando estamos alineados creamos salud en nuestro cuerpo físico y plenitud en el escenario de nuestra vida. Esto sucede porque tanto nuestro cuerpo físico como nuestro escenario son un fiel reflejo de nuestro ser interior.

Al contrario, cuando no estamos alineados hay tensión en el cuerpo —que en el límite nos lleva a experimentar síntomas físicos— y caos en el escenario, que nos lleva a manifestar obstáculos y contrariedades en nuestras relaciones y actividades diarias.

Hemos aprendido hasta ahora siete vías de alineación que dan como resultado que los distintos cuerpos estén en paz o en equilibro apuntando en la misma dirección. Hemos empezado por ser conscientes de nuestros distintos cuerpos, para notar si están o no alineados, dándonos cuenta, por ejemplo, de la incomodidad corporal que se produce cuando hacemos una cosa y creemos que deberíamos hacer otra diferente. Si no podemos distinguir entre lo que sentimos frente a lo que pensamos y no prestamos atención a nuestras sensaciones corporales, fácilmente nos convertiremos en víctimas de nuestra propia inconsciencia; difícilmente podremos hacer otra cosa que apenarnos o enfadarnos por nuestros dolores, por cómo nos van las cosas, y continuar luchando contra la adversidad.

Cuando nuestros cuerpos están alineados nos convertimos en creadores conscientes de realidad. Vivimos lo que somos y nuestra intención se manifiesta en el mundo físico con facilidad. Si no estamos alineados, si deseamos, por ejemplo, que ocurra algo y tenemos a la vez la duda de que no vaya a suceder, lo que creamos es desalineación interna y, por tanto, se manifiesta tensión en nuestro cuerpo y confusión en nuestro escenario.

Estamos ahora en la octava vía y es el momento de descubrir y disolver nuestras dudas, creer en la magia y convertirnos en creadores conscientes de realidad. La duda tiene fuerza porque encubre una emoción potente, que es el miedo a que no ocurra lo que esperamos. Así, nuestros cuerpos emocional y energético están creando con fuerza la situación que no deseamos.

El pensamiento da la dirección al proceso creativo y la emoción da la energía para empujar en un sentido u otro. Si el miedo a que no ocurra, que está empujando en dirección contraria al deseo, es más fuerte que este, ya puedes imaginar el resultado: lo que se va a manifestar en el escenario es probablemente lo que tememos y no queremos que ocurra. El miedo contiene la fuerza y la energía para la acción y, en este caso, la estamos usando para crear lo que no queremos.

Observemos en primer lugar el origen del deseo. Si el cuerpo emocional tiene una sensación de carencia, el cuerpo mental generará un deseo para suplirla y un apego a ese resultado en concreto. A la vez aparece el miedo a que el deseo no se realice y a que la sensación de carencia se perpetúe. Cuando sana la sensación de carencia[26], ya no es necesario construir un deseo para suplirla. Como ya no hay deseo, tampoco hay miedo a que no se realice. Conectar con el cuerpo espiritual tiene la capacidad de sanar cualquier sensación de carencia. Somos seres completos y no nos falta nada, aunque mientras no lo descubramos seguiremos proyectando en nuestro escenario nuestras imaginaciones de carencia. Seguiremos viviendo con la sensación de que nos falta algo y generando deseos externos con la fantasía de que puedan llenar nuestra sensación interna de carencia.

Usemos ahora la enorme energía del miedo para crear conscientemente. Si localizamos el miedo en el cuerpo podemos transformarlo, como muestro en la práctica *Esculpir el síntoma* que encontrarás en el anexo. Te servirá para tomar la fuerza del miedo y enfocarla en una acción consciente y alineada con tus otros cuerpos. También es posible que, una vez el miedo se haya integrado, nuestro deseo inicial se diluya y ya no estemos condicionados por su realización. Esto podría ocurrir con todos nuestros deseos.

Si aún tienes el deseo de obtener algo, examinemos por último el apego a lograr ese resultado en concreto. Recuerda que, como vimos al hablar de la sexta vía en el apartado *El latido del corazón universal*, la Vida no se repite nunca, no hace duplicados y, por tanto, lo que va a ocurrir no será exactamente como lo planeaste o deseaste. Si tienes una duda, en lugar de tratar de eliminarla, puedes ampliarla hasta el infinito, porque el espacio-tiempo contiene todas las posibilidades de manifestación: cualquier cosa es posible. Considéralo, porque puede suceder cualquier cosa, y probablemente, si sueltas el apego a un resultado, lo que va a ocurrir será mejor que lo que tú imaginaste. A la vez, no hay duda de que lo que se está manifestando en este momento es un reflejo perfecto de tu ser interior. Darte cuenta de ello te mantiene despierto y atento a tu pro-

---

[26] Encontraremos el origen de la sensación de carencia en el capítulo 5, dedicado al acontecimiento semilla.

ceso creativo constantemente, y también relajado porque no hay nada ahí afuera que pueda tocarte.

A continuación damos un ejemplo de certeza, sin atisbo de duda, con un resultado aparentemente imposible.

Vivir en la magia: los chícharos

Creer y crear son dos verbos que se unen en la primera persona del tiempo presente: «yo creo».

Como niños se nos enseña lo que se puede hacer y lo que no, lo que es posible e imposible. Esto es aparentemente por nuestro bien, quizá para protegernos de no ver cumplidos nuestros sueños. Siendo niños creemos lo que se nos enseña y actuamos en consecuencia, con las limitaciones que tienen los mayores y que también nos transmiten.

Hay veces que de niños aprendemos o creemos cosas por «error», como el caso de Sara, una niña de una familia mexicana que nació con los ojos marrón oscuro y que tenía el tremendo impulso de que fueran verdes. Como a la niña no le gustaban los chícharos o guisantes y sus padres querían que los comiera, le dijeron que si comía muchos sus ojos se volverían verdes. Dada la devoción que sentía por sus padres, Sara simplemente los creyó sin ningún atisbo de duda y empezó a comer chícharos a todas horas. Cada vez que terminaba de comerlos, iba corriendo a mirarse al espejo para comprobar que sus ojos se estaban volviendo verdes. Sara quedó alineada con esa creencia y finalmente su cuerpo físico lo reflejó. Sus padres conocen ahora el poder de la convicción, pues Sara tiene actualmente unos ojos espectacularmente verdes.

Mientras somos niños conservamos la fascinación por la magia. ¿Te has preguntado alguna vez por qué? Venimos de un lugar mágico —el útero de la madre— donde todas nuestras necesidades son satisfechas de inmediato como si se tratara de un lugar prodigioso en el que está todo disponible al instante. Al convertirnos en mayores en lo que llamamos el mundo real, en muchos casos parece que la magia ha desaparecido completamente.

De niños nos mantenemos ocasionalmente en contacto con la magia, como cuando al caerse un diente nos llega un regalito del Ratoncito Pérez, o cuando llega en Navidades la magia de Papá Noel o de los Reyes Magos... aunque eso un día también termina. En lugar de tomar el poder de la magia y conectarlo con la Vida, la mayoría de adultos optamos por aceptar la desilusión de que la magia no existe, desvirtuándola como si fuera un engaño o un truco.

Parece que por el hecho de habernos hecho mayores, ahora toca ponerse serios, esforzarse y trabajar. Sin embargo, los padres podrían usar esa maravillosa oportunidad para mantener a sus hijos conectados con la magia de la Vida. En lugar de desengañarnos y contarnos que la magia no existe, podrían decirnos que la magia continúa, solo que a partir de ahora ellos ya no actuarán de intermediarios y que deberemos tratar directamente con la magia de la Vida.

Los padres podrían enseñarnos que tenemos la capacidad de crear con el poder de nuestra imaginación, intención e intuición. El proceso creativo se va a producir de todos modos, solo que si no nos damos cuenta de nuestra capacidad creativa, la creación será inconsciente en vez de consciente. Sin embargo, podemos en verdad aprender a crear de forma consciente nuestra vida. Ahora bien, ¿cómo un adulto va a enseñar esto a un niño si él mismo no cree en la magia, si se siente víctima de las circunstancias? Me refiero a sentirse víctima en el sentido de creer que uno no participa en la creación de las cosas que vive y que, por tanto, uno es víctima pasiva de los acontecimientos.

Recuperar la magia es una forma muy práctica de conectarse con *El lenguaje del alma*. Basta con darnos cuenta de que el juego tiene ahora la misma diversión y entusiasmo —aunque algo más de desafío— que hacer la carta a Papá Noel o a los Reyes Magos. Ya no hay que esperar a que los magos entiendan que, a pesar de todo, nos portamos bien y que nos merecemos todos los regalos. Ahora los magos somos nosotros mismos. Tenemos el don de crear, y eso es lo que hemos venido a hacer a este mundo. Estamos creando nuestro cuerpo, nuestra vida, nuestro planeta. Estamos creando y evolucionando la especie humana. Conectemos cada uno con nuestra visión más elevada de un mundo mejor en sus múltiples formas y hagamos que esa creación sea consciente y alineada con nuestros dones personales.

Confluencia de circunstancias en Madrid

He estado remarcando desde el mismo inicio del libro que lo que se presenta en nuestro escenario y percibimos como realidad es un reflejo de nuestro ser interior. Vayamos donde vayamos siempre manifestamos nuestro escenario, que se abre frente a nosotros en cada instante.

Considera la posibilidad de que nunca fuéramos a ninguna parte y que, aunque en apariencia nos movemos hacia distintos lugares, fuera más real que atrajéramos esos destinos con nuestra intención de ir. Imagina que lanzaras un anzuelo hasta el lugar al que quieres ir y tiraras del hilo hasta que este se presentara ante ti.

Esto es real no solo en términos figurados o metafóricos, sino también en un sentido físico. Cuando andas hacia delante estás empujando con tus pies la tierra hacia atrás[27] y, con ella, todo el universo. En un universo que se extendiera infinitamente en todas direcciones, el punto de observación se convertiría en su centro. Si este universo es infinito, la conciencia que lo observa es el centro, sea cual sea el punto en el que se encuentre. Esto manifiesta que cada uno de nosotros está situado en el centro del universo. En ese equilibrio perfecto en el que la conciencia observa el universo desde su centro, ya no hay ningún sitio adonde ir, porque aunque aparentemente te desplaces a través del

---

[27] También el sistema solar, la galaxia y todo el universo.

juego de la conciencia, lo cierto es que no vas a ningún lugar, siempre permaneces en el centro. Considera que aunque tenemos la impresión de que somos nosotros los que avanzamos hacia el mundo, en este universo infinito en el que siempre estás en tu centro, es más real que creas y atraes el escenario que se despliega ante ti.

Más allá de las consideraciones teóricas que apoyen o no este hecho, en este apartado la pregunta más interesante es: ¿cómo es que estamos atrayendo esos determinados destinos, circunstancias y personas que se presentan frente a nosotros?

Creas el escenario que se presenta delante de ti y ahora estás aprendiendo cómo lo haces: lo que creas interiormente se manifiesta exteriormente. Si tus cuerpos están alineados y, sin atisbo de duda, apuntan en el misma dirección, te conviertes en creador consciente de tu realidad. Bienvenido a disfrutar de tu creación.

A veces se presentan cosas que aparentemente se excluyen mutuamente. Por ejemplo, o voy a montar en bicicleta o me quedo en casa con mi familia. No parece que se puedan hacer las dos cosas a la vez, aunque se torna posible cuando se le ocurre a uno cómo lograrlo [28].

Cuando te planteas «esto o aquello» estás creando desalineación porque a una parte de ti le surge el impulso de ir en una dirección y a otra parte en otra. En ocasiones hay más de dos alternativas, y eso hace que la energía quede repartida aún en más direcciones. Esa dispersión o duda la enviamos como información a nuestro cuerpo extendido —es decir, a eso que percibimos como realidad externa o escenario— y, por tanto, nuestro escenario va a devolvernos, mostrarnos o reflejarnos esa dispersión como un espejo.

Supongamos que quieres un trabajo que te dé libertad, o uno en el que puedas expresar tus dones o que esté cerca de tu casa.

---

[28] En este sencillo caso, por ejemplo, yendo con tu familia a montar en bicicleta.

Además, quizá no estás seguro, dudas, de cuál de esos tres criterios o valores es más importante para ti con el fin de darle preferencia y ponerlo delante de los demás. Debido a que creas el mundo en el que vives cuando lo imaginas, si no se te ocurre que pueda haber un trabajo que reúna todos esos criterios, vas a enviar a tu cuerpo extendido una información dispersa y desordenada. El resultado puede ser que aparezca un trabajo con solo uno de esos criterios y ninguno de los otros, o bien que no aparezca ningún trabajo en absoluto.

Imagina esos tres criterios como si fueran tres esferas que están en tu área de percepción. Si te acercas a una de las esferas, te alejas de las otras dos. Si las esferas están muy separadas y se ubican en distintas direcciones, llegará un momento en que un paso hacia una de ellas te separará definitivamente de las demás.

¿Cómo podrías hacer para que esas tres esferas confluyeran en el mismo punto?

Es fácil. En lugar de ir tú hacia ellas, deja que ellas lleguen a ti. Si pones atención al proceso creativo, te darás cuenta de que si ahora las tres esferas están en tu campo de atención es porque han aparecido en algún momento. Antes de que pensaras en ellas, esas esferas pertenecían al mundo de lo no manifestado y, en un momento dado, tu intención las hizo visibles. Ahora están en tu escenario mental —y ejerciendo su influencia natural en el resto de cuerpos—, aunque tú lo percibas solo como una mera posibilidad en tu mundo físico. Esto indica que en el camino de la manifestación esas esferas han hecho un movimiento desde lo no visible hasta lo visible. Si mantienes tu intención alineada y no haces un esfuerzo en ninguna dirección, las esferas se postrarán suavemente ante ti, manifestándose también en tu escenario físico.

Con tu intención enfocada y desapegada, una vez despejadas tus dudas, puedes disfrutar de este octavo arte del alineamiento que es ser creador consciente.

A continuación doy un ejemplo donde concurren dos circunstancias en un resultado que desafía toda probabilidad estadística.

La primera vez que fui a Madrid con motivo de una conferencia, tenía dos amigos allí y ambos me habían invitado a su casa. Uno era Pedro, un amigo que había conocido en unas vacaciones en La Rioja, y el otro Ramón, el organizador de la conferencia. Me apetecía quedarme en casa de ambos; ¿cómo lo haría? Parecía imposible en ese momento.

Como aparentemente no podía quedarme a la vez en los dos sitios, me desapegué del resultado. Llamé a Pedro para decirle que iba a quedarme en casa de Ramón y quería darle la dirección por si podíamos coincidir en algún momento:

—La dirección es Barrio del Pilar, calle tal, número 92, 2.º C —le dije.

Pedro me respondió:

—No sé quién te ha dado mi dirección, solo que no es la puerta C, es la D.

¡Resultaba que ambos vivían en el mismo edificio y en la misma planta! Aunque se habían saludado en el ascensor, no se conocían. La puerta C quedaba justo enfrente de la D, al fondo de un pasillo, de modo que al final optamos por dejar ambas puertas abiertas para la convivencia.

El área metropolitana de Madrid tiene más de siete millones de habitantes. Los amantes de las estadísticas pueden calcular la probabilidad de que esto ocurra por azar.

*   *   *

Ha llegado el momento de vivir la magia en lo cotidiano. Una vez que somos conscientes de cómo creamos interiormente el mundo en el que vivimos, podemos darnos cuenta de qué parte de nosotros está creando lo que no nos gusta y crear otra cosa. Podemos detectar y disolver nuestras dudas inconscientes, sanarlas y liberarnos para crear el momento conscientemente.

Las claves para creer en la magia y despejar la duda

- Comprendo profundamente que soy un ser completo y que no me falta nada.
- Si tengo un deseo y no se está manifestando en mi escenario, eso indica que alguno de mis cuerpos no está alineado con su realización, o que está conectado a una percepción de carencia interior.
- Conecto con un espacio de plenitud y abundancia interior donde todo *es*, y allí sano mi percepción de carencia. Se disuelve mi duda y creo en la magia; ahora soy creador consciente de mi realidad. Observo cómo mi plenitud interior se manifiesta también en mi escenario, es decir, en mi cuerpo extendido.
- Si algo no deseado ocurre en mi escenario, me doy cuenta de qué parte de mí se está reflejando en esa manifestación. Descubro mi duda y la disuelvo, también mi apego a un resultado en concreto. Si descubro mi miedo, uso su fuerza para crear magia, es decir, para crear lo que quiero que se manifieste en mi escenario. Regreso al punto anterior conectando con el espacio de plenitud interior.

Novena vía: Abrir el corazón

El noveno arte es el camino del corazón. Cuando abres el corazón puedes conectar con el amor incondicional que de él brota y quedar alineado instantáneamente.

En cualquier circunstancia que te encuentres puedes preguntar directamente a tu corazón abierto, él sabe lo que hay que hacer y en él reside tu verdad interior. El corazón se expresa a través de tu voz interior y siempre mantiene la conexión intuitiva con la sabiduría del alma, aunque solo la uses en parte o de vez en cuando. El corazón está más allá de cualquier cálculo que haga el personaje para obtener un beneficio. En cualquier situación te conecta con «¿qué es lo mejor para todos?» en lugar de «¿qué es lo mejor para mí?», que es la pregunta del personaje.

Asimismo, puedes llevar físicamente al espacio del corazón abierto cualquier sensación, preocupación o emoción que tengas, o también la imagen interna de una persona con la que hayas tenido un conflicto. En cuanto toques el espacio del corazón, lo que sea que lleves allí quedará transformado. Sabrás que has tocado el espacio del corazón porque, sea lo que sea lo que ocurra y sea cual sea la acción que realices, te sientes en paz y esto indica que tus cuerpos han quedado alineados.

Si la situación que se presenta es muy intensa, ábrete a sentirla con toda la fuerza que requiere el momento. En cualquier instante uno tiene la posibilidad de trascender o traspasar la realidad aparente y tener una experiencia de comunión con la Vida. Algo que puede dificultar esta comunión es tratar de evitar sentir la situación con toda su intensidad.

Es posible que confundamos el sentir con el sufrir. Sin embargo, a pesar de que ambos están vinculados, tienen una cualidad muy diferente. Sufrir es la resistencia a sentir. Por esta razón, aunque sentir es inevitable, sufrir no es necesario. Por ejemplo, si cuando se siente amor surge un pensamiento que dice que no se debe albergar ese sentimiento —ya sea porque es un amor no correspondido, o porque uno *perdió*[29] a la persona que amaba o porque cree que amar le hace daño—, aparece el sufrimiento. Igualmente, también aparece el sufrimiento si alguien siente dolor y no lo quiere sentir.

Tanto el dolor como la alegría son parte de la vida; son inevitables. Es bueno hacer caso al dolor y, sin embargo, aunque te-

---

[29] La muerte es una ilusión. No se pierde a un ser querido por el hecho de que la parte física no esté aquí.

nemos la capacidad para sentirlo con toda su intensidad, tendemos a escapar de él. Muchas veces el dolor físico nos avisa de que hay algo que está sucediendo y a lo que no le estamos prestando atención. Debemos abrirnos a sentir el dolor emocional, permitir que nos llegue más profundamente y nos toque el corazón, y allí se transforma.

Toda emoción tiene un ciclo vital: aparece, se intensifica, llega a su límite, decrece y desaparece. Nos quedamos atascados en las emociones porque no permitimos que realicen su ciclo completo[30]. La tristeza es una de las emociones más bonitas porque, si se lo permitimos, nos abre el corazón y lo deja conectado con el alma. Lo que duele es la coraza que le ponemos al corazón y la tristeza nos da la posibilidad de abrirla y disolverla para siempre. Si sientes tristeza, en lugar de ignorarla o desear que desaparezca, lo que puedes hacer es intensificarla y dejar que duela lo suficiente como para que toque el corazón completamente. En el punto donde esa tristeza llega al límite se transforma; duele tanto que en el siguiente instante el corazón se abre y ya no se vuelve a cerrar. Es entonces cuando ese dolor quedará transformado para siempre en amor, que puedes percibir también como serenidad, paz, alegría o libertad. Ese es el regalo de la tristeza: nos permite abrir el corazón para descubrir que lo que la sostiene es el amor. Si no sintiéramos amor por alguien, no podríamos sentir la tristeza de que ya no esté físicamente en nuestra vida. Cuando uno penetra la tristeza, descubre el amor de donde surge. Hasta la tristeza más profunda puede sublimarse y transmutarse en el gozo del ser.

Culminación de la vida a través del amor

Me hallaba en una habitación de la planta de enfermos terminales de un gran hospital, acompañando a un ser muy queri-

---

[30] Véase el apartado *Intensificar una emoción hasta que se transforma en gozo*, del capítulo 3, en el cual se expone paso a paso cómo completar este ciclo.

do en su proceso de culminación de la vida. De pronto sentí que su estado empeoraba y salí a buscar un médico. Era una planta enorme y vi que todos los médicos y asistentes estaban ocupados atendiendo en el pasillo a familiares o acompañantes de enfermos. Los familiares parecían desesperados por no saber abordar la situación de despedida de sus seres queridos. Tuve la sensación de estar en un campo de batalla donde había bajas por todas partes, mientras los hospitaleros hacían cuanto podían por disminuir el dolor.

Me di cuenta de que esos familiares que había en el pasillo necesitaban más la atención de los médicos que nosotros. Sentí que mi corazón se abría desgarrándose y regresé a la habitación. Al entrar y verla tendida en la cama, me di cuenta de que en realidad ella no requería atención médica, que había sido mi necesidad la que me hizo salir a buscarla. Por otro lado, ya le habían dedicado suficiente atención y no había nada más que ellos pudieran hacer. Una vez más, no había nada que buscar fuera; estaba todo presente, todo cuanto se precisaba residía ya en el ser maravilloso que se despedía, en mí mismo y en nuestro encuentro de ese momento, y compartimos ese «todo» en aquel momento intenso, dramático y bellísimo, una pura expresión de amor.

* * *

LAS CLAVES PARA ALINEARSE ABRIENDO EL CORAZÓN

- Cuando abro el corazón puedo conectar con el amor incondicional.
- En cualquier circunstancia que me encuentre puedo hacer esta pregunta a mi corazón abierto: «¿Qué es lo mejor para todos?». En mi corazón reside mi verdad interior y sabe sin dudar lo que hay que hacer. Las dudas no están en el corazón sino en el cuerpo mental.

- Sabré que he tocado el espacio del corazón porque, sea lo que sea lo que ocurra y lo que haga o no haga, me sentiré en paz con mi acción o decisión.
- La paz que siento en mi corazón indica que estoy alineado.

Décima vía: La meditación

Expliqué al inicio del capítulo que los distintos cuerpos o dimensiones del ser en el cuerpo humano están dispuestos ordenada y jerárquicamente, dando como ejemplo la serie de las muñecas rusas. En el esquema de los cinco cuerpos el superior es el alma, nuestra esencia espiritual que extiende su efecto a todos los demás cuerpos. Cuando se conecta con el cuerpo espiritual, el resto de cuerpos quedan instantáneamente alineados; sea lo que sea lo que uno piense, sienta y haga, el alma da la compresión y el sentido último a lo que está ocurriendo.

La meditación es una vía directa para conectar con el cuerpo espiritual y establecerse en él. Señalo la meditación como la última vía de alineación, aunque podría ser la primera porque todas las demás vías son consecuencia de un estado de presencia asentado en el momento.

En el estado meditativo o contemplativo se ha trascendido la ilusión de la mente. Hasta ese momento, la ilusión de la mente se manifestaba como dualidad o separación, tanto en el cuerpo mental como en la percepción del mundo —su reflejo externo—. Mientras persista la ilusión mental habrá diferenciación; cuando se despierta se recobra el estado original de unidad. El estado meditativo de conexión o unidad con todo es algo natural. Como es un estado natural, no es algo que haya que alcanzar, sino un estado que recuperar.

Cuando la mente está sosegada, puedes adentrarte en tu naturaleza esencial y establecerte en ella. De este modo la meditación te lleva a experimentar la comunión con lo Uno[31], la conciencia de unidad con todo lo que percibimos. Cuando la experimentamos, todos los cuerpos se alinean; emerge una profunda paz y la sensación de que todo está en su lugar, sea lo que sea lo que esté ocurriendo en el escenario.

El personaje o «yo» desaparece, aunque sea momentáneamente, y con él caen todos sus deseos, apegos y problemas. Caen porque son despersonificados y los fenómenos que uno percibe ya no son cosas que le ocurren al personaje —con el que hasta ese momento estábamos completamente identificados—, sino fenómenos que suceden en el mundo. Ya no hay un «yo» en el escenario; por tanto, no hay sufrimiento, deseo ni apego.

Si uno vive su vida como si fuera una pesadilla, tener una experiencia de despertar conlleva la liberación del personaje y de las circunstancias que lo mantenían atado y le hacían sufrir. En el camino del despertar hay un paso clave que se produce al variar el enfoque de la atención. Desde la percepción de la situación —el objeto—, que causa alegría o sufrimiento a quien lo percibe —el sujeto—, la atención se desplaza al espacio donde ambos se manifiestan. En ese espacio uno se da cuenta de que quien sostiene la situación es el «yo». Cuando se deja caer el yo, este deja de sostener el escenario, que se desvanece con todo el drama o la comedia que ahí se representaba. Desaparece el sujeto y el objeto se desvanece; solo queda espacio y profunda paz.

---

[31] Lo Uno es lo Absoluto no-diferenciado o no-dual. Para referirme a ello uso el artículo indeterminado «lo» en lugar de referirme a la Unidad —como femenino— o al Uno —como masculino—, pues lo Uno comprende a ambos de manera no diferenciada.

Meditando en la comunión de los cinco cuerpos

A continuación ofrezco una práctica meditativa basada en la alineación y comunión de los cinco cuerpos. Para entrar en la experiencia de comunión usamos la puerta de la respiración. En general nuestra atención consciente no está enfocada en nuestros distintos cuerpos, sino en los fenómenos que suceden en nuestro escenario. En cuanto cierras los ojos, tu atención gira hacia dentro, hacia los fenómenos internos —sensaciones, emociones y pensamientos—. En ninguno de los dos casos podemos hablar de *comunión* entre dentro y fuera, porque en el primero solo estás fuera olvidando tu interior y en el segundo solo estás dentro aislándote del exterior. Puedes permanecer en la puerta entre dentro y fuera mediante la atención a tu respiración mientras mantienes los ojos abiertos.

Si llevas la atención a tu cuerpo, ahora mismo puedes sentir tu respiración. Tanto si estás leyendo como realizando cualquier otra actividad, puedes notar el movimiento que se genera en alguna parte de tu cuerpo a través del ciclo de la respiración.

Cuerpo físico. Si estás sentado, acércate al borde exterior de la silla de forma que tu espalda se separe del respaldo. Es una posición que metafóricamente indica que te sostienes sobre ti mismo, en tu columna vertebral. Además, la columna queda alineada y se favorece la circulación de la energía. Si en algún momento sientes que es mejor cerrar los ojos, hazlo.

Llevando la atención a la respiración, puedes observar el paso del aire en las fosas nasales o el movimiento del pecho o del área abdominal a través de la oscilación del diafragma. Si puedes sentir con facilidad el movimiento que genera la respiración en tu abdomen, observa hasta dónde llega su impulso. Quizá puedas notar cómo entra en la pelvis, toca la zona genital y llega hasta el perineo. Cuando eras un bebé todo tu cuerpo se mecía con distintos ritmos, siendo uno de ellos el de la respiración. Tu cuerpo se abría y se cerraba, se expandía y se contraía en una perfecta armonía de movimientos. Recupera esa memoria corporal devolviendo la sensibilidad a tu cuerpo. Afina tu atención para que puedas notar sensaciones cada vez más sutiles. Irás notando que el impulso de la respiración llega cada vez a más partes de tu cuerpo.

Cuerpo energético. Manteniendo un hilo de atención sobre la respiración, observa alguna zona de tu cuerpo donde sientas un movimiento de energía. Esta zona puede corresponderse con los centros de energía llamados *chakras* y también con manos, pies u órganos sensoriales. Si al inicio no percibes una zona en especial, empieza observando la temperatura de la piel de tus manos y las sensaciones que aparecen al acercar y separar tus dos manos varias veces sin que lleguen a tocarse.

Ahora, en lugar de observar distintas sensaciones en un lugar u otro del cuerpo, el siguiente paso es sentir todo el cuerpo a la vez como una sola entidad, como un campo de energía que se extiende incluso más allá de los límites de la piel. Percibe cómo se desdibuja el contorno del cuerpo físico mientras tu atención se extiende hacia la esfera o campo energético que lo rodea. Con tu intención puedes contraer, concentrar o dilatar este campo energético. Si estás en medio de la naturaleza en un lugar sosegado, experimenta expandirlo hasta que se diluya en el espacio a tu alrededor. Puedes experimentar hacerlo con los ojos abiertos o cerrados.

Cuerpo emocional. Manteniendo un hilo de atención sobre el campo energético, es decir, sin perder la percepción de tu cuerpo energético, conecta con una de tus emociones preferidas o habituales. Si no sabes cómo conectar con una emoción, piensa en una experiencia intensa y con los ojos cerrados revívela como si estuviera pasando en este momento. La mayor parte de las emociones se manifiestan en el área que va desde la garganta hasta la pelvis. Nota qué parte concreta de esa área te llama más la atención. Quizá puedas notar una sensación de vacío, o bien una vibración, un nudo o un dolor que se intensifica al recordar la experiencia. En cuanto notes la emoción, descarta completamente las imágenes o pensamientos en relación a la experiencia intensa que te ha llevado a conectar con la emoción y céntrate en cambio en la sensación y el movimiento interno de tu cuerpo.

Tanto si juzgas esta emoción como positiva o negativa, el movimiento es el mismo: es como una ola, grande o pequeña, que te traspasa provocando una oscilación en tu cuerpo energético. Si no hay resistencia a ser atravesado por la ola de la emoción, tu cuerpo energético va a quedar recargado, expandido, reforzado o inalterado después de su paso. Si hay resistencia a la emoción, tu cuerpo energético quedará contraído, deformado o perturbado, y su impulso o residuo podrá llegar hasta el cuerpo físico[32]. Si observas el movimiento que genera la emoción sin juzgarla ni intervenir de ningún otro modo —como si flotaras en el océano y la oscilación de una ola pasase a través de ti—, el cuerpo energético permanecerá inalterado.

Cuerpo mental. Manteniendo un hilo de atención sobre la última emoción, observa los pensamientos que están vinculados con ella. Observa la tendencia del cuerpo mental a nombrar las emociones, sensaciones, objetos y situaciones dándoles forma de pensamiento. Observa, por ejemplo, el libro entre tus manos o detén tu mirada en cualquier objeto a tu alrededor o en un paisaje, aunque sea urbano.

Un libro, una silla, un árbol, una nube...

También puedes revivir una situación o escuchar un sonido externo dándote cuenta de cómo tu cuerpo mental tiende a identificarlo y nombrarlo.

Un conflicto, una desgracia, un enfado, un ruido...

---

[32] Este impulso acumulado en el tiempo podría dar lugar a síntomas físicos como una vía de expresión y liberación somática.

El cuerpo mental da forma al mundo nombrándolo, y así moldea la realidad creando el mundo en el que cada uno vive la mayor parte del tiempo.

Un sonido es un fenómeno que se puede percibir auditivamente; el concepto «sonido» puede incluir una melodía o un ruido. No es lo mismo nombrar un fenómeno auditivo como sonido que como ruido. Al nombrarlo como «ruido» estás incluyendo un juicio que da forma o moldea tu realidad: tu atención ya no es desnuda, has incorporado una opinión o etiqueta mental a un fenómeno desnudo. Si percibes el sonido de unos niños jugando como un ruido, es normal que te moleste. En cambio, si te quedas simplemente escuchando un instante antes de nombrar un sonido, sea cual sea el sonido que escuches, puedes quedarte flotando en una sensación de paz donde todo lo que ocurre se acomoda perfectamente al flujo del momento sin intervención alguna.

Permanece contemplando el instante antes de nombrar cualquier cosa que percibas, antes de darle forma de pensamiento. Entonces podrás experimentar que tu atención desnuda —libre de opinión— tiene el efecto inmediato de bendecir las cosas que ocurren. No pongas aún tu atención desnuda sobre una persona porque puede causar un efecto incómodo sobre ella; por ejemplo, podría sentirse invadida por la falta de costumbre en relacionarse sin máscaras.

Mientras permaneces en ese estado sin nombres, estás en el espacio vacío que contiene todas las infinitas posibilidades. Cuando nombras algo, una de esas posibilidades se convierte en real y se separa de las demás, creando la dualidad y el mundo de las formas.

Recapitulando, has logrado observar estos fenómenos:

- El movimiento que genera en tu cuerpo la respiración.
- La temperatura o la energía de tus manos.
- El movimiento o sensación que genera el paso de una emoción.

- El mecanismo de nombrar los sucesos creando la realidad en forma de pensamientos del cuerpo mental.
- Un sonido externo como si fueras un testigo sin opinión de lo escuchado.
- Una atención libre de opinión, el espacio de quietud un instante antes de nombrar cualquier cosa, antes de darle forma de pensamiento.

Cuerpo espiritual. Ahora presta atención al observador que atestigua todos esos fenómenos y percibe la unidad que forman el sujeto y el objeto, el perceptor y lo percibido. Si estás observando una emoción, sé uno con ella hasta que se diluya la separación entre la sensación y la conciencia que la observa. Si estás observando un sonido, fúndete con él de forma que desaparezca la distancia entre el sonido y la conciencia que lo observa. Si estás disfrutando de un paisaje, hazte uno con él de forma que la conciencia reúna a quien lo disfruta con lo disfrutado y sea ella el mismo disfrute.

Poniendo una atención desnuda sobre lo observado y el observador se disuelve la diferenciación entre ambos y desaparece el mundo dual. Entonces solo hay conciencia que se recrea y se observa a sí misma. Todos los cuerpos se han hecho Uno. Tú eres el espacio donde se manifiesta el observador y lo observado. Deja que este espacio te absorba hasta desaparecer en el vacío de lo no manifestado.

Puedes meditar en la comunión de los cuerpos estableciendo un espacio de quietud con los ojos cerrados unos minutos al día, hasta que puedas experimentarlo en cualquier momento del día incluso con los ojos abiertos.

* * *

Las claves para alinearse
a través de la meditación

- Tomo el compromiso de cerrar los ojos, entrar en mi mundo interior y hacer una respiración consciente en un momento determinado del día: una inspiración y una exhalación.

- Si encuentro un placer instantáneo al hacerlo, haré unas respiraciones más[33], y, si no, terminaré mi práctica satisfecho de haber puesto mi intención en la meditación hasta el día siguiente. Todo el proceso no me llevará más de uno o dos minutos en la fantasía del tiempo.

- Si de vez en cuando sucede que, además de sentir mi respiración, empiezo a hacerme consciente de mi cuerpo energético, continuaré ascendiendo por el resto de cuerpos hasta que toque el espacio de quietud del quinto cuerpo, donde experimento mi disolución en el espacio que lo contiene todo.

- Tomo también el compromiso de que cada vez que lo recuerde, en mitad de mis actividades diarias, sin necesidad de interrumpirlas ni cerrar los ojos, haré una sola inspiración y una sola exhalación conscientes.

---

[33] Encontrarás otro sencillo método enfocado en la práctica de la respiración consciente en el apartado *Meditación* de www.lenguajedelalma.org.

Capítulo 3
Llamadas suaves de la Vida
Contrariedades

ACABAMOS DE EXPLORAR LAS DIEZ VÍAS o artes para alinear-nos con lo que ocurre en el momento. Si en algún caso no lo logramos, el alma nos seguirá llamando para que atenda-mos sus señales. Si, por ejemplo, estoy planeando hacer algo y en-tonces aparece una sensación incómoda que se expresa en el cuerpo emocional, esa sensación es la evidencia de que mis dis-tintos cuerpos no están completamente alineados con respecto a ese plan. Esta sensación incómoda apunta a que es preciso rea-lizar una transformación o evolución en ese aspecto de mi vida, y el hecho de percibirla es una gran oportunidad para darme cuenta de ello y crecer. Lo que hemos aprendido en el capítulo anterior es que si atiendo al mensaje que me da el cuerpo emo-cional, lograré estar alineado en el siguiente paso del camino y entonces la sensación será de paz.

Si no escuchamos o atendemos lo que nos está diciendo el cuerpo, lo que inicialmente es una ligera sensación incómoda podrá incrementarse hasta convertirse en una emoción desbor-dante. Si no hemos sabido o podido alinearnos, la llamada del alma podrá irrumpir en el siguiente momento con más fuerza.

En algunos tramos de nuestro camino vamos a evolucionar siguiendo las llamadas suaves y en otras ocasiones las intensas. Las llamadas intensas afectan al cuerpo físico y se manifiestan a tra-vés de molestias, dolores o síntomas físicos y enfermedades. Sin embargo, las llamadas suaves son más sutiles y se manifiestan a través de emociones o sensaciones incómodas, o bien mediante contrariedades que se presentan en los escenarios donde transcurre nuestra vida, es decir, en lo que percibimos como «realidad externa». Aunque nos sintamos desbordados por una emoción, estamos en el nivel de una llamada suave dado que nos mantenemos en el área de las sensaciones y aún no de los síntomas. Esto es lo que distingue las llamadas suaves de las intensas. Vamos a dedicar el presente capítulo a explorar las llamadas suaves y el próximo lo dedicaremos a las intensas.

LAS ANTIGUAS TRADICIONES Y LA NUEVA FÍSICA

La mayoría de las tradiciones espirituales coinciden en que todo está conectado y que somos uno con toda la creación. Los antiguos textos apuntan a que lo de dentro es igual a lo de fuera [34]. En la filosofía védica tampoco existe separación cuerpo/mente o dentro/fuera y todo está interconectado, de modo que el cuerpo es un reflejo de lo que ocurre en el mundo exterior. Este es un enfoque prácticamente olvidado o dormido en la moderna civilización que recientemente está siendo recobrado por la nueva física cuántica e implementándose también en sistemas holísticos en el área de la salud. Uno de los motivos por los que esta verdad se ha mantenido alejada y oculta de nuestra experiencia vital es el énfasis que ha venido poniendo la cultura moderna en el mundo exterior [35], entrenando a los sentidos corporales a enfocarse solo hacia fuera, lo cual tiene como consecuencia que percibamos la realidad como dualidad y separación. *El lenguaje del alma* nos lleva a recobrar la visión holística

---

[34] En el texto *La Tabla Esmeralda*, datado hacia el 3000 a.C., se afirma: «Como es arriba es abajo. Como es dentro es fuera».

[35] Énfasis en las capacidades del lado izquierdo del cerebro, más analítico y racional, responsable también del lenguaje articulado y convencional.

e integral de la realidad, enseñándonos a usar precisamente los sentidos para percibir la unidad en todo, en vez de la separación.

Decimos que la Vida nos habla; la persona que crea que el origen de esta llamada es externo, podrá usar distintos términos para referirse a esta fuente de sabiduría, como, por ejemplo, la inteligencia creativa del universo, o la energía divina en una única o múltiples formas. Si la persona percibe que el origen de esta llamada es interno, sentirá esta misma fuente de sabiduría dentro de sí misma y podrá referirse a ella como su alma, su corazón, su voz interior o dirá que su cuerpo le habla. En cualquier caso estamos frente a un singular fenómeno que depende de las creencias de cada persona. Ambas visiones, tanto la del origen externo como interno de la sabiduría, coinciden en que hay una Conciencia que está más allá de la percepción racional del mundo y de la que todos formamos parte, consciente o inconscientemente. En este paradigma lo llamo «la llamada del alma», que uso con intención de apuntar directamente a la Conciencia Divina que habita tanto dentro de ti como en todo lo demás, porque está en todo y en todos. El lenguaje a través del cual se manifiesta esta Conciencia está más allá de lo racional; es el lenguaje de los símbolos y las señales internas o externas, y no un lenguaje analítico, que es convencional.

El lenguaje del alma hace aquí su contribución al reunir de forma práctica y accesible en un mismo enfoque las antiguas tradiciones y la nueva física. Salimos así de la teorización de la física para abrirnos a la experiencia directa, que es la forma más alta de conocimiento, esa misma forma de conocimiento a la que apunta la antigua sabiduría. Ahora podemos percibir el mundo con nuestros sentidos externos y, además, podemos comprobar con facilidad mediante nuestros sentidos internos que el mundo externo es exactamente un fiel reflejo de nuestro ser interior, y viceversa.

Lo que vives por dentro se manifiesta en tu exterior. Lo que experimentas en tu escenario exterior se crea desde dentro hacia fuera. Esto indica que tanto lo que percibimos en nuestro cuerpo como lo que percibimos en nuestro escenario son ambos un reflejo de nuestro ser interior. En el capítulo anterior, en el que hemos hablado sobre alineación instantánea, hemos manifestado la importancia de poner atención a las situaciones que se repiten, las coincidencias, las sincronías y las señales que se presentan en nuestro escenario para así poder comprender lo que sucede y alinearnos instantáneamente. En el capítulo presente seguiremos poniendo atención a las señales que se presentan en nuestro escenario y que adoptan la forma aparente de una contrariedad. El hecho de que se presente un obstáculo en nuestro escenario es también una sincronía, aunque en este caso no refleja una alineación sino, al contrario, una desalineación. Naturalmente, el hacernos conscientes de esa desalineación —inconsciente hasta ese momento— es lo que nos permite alinearnos de inmediato en el siguiente paso del camino.

Vas a aprender en este capítulo a distinguir las cosas que suceden en tu escenario y que reflejan aspectos tuyos, comprendiendo que todo es siempre un reflejo de ti mismo. El hecho de que se manifiesten en tu exterior te permite verlos, te facilita darte cuenta de ellos para evolucionar hacia una conciencia plena.

Cuando algo no funciona o no ocurre como esperamos, es porque alguno de nuestros cuerpos no está alineado con el propósito que conscientemente perseguimos. Saber esto nos da la posibilidad de hacer consciente un aspecto nuestro que hasta ese momento estaba escondido en el inconsciente. Cuando nos damos cuenta de cuál es esa parte interna que no está alineada con nuestro propósito, podemos observarla, sanarla e integrarla. Se presenta de pronto la gran oportunidad de alinear esa parte interna; esto antes no era posible, dado que ni siquiera sabíamos que estaba ahí.

Tienes la oportunidad de aprovechar que el escenario externo te muestre aspectos internos que no están alineados. Descubrirlos y sanarlos internamente es lo que llamo recoger el regalo de la situación que se presenta. Los distintos ejemplos que veremos en este capítulo te van a llevar a descubrir valiosas señales para tu evolución personal. Son esas situaciones o cosas que ocurren en tu vida que no funcionan como tú esperas, que se estropean, se pierden o desaparecen.

Los cuerpos mental, emocional y energético se reflejan en el escenario físico

Para experimentar que *somos uno con todo* y que *lo que es dentro es fuera*, exploraremos en este capítulo el impacto que ejercen los cuerpos mental, emocional y energético —es decir, los pensamientos, emociones y energías— sobre el cuerpo físico y el escenario externo, esto es, las situaciones y los objetos de nuestro alrededor.

El cuerpo mental es el que permite o dificulta la libre expresión de las emociones. Todas las emociones tienen la misma estructura. Se perciben como una ola de distinta intensidad que contiene el impulso para quedar alineado inmediatamente con lo que está ocurriendo; tiene incluso la fuerza para transformar el escenario en el que se encuentra la persona que la experimenta. Después de expresarse completamente, la emoción se extingue en el vacío, sin dejar rastro ni residuo en el cuerpo. Esto último sucede de forma natural cuando el cuerpo mental no impide la expresión de la emoción y se usa su impulso para expresarla a través de un acto creativo. Cuando el cuerpo mental considera que una emoción es negativa [36] trata de reprimir su expresión; en consecuencia, la emoción se queda atrapada en el cuerpo energético, generando distorsiones en el campo energético alrededor de la persona, hasta que es liberada. Si la misma

---

[36] Las emociones son calientes o frías, circulan hacia arriba o hacia abajo respectivamente y es el sujeto quien tiene la capacidad de clasificarlas en positivas o negativas. Suelen considerarse así el enfado, la frustración o el miedo, eso depende del sujeto, de sus aprendizajes y experiencias.

emoción es reprimida una y otra vez, es decir, si en lugar de ser contenida en un evento aislado este mecanismo se convierte en un patrón de comportamiento, la emoción puede acumularse en un órgano o en una parte del cuerpo físico. Cuando se supere la resistencia física del órgano o de la parte del cuerpo donde se acumula, se manifestará como un síntoma.

Las llamadas suaves se manifiestan mediante sensaciones físicas de incomodidad, a través de situaciones y actividades que no suceden o funcionan como nosotros esperamos y también mediante extravíos o pérdidas de objetos.

La primera noticia corporal de que hay algo que requiere nuestra atención es notar una sensación física de incomodidad. Esta llamada suave puede llegar a convertirse en una emoción desbordante difícil de manejar que indica con claridad que nos corresponde un crecimiento en esa área de nuestra vida. Las llamadas suaves se manifestarán externamente en la medida en que uno no esté atento a lo que ocurre dentro de su cuerpo, reflejándose en los objetos o situaciones de nuestro alrededor, es decir, en la realidad externa, que es lo que constituye nuestro cuerpo extendido. La ventaja de las manifestaciones externas es que nos permite verlas de forma evidente, ya que, como estamos acostumbrados a mirar hacia fuera, solemos darnos cuenta antes de lo de fuera que de lo de dentro. A partir de ahora podrás reconocer estas manifestaciones externas para tomar el regalo que contienen.

Las llamadas más sencillas son las que se manifiestan en nuestro entorno inmediato y que afectan a las cosas que nos pertenecen o que usamos regularmente, y a las que asignamos valor o utilidad. Por ejemplo, el hecho de que un aparato deje de funcionar es la metáfora de que algo en nuestra vida ha dejado de funcionar. Quizá refleje un aspecto de nosotros que seguimos usando a pesar de que se ha quedado obsoleto, cuando en realidad ya no necesitamos esa antigua forma de ver la vida. La metáfora podría estar reflejando un patrón de conducta, una forma automática de reaccionar o una creencia que quedó anticuada. Todas estas llamadas empujan a dar un paso adelante en nuestro camino, yendo hacia lo nuevo y quizá hacia lo desconocido. Nos invitan a reconocer la nueva persona en la que ya nos hemos convertido y contienen el regalo de aceptar quiénes somos hoy, soltando con agradecimiento las creencias que en su día nos sirvieron y que ahora ya no necesitamos.

Un antiguo relato narra la historia de un enorme elefante atado a una delgada cuerda. Nadie podía entender cómo era posible que este poderoso mamífero no rompiera esa cuerda y avanzara libre por la selva, hasta que un anciano del lugar les explicó que hacía muchos años, cuando el elefante era pequeño, intentó varias veces zafarse de su atadura sin conseguirlo. Exhausto, llegó a la conclusión de que no podía romperla y dejó de intentarlo.

Cuando somos niños, nos enseñan que no podemos cruzar la calle solos. ¿Qué pasaría si no soltáramos esa creencia que un día nos salvó la vida? Nunca podríamos cruzar la calle y salir de nuestra área de confort para disfrutar de lo nuevo y desconocido.

No obstante, todas las creencias tienen su función y a menudo contienen formas de protegernos. Por ello, para soltar la vieja creencia es conveniente encontrar una nueva forma de sentirse seguro. En el caso del elefante, estar atado le protegió de perderse en la selva y caer en las garras de los grandes depredadores. Ahora es el animal más fuerte de la selva, de modo que puede desplazarse libremente sin peligro. En el caso de cruzar una calle, actualmente hemos aprendido distintas maneras de hacerlo de forma segura, ya sea respetando los semáforos, mirando en todas direcciones, poniendo atención a los sonidos de los coches o bien corriendo o saltando sobre la acera si es necesario. Todas esas habilidades no las teníamos cuando nos inculcaron la creencia de no cruzar la calle. Ahora podemos soltarla y cruzar con seguridad.

De forma comparable, los objetos que poseemos y que dejan de funcionar apuntan a un crecimiento que consiste en soltar lo que no nos sirve y ya no funciona en nuestra vida para dar espacio a lo nuevo. El objeto que deja de funcionar nos da una pista clara, simbólicamente, de cuál es el área de nuestra vida que corresponde renovar. Veremos varios ejemplos de estos casos en el presente capítulo.

Los objetos que perdemos también apuntan simbólicamente a un crecimiento que nos conduce a soltar o dejar marchar aspectos nuestros que han caducado, con una particularidad añadida: si los perdemos o desaparecen por cualquier motivo es porque tenemos resistencia a tenerlos —como, por ejemplo, una falta de merecimiento para conservar la situación o el objeto—, o bien porque simplemente hemos dejado de atraerlos.

En sentido metafísico no existe el «perder algo». Decimos que hemos perdido lo que no somos capaces de ver o percibir. Somos Uno con Todo, estamos unidos al resto de seres animados e inanimados y siempre tenemos todo, ya que es imposible no tenerlo; por tanto, la idea de perder algo es una fantasía en la percepción del mundo físico. Así que, en realidad, nada está perdido sino fuera de tu área de percepción, atención y atracción.

Atraemos y mantenemos las cosas que están a nuestro alrededor, ya sea un objeto, una casa, un trabajo, una situación económica o una relación. Cuando interiormente sabemos que algo ha terminado, como por ejemplo la relación con esa persona, casa u objeto, o bien la situación económica o el trabajo, hay que dejar de sujetarlo. Cuando una situación o relación termina, podemos conectar con todo lo vivido y sentido, con el crecimiento o evolución a través de lo compartido y con los regalos de vida que nos llevamos. Entonces nos despedimos diciendo adiós con agradecimiento desde el corazón. Cuando esto ocurre, se hace un buen cierre de la etapa y entonces aparece lo nuevo.

Si quieres dar un paso hacia delante en tu evolución, el dejar de sujetar la antigua situación hará que siga su movimiento natural. Entonces se manifestará, también de forma natural, otra situación, trabajo, lugar o persona con quien relacionarnos.

No es necesario ni siquiera decidir una acción externa acerca de lo que vas a hacer a partir de ese momento, como vimos en el apartado *El corazón de tu proceso creativo*, porque la vida se suele autoorganizar. En cuanto el espacio queda limpio y vacío, atraes inmediatamente lo que está alineado contigo —el nuevo ser en quien te has convertido.

Las llamadas suaves apuntan simbólicamente a realizar un giro o ajuste en el timón de nuestra vida. Si uno escucha la llamada, ajusta el timón para usar la fuerza y la dirección del viento que sopla en el momento. Si no la escucha, no hace caso o insiste en seguir la dirección antigua resistiendo el viraje, la llamada se convertirá en un estorbo, una incomodidad o una molestia. Entonces, la falta de alineación interna se manifestará generando caos o conflicto externo que también podrá afectar a los objetos y situaciones de nuestro alrededor. Veremos distintos ejemplos de contrariedades que se presentan en nuestro día a día, de aparatos que dejan de funcionar como uno espera o de cosas que se pierden o desaparecen.

Sea cual sea la intensidad de la llamada del alma a través de la situación que se presenta, podemos apreciarla como un mensajero que trae un paquete para entregar. Aunque al principio sintamos el rechazo a recibir el paquete, este se convertirá en un regalo si nos atrevemos a abrirlo. Si la llamada es insistente, lo habitual es que el regalo lleve un tiempo esperando a ser abierto. Cuando se presenta lo que inicialmente aparenta ser una contrariedad o una mala noticia, lo que podemos hacer inmediatamente es detenernos a descubrir el mensaje que está intentando transmitirnos. Este mensaje despertará algo en nosotros que se había quedado dormido y nos impulsará poderosamente a dar un nuevo paso en el camino de vida. Seguir el mensaje nos conectará con la esencia de nuestro camino. Este es el regalo: descubrir la buena noticia que nos liberará de la percepción que nos hacía sufrir.

Imagina una escena donde alguien está hundiéndose en el sofá, adormilado, siendo su mayor aliciente controlar el mando a distancia del televisor. De golpe llaman a la puerta y se presenta un asunto que requiere atención inmediata y toma todo el protagonismo debido a que es ineludible. Finalmente, el resultado es una llamada para despertar porque la persona se estaba quedando dormida.

Una señal de que hace falta un ajuste en la dirección es una sensación de incomodidad en relación a una persona o situación. Hacer caso a esta sensación de incomodidad —la llamada suave— explorando su origen y compartiéndolo con la o las personas involucradas en la situación nos llevará a un crecimiento conjunto y a una nueva alineación. Ignorar la llamada nos llevará a intensificar la sensación, y negarla, a la desconexión con la persona o situación.

Si seguimos sin hacer caso, puede llegar un momento en que se produzca una separación física o una pérdida aparentemente irreparable. Entonces, si uno no está atento, puede caer fácilmente en el papel de víctima, aparentando que las circunstancias le perjudican o que otras personas insensibles lo lastiman o lo echan de algún lugar. En definitiva, puede aparentar que la vida le quita algo de valor, siendo este el resultado de no haber hecho caso a las señales que tuvo hasta ese momento.

Siguiendo con el ejemplo, puede ocurrir que alguien, a pesar de que se presentan todas las evidencias de que la situación terminó, insista en quedarse y tenga que pasar por la experiencia de que lo echen. Podemos experimentar dificultades o pasar por situaciones desagradables al intentar sujetar algo que sabemos interiormente que terminó, porque cuando la persona se resiste a soltar aparenta que la vida se lo quita, como veremos en este capítulo con el ejemplo del Sr. Betanzos, que lo perdió todo, incluso tuvo que cambiar su nombre.

Si comparamos el nacimiento a la vida con un viaje de aventuras que emprende el alma, el hecho de que se presente un paso o una etapa que consideramos difícil es porque todavía no tenemos acceso a la comprensión o al nivel de consciencia que se requiere para dar ese paso [37]. La llamada apunta en este caso a un crecimiento, desarrollo o transformación personal. Este es el regalo: el alma te impulsa a crecer en un área determinada de tu vida.

Uno puede tratar de eludir esa llamada, por ejemplo escondiendo la cabeza debajo del cojín y haciendo como si no escuchara que están llamando a la puerta. También puede aumentar el volumen del televisor para no oír la llamada. En definitiva, puede tratar de aguantar un poco más determinada situación. Sin embargo, normalmente no podemos escapar de la llamada ni siquiera queriendo; algo dentro de nosotros no nos lo permite porque, en el fondo, sentimos que toca hacer algo, aunque no sepamos qué. Atender la llamada significa apuntarse a un viaje desconocido. Finalmente, el aventurero que regresa de este particular viaje no es el mismo que el que lo inició. Regresa a su vida con un aprendizaje nuevo o un «darse cuenta» de algo diferente. Y esto es algo que podrá compartir con las personas queridas de su alrededor o con el resto de su comunidad.

Cuando el alma llama, uno va

Cuando el alma llama, en unas ocasiones nos apetece responder y en otras no. De lo que quizá no nos damos cuenta es de que no es posible escapar a esta llamada. Uno siempre termina acudiendo, ha de ir de un modo u otro, ya sea diciendo sí o diciendo no. Cuando prestamos atención a la llamada aunque sea para decir no, ya hemos ido. Fuimos con nuestra atención y súbitamente entramos a vivir en esa realidad mental, emocional y energética, aunque solo fuera por unos instantes.

Observemos con atención las llamadas que inicialmente pa-

---

[37] En ocasiones, el aventurero requiere el acompañamiento de un guía conocedor del terreno por el que se transita. Aunque el guía conoce el terreno, es la persona o el aventurero quien va a recorrerlo. Una vez que la persona ha integrado ese paso, el acompañamiento deja de ser necesario.

recerían negativas. Imagina que a alguien se le presenta el pensamiento o la fantasía de que le despiden del trabajo, o quizá la idea de que nunca va a encontrar a su alma gemela. En ese mismo instante ya dijo sí, ya entró a vivir en ese pensamiento. Por un momento ya ha vivido que le han despedido o que se quedó solo.

Recuerda que todas las llamadas contienen un regalo si uno se expone a descubrirlo. La persona del ejemplo podría quitarse inmediatamente ese pensamiento de la cabeza, diciéndose que va a estar en ese trabajo toda la vida. También podría afirmar que a la vuelta de la esquina va a aparecer su alma gemela y que van a estar juntos por el resto de la eternidad. Cuando uno elimina un pensamiento de su cabeza y pone otro en su lugar, está usando una estrategia de evitación y, por tanto, no hay un verdadero regalo y no hay liberación.

Si uno se expone a la llamada va a poder mirar de frente la emoción temida, porque quizá uno quiera permanecer en ese trabajo por su temor acerca de la supervivencia o quiera encontrar una pareja por su miedo a estar solo. La llamada llega para sanar estos miedos, para librarse de ellos a través de experimentar sin límite la energía de la emoción que mueven.

Si uno vive completamente ese miedo y lo transforma, es decir, si permite que la emoción llegue realmente a su máxima expresión, probablemente no será necesario que lo que ha aparecido en su pensamiento tenga que precipitarse hacia su realidad física. Por el contrario, si por el motivo que sea niega o se resiste a esa emoción y no la vive completamente, es posible que en algún momento de su camino ese pensamiento se manifieste en su realidad física para que el proceso pueda completarse. En el siguiente apartado, *La llamada a través de las emociones*, practicaremos una vía para experimentar totalmente esta emoción.

Si te apetece, puedes empezar a destapar todo lo que contiene tu regalo en relación a alguno de tus pensamientos o miedos. Puedes observar lo que está detrás de ello y lo sostiene, para posteriormente dejarlo caer y liberarte. En el ejemplo de temer que te despidan del trabajo, tómate unos instantes para imaginar la posible consecuencia de ese despido y aceptarla completamente, recogiendo el regalo que se presente: la liberación. Así, posiblemente no tengas que experimentarlo a nivel físico. Es decir, si tienes miedo a vivir algo y lo sanas en tu cuerpo mental, emocional y energético, es probable que ya no tengas que vivirlo en el cuerpo físico. Y si finalmente lo vives en el mundo físico, será para liberarte de ello.

En el ejemplo de temer no encontrar el alma gemela, también puedes imaginarte la posible consecuencia de no encontrarla. Podrías hacer un viaje emocional, recogiendo el regalo de la temida consecuencia y liberándote de ella a través de vivirla completamente. Entonces, el concepto o la ilusión del alma gemela se cae, porque uno deja de sostenerlo como una falta o una ausencia. Y cuando uno se siente completo —es decir, cuando no siente que le falta una parte— y no se relaciona desde la necesidad con esa idea de compartir en pareja, lo más probable es que se manifieste en su vida una persona con quien compartirla, como un reflejo de uno mismo: un ser completo que se refleja en un ser completo. Ese es el verdadero compartir. Mientras tanto, las relaciones de pareja pueden vivirse como parches para cubrir las necesidades o ausencias de cada cual. Es cuando uno se siente completo cuando puede realmente disfrutar de estar con el otro y dar desde su riqueza interior de forma incondicional. El alma nos llama para dar, nos recuerda que somos amor y nos lleva a expresarlo en cada una de sus formas; nos recuerda que somos ricos, cada cual con sus dones personales, y nos impulsa a compartirlos.

La llamada a través de las emociones

¿Dónde se aprende o reaprende cómo respirar adecuadamente, o cómo cuidar de la energía vital, o cómo manejar las emociones o a relacionarse con la falta de un ser querido? Estas cosas importantes no están en los programas de algunas escuelas, quizá porque se supone que ya deberíamos saber hacerlo, y no siempre es así.

En realidad, en los inicios de nuestra aventura, después de nacer y en los primeros años de vida, respiramos ampliamente y también expresamos lo que sentimos de una forma completa y natural. Luego aprendemos a hacerlo de forma antinatural recortando nuestra capacidad respiratoria, nuestra asertividad y nuestro impulso creativo genuino. Este aprendizaje se realiza a través de lo que nos dicen y principalmente observando lo que hacen las personas de nuestro alrededor.

Una emoción fuerte como la llamada ira o coraje contiene la fuerza para transformar el mundo o al menos el escenario en el que la emoción se presenta. Sin embargo, en general hemos aprendido a reprimirla y tragarla, causando daño a nuestro propio cuerpo, o a expresarla con la idea de que causa daño al que está enfrente. Hay otro camino: intensificarla hasta que se transforme y se disuelva en el vacío desde donde llegó.

En el apartado *Abrir el corazón* vimos que toda emoción tiene un ciclo vital: aparece, se intensifica, llega al límite, decrece y desaparece. Si, por el motivo que sea, no permitimos que termine su ciclo, nos quedamos atascados en la emoción. De bebés recorríamos fácil y rápidamente este ciclo de las emociones, pasando de la alegría al llanto y de la desesperación al éxtasis en un instante. Todas las emociones se expresaban completamente sin dejar residuo alguno. De mayores parece que hemos renunciado a este proceso natural y las emociones se quedan atascadas en el cuerpo por tiempo indefinido. Por ejemplo, si mi cuerpo mental sostiene la creencia de que no se puede mostrar lo que llamamos ira, el resto de cuerpos detendrán su expresión, y entonces la energía, en lugar de circular a través de los cuerpos internos hasta expresarse externamente, se bloqueará y acumulará en una zona física determinada o en un órgano. El cuerpo físico posee un determinado aguante o resistencia, y cuando esta se rebase, la energía acabará por expresarse a través de síntomas físicos.

Afortunadamente, no es posible controlar y reprimir todo pensamiento, emoción o sentimiento. Los pensamientos que están vinculados a una emoción o a un sentimiento tienen una fuerza creativa explosiva, y es posible usar esa fuerza para crear. La vida nos sorprende una y otra vez y, de pronto, brota un pensamiento o aparece una emoción de los que no hay forma de librarnos. Esos impulsos de la Vida, incluso aquellos que no nos gustan, contienen un regalo que podemos descubrir. Cuando aparece un impulso que nos empuja a una acción aparentemente destructiva hacia otra persona o hacia el mundo, podemos buscar su origen y, si profundizamos lo suficiente, lo acabaremos encontrando dentro de nosotros mismos. Si, por ejemplo, te surge el impulso de destruir algo, puedes mirar qué hay dentro de ti que te parece que fue destruido. Cuando lo descubres y lo integras, te das cuenta de que en realidad nada fue destruido, que todo sigue luminoso en tu interior, y ese es el regalo que puedes recoger en ese acontecimiento, pues tu alma es intocable. Le pase lo que le pase al personaje que representamos, a la carne y al hueso, el alma siempre permanece intacta, que es conciencia pura. Entonces, a la vez que se sana la ilusión de la destrucción interna, también desaparece el sentimiento destructivo hacia el mundo y, en su lugar, el impulso que lo originaba se convierte en un acto creativo.

Cualquier emoción que se niega aumenta su fuerza. Puedes sentir el miedo en tu abdomen o en la parte baja de la espalda o zona renal, y si lo niegas puede llegar a temblarte todo el cuerpo. Si lo aceptas se transforma y puedes usar su enorme energía para dar tu siguiente paso. Atender y experimentar la subida y la bajada de la emoción sin juzgarla es una forma impecable de decir sí a lo que la Vida presenta en el momento. Me refiero a seguir la emoción sin objeción desde que aparece, se intensifica y llega a su máxima expresión hasta que decrece y desaparece sin dejar residuo en el cuerpo. Esto te lleva a vivir lo que aparece de forma completa, lo cual permite que la emoción se libere y a continuación que se extinga de inmediato.

A continuación describo una práctica para acompañar el ciclo completo de la emoción. Puedes empezar eligiendo una de tus emociones favoritas; me refiero a una que te atrape de vez en cuando sin que puedas evitarlo, ya sean las llamadas coraje, ira, enfado, tristeza, estado depresivo, impotencia, frustración o cualquier otra. Digo que es una de tus emociones favoritas porque, aunque no te guste sentirla, si suele presentarse y llevarte con ella es porque en el fondo hay algo que te mantiene apegado o atado a la emoción. Por otro lado, recuerda que hay un regalo detrás de esta emoción que espera ser descubierto.

**Práctica: Intensificar una emoción
hasta que se transforma en gozo**

Iniciamos esta práctica de la misma manera que en el anterior apartado sobre la meditación, aunque en este caso es preferible estar de pie [38] con los pies algo más separados de lo habitual. Si aún crees que tienes poca sensibilidad corporal, incorpora al inicio la práctica *Recuperar la sensibilidad corporal* que se describe en el capítulo 2.

Manteniendo un hilo de atención sobre la respiración:

— **Conecta con una de tus emociones habituales.** Si no sabes cómo conectar con esa emoción, piensa en una experiencia intensa vinculada con esa emoción y revívela con los ojos cerrados como si estuviera pasando en este momento.

— **Nota qué parte concreta del cuerpo te está llamando más la atención.** La mayor parte de las emociones se manifiestan en el área que va desde la garganta hasta la pelvis. Quizá puedas notar una sensación de vacío o una vibración, un nudo o un dolor que se intensifica al recordar la experiencia.

---

[38] Muestro mi reconocimiento a las enseñanzas transmitidas por Daniel Odier, en este caso a través del yoga de las emociones.

— En cuanto notes la emoción, descarta las imágenes o pensamientos en relación a la experiencia intensa que aparentemente provoca la emoción y, en cambio, céntrate inmediatamente en la sensación misma y en el movimiento interno de tu cuerpo. Se trata de localizar la emoción en el cuerpo, es decir, sentir el lugar preciso del cuerpo donde se manifiesta, y luego hacer como si respiraras a través de esa zona del cuerpo.

— Suelta todo pensamiento vinculado con la emoción y quédate con la propia sensación, intensificándola todo lo que te sea posible. Si aparece el más leve dolor físico, abandona la práctica, deja de intensificar la sensación y comprende que la acumulación en tu cuerpo de esa emoción no expresada es la que se manifiesta a través de ese dolor físico. No es necesaria ninguna acción para expresar la emoción externamente, como gritar o patalear, porque en este caso solo sería otra vía de escape. Es cierto que si no recuerdas haber gritado o pataleado nunca, hacerlo puede servirte para quitar un tapón represivo, de modo que no te reprimas si te surge manifestar tus sentimientos en esta ocasión. No obstante, el objetivo de esta práctica no es generar una catarsis [39].

Esta experiencia se fundamenta en la potente intención interna de intensificar la sensación. Si así lo haces, puede suceder algo extraordinario, porque es posible que hasta este momento y durante toda una vida, cada vez que has tenido una emoción que has tachado de desagradable, has intentado apagarla para dejar de sentirla. Ahora estás haciendo justo lo contrario: estás dando la vuelta a la tortilla y tratas de intensificarla. Esta intención es alquímica y transmutadora, porque indica que perdemos el

---

[39] La catarsis es un método psicoterapéutico por el cual el paciente exterioriza, en ocasiones bruscamente, contenidos mentales vinculados a situaciones traumáticas relegadas al inconsciente.

miedo a sentir. En lugar de huir de la emoción, vamos a encontrarnos cara a cara con ella.

— **Sea cual sea la emoción, intensifícala hasta que se transmute en puro gozo.** Tanto si juzgas esta emoción como positiva o negativa, el movimiento es el mismo: es como una ola grande o pequeña que te va traspasar. Si prestas atención al movimiento que genera la emoción sin juzgarlo ni intervenir en modo alguno, observarás cómo pasa a través de ti. (Si hay un emoción atrapada en tu cuerpo es porque su movimiento se ha interrumpido. La ola de la emoción se expresa en tu cuerpo a través de una contracción y una expansión que le sigue. Cuando no permites que la emoción se exprese completamente, el movimiento se interrumpe y la emoción queda atrapada en tu cuerpo, porque la expansión no se produce. Date cuenta de cuál es el movimiento de contracción que la emoción está generando en el cuerpo. Cuando la intensifiques dale continuidad a este movimiento hasta que se complete llegando a la expansión.) Como si flotaras en el océano de la existencia, la oscilación de la ola atravesará tu cuerpo sin tocarte. Cuando alcances la cresta de la ola, esta se transformará, y una vez haya pasado no quedará huella de la emoción.

Tu intención de intensificar es metafóricamente como el aire que va hinchando un globo. Este se va a hinchar hasta explotar en gozo y entonces el aire que contenía regresará y se disolverá en el espacio de alrededor. De la misma manera, llegará un momento en que la energía de la emoción se transformará y se disolverá en el vacío desde donde llegó.

Sea cual sea la emoción de que se trate, puedes tener la sensación de que súbitamente se transforma, como si explotara o se extinguiera completamente, y entonces lo único que queda es espacio infinito y sensación de gozo. Puedes desintegrarte con ella para hacerte uno con la Vida. Sabrás que has vivido completamente esa emoción cuando aparezca el regalo de la liberación, es decir, cuando sea cual sea la emoción en cuestión, después de intensificarla hasta llegar a su cresta, se transforme en calor, luz, espacio o vibración.

Si por el motivo que sea esta vez no logras llegar a tocar la cresta de la emoción, el primer objetivo de la práctica estará realizado, y en cualquier caso habrás hecho algo extraordinario: en lugar de tratar de escapar de la emoción, la has contemplado de frente y la has intensificado. De este modo, has perdido el miedo a sentir y, por tanto, eres libre. ¡Bienvenido!

La clave para llevar esta práctica
a tu vida diaria

- Sea cual sea la emoción que sienta en mi cuerpo, le diré sí. En lugar de negar la situación con la que está vinculada y la energía que trae, usaré su fuerza para crear conscientemente el siguiente momento.

Preguntas para comprender el mensaje
de las llamadas suaves

Cuando no podemos completar el ciclo de las emociones, estas se albergan en los cuerpos emocional, energético y físico, esperando ser liberadas. Mientras la emoción está activa crea una distorsión en el cuerpo energético que puede afectar a los sistemas eléctricos de los aparatos que tenemos a nuestro alrededor, como son los aparatos domésticos, los equipos profesionales o los vehículos. Como parte del mismo proceso, en lugar de que nuestra atención esté libre para atender al momento, una parte de ella está atrapada junto con la emoción. Esto ocasiona distracciones y falta de atracción sobre las situaciones y objetos de alrededor que puede provocar su pérdida o desaparición.

Como vimos en el capítulo anterior, cuando los cuerpos no están alineados se genera caos a nuestro alrededor, y el cuerpo físico se ve obligado a soportar esa tensión. En el caso de que esta falta de alineación afecte al funcionamiento de aparatos o bien a cosas que se pierden, te quitan o desaparecen, estamos frente a una llamada suave ya que la llamada del alma no ha tocado aún el cuerpo físico a través de síntomas. Es el momento de prestarle atención para descubrir el mensaje y tomar su regalo antes de que la llamada se haga más fuerte.

En este apartado ofrezco una serie de preguntas para explorar distintas situaciones a través de las que se expresan las llamadas suaves:

> 1.º *¿Qué está pasando? ¿Cuál es la situación?*

> 2.º *¿Qué representa simbólicamente lo que está ocurriendo? Si se trata de un aparato u objeto, ¿qué representa para mí ese objeto o cuál es su utilidad?*

> 3.º *¿Cuál es la parte de mi vida que está reflejando esta situación? ¿Qué parte de mí se ha quedado anticuada y es el momento de renovar?*

> 4.º *¿Cuál es el nuevo paso que toca dar en mi vida? ¿Cómo lo doy?*

A continuación exploraremos varios ejemplos en los que el uso de estas preguntas permite que se revele el mensaje que contiene la llamada. El propósito es que aprendas a aplicar las preguntas a tus propias llamadas, comprendiendo su mensaje y usándolo para dar tu siguiente paso en el camino.

Descubriremos el regalo que ofrecen estas situaciones cuando seamos capaces de profundizar en la llamada del alma. Además, es posible que cuando hayamos recogido el regalo —que es dar un paso adelante en nuestro crecimiento o evolución—, desaparezca súbitamente del escenario de nuestra vida lo que aparentaba ser un problema. También es posible que como una consecuencia o efecto colateral de esta evolución o transformación se presente un regalo adicional: el aparato averiado puede arreglarse solo o quizá aparezca el objeto perdido, como veremos a continuación en varios de los siguientes ejemplos.

Llamadas a través de la casa y los aparatos domésticos

Hay personas que tienen la costumbre o el patrón de contener sus emociones y que, curiosamente, tienen repetidas averías relacionadas con los aparatos o conducciones de agua en sus casas. Cuando uno se da cuenta y lo puede disfrutar desde el humor negro, esta llamada a la atención no deja de ser una metáfora divertida, aunque acarrea molestias en los aspectos prácticos y cotidianos. Doy un ejemplo a continuación.

Calentadores de agua

Llega una consulta por *e-mail* sobre calentadores de agua estropeados y problemas de piel. Es inicialmente una llamada suave porque afecta a una serie de calentadores, aunque el hecho de que después llegue a afectar a la piel implica que se ha intensificado. Resumiendo la consulta, la persona que me escribe me dice que está de viaje y que ha visitado tres casas en la última semana. Lo que le ha pasado en cada una de ellas es que los calentadores del agua se han estropeado a su llegada. Ella está viajando con su hija adolescente y afirma que «debe contener» los ataques de ira que le provoca el comportamiento de esta. Al regresar a su casa, el calentador tampoco funciona y decide consultarme porque, después de la metáfora repetida de los calentadores, acaba de aparecer en su piel una erupción. Me doy cuenta de que la erupción hace que exprese esa ira rascándose. Ella no puede evitar rascarse hasta lastimarse, encontrando alivio solo al sumergirse en agua fría, lo cual sugiere que el hecho de que se fundan los calentadores no representa ningún problema para ella, ya que lo que necesita en realidad es agua fría...

Comprendo que al lector que se encuentra por primera vez con un ejemplo como este le pueda parecer extraño. Quizá le dé la misma importancia que a un suceso fortuito. Sin embargo, después de haber observado cientos o quizá miles de casos a lo largo de veinte años de práctica y habiéndolos atestiguado uno tras otro, he desarrollado la escucha atenta y la sensibilidad que me permite darles crédito. También se ha dado la circunstancia de que, a la vez que sana el cuerpo físico, también se arregla, repara o deja de llamar la atención el símbolo externo.

En este caso el calentador de agua empezó a funcionar como se esperaba una vez que la persona tomó conciencia del proceso y usó su energía de forma consciente y creativa. En lugar de contenerse y gritar a su hija, la madre eligió hablarle de cómo se sentía en relación a lo que estaba pasando. Esto las llevó a una conversación donde también la hija adolescente se dio cuenta de que actuaba de esa manera debido a que no se sentía escuchada por su madre. De este modo las dos crecieron en la consciencia de sí mismas, en su comprensión mutua y en su camino personal.

Este ejemplo nos indica que la llamada del alma puede darse con cierta intensidad a través de los objetos que rodean a la persona, aunque al alcanzar otro nivel de intensidad o profundidad la llamada puede llegar al cuerpo manifestándose en síntomas físicos.

Llamadas a través de vehículos

Un vehículo, del tipo que sea, es un espejo o reflejo de la persona que lo utiliza. Lo que le ocurra al vehículo y su estado es una metáfora de cómo circula o se mueve la persona por la vida. La metáfora de circular, moverse o avanzar está representada en el cuerpo físico por las piernas; en el cuerpo extendido está representada por el vehículo que la persona usa para desplazarse.

Si por ejemplo vas a ir al trabajo y resulta que al subirte al coche y girar la llave de contacto el motor no arranca, se trata de una llamada suave que indica que hay una parte de ti que no está alineada con ir al trabajo o ir en el coche. Esa parte de ti es la que se manifiesta a través de la avería o dificultad que te impide arrancar. Si, por ejemplo, se debe a que la batería está descargada, esa metáfora puede estar indicando que no tienes energía para ir al trabajo.

Cuando se estropea el vehículo uno puede tratar de arreglarlo externamente, por ejemplo avisando al mecánico. La situación se complica si resulta que el mecánico no lo puede arreglar. En cualquier caso es más interesante darse cuenta de qué parte de uno mismo se está reflejando a través de la avería y atender esa llamada, porque cuando uno escucha finalmente el mensaje puede ocurrir que el coche se arregle solo. Ofrezco dos ejemplos para ilustrarlo.

Presión excesiva

Un día con bastante ajetreo iba en el coche hacia una reunión de empresa. De repente, la aguja de presión del aceite del cuadro de instrumentos bajó a cero y se encendió un piloto rojo que indicaba fallo en el motor. Me detuve inmediatamente, ya que podía tratarse de una avería importante.

Abrí el capó y miré el motor superficialmente buscando alguna pérdida de aceite, aunque no observé nada anormal. Accioné nuevamente la llave de contacto y cuando el motor arrancó parecía que todo estaba bien, hasta que reinicié la marcha y la aguja cayó de nuevo a cero. Llevé inmediatamente el vehículo al taller, donde me dijeron que, efectivamente, los indicadores apuntaban a que tenía una avería grave. Revisaron el motor y todo el circuito de presión, y me dijeron que el coche estaba arreglado. Al día siguiente, de nuevo la aguja cayó a cero y se encendió el piloto en rojo. Regresé al taller y me dijeron que, en realidad, el día anterior no habían encontrado nada y que todo funcionaba bien. Proponían cambiar todo el cuadro de instrumentos, aunque no estaban seguros de que eso fuera a solucionar el problema. Consulté a otro mecánico y este me dijo simplemente que lo mejor era desactivar la luz del cuadro para que así ya no me molestara más.

En ese momento pensé: «Aquí hay un mensaje, ¡y el especialista me propone eliminar al mensajero para que no me moleste con el mensaje!».

Decidí esperar para ver si alcanzaba a comprender qué estaba indicando en mi vida esa metáfora.

De pronto todo cobró sentido. La aguja bajando a cero me estaba indicando que lo que yo debía hacer era bajar la presión a cero y parar el motor. Me di cuenta de que estaba ejerciendo demasiada presión sobre algunas personas que trabajaban conmigo en la empresa a la que me dirigía cuando la aguja cayó a cero por primera vez, así como sobre mí mismo. Lo que la metáfora me estaba indicando era que debía soltar la presión, bajarla a cero. Al darme cuenta, me relajé en esos aspectos en los que estaba ejerciendo tanta demanda. Las cosas empezaron a funcionar mejor en cuanto comprendí que estaba creando esa presión excesiva. La aguja del coche manifestaba impecablemente esta misma situación como si fuera un espejo de mí mismo. En cuanto me relajé me sentí bien, mis colaboradores se sintieron mejor y la empresa empezó a funcionar perfectamente, ¡y la aguja dejó de bajar a cero sin necesidad de intervención mecánica externa! A partir de ese momento funcionó perfectamente hasta el día de hoy, años más tarde.

Dirección no alineada

Unos meses después, tras llevar a alinear la dirección del coche, el volante quedó torcido y no había manera de enderezarlo. Para circular en línea recta debía mantener girado el volante, lo cual era bastante molesto. Llevé a revisar la dirección a otro taller, y el mecánico, después de alinearla dos veces más, no pudo arreglar la desviación del volante, y además era incapaz de comprender lo que ocurría. Insistí en llevar el coche a otro taller más, y cuando estaba de camino comprendí lo testarudo que estaba siendo al intentar una y otra vez que otra persona arreglara algo que me correspondía arreglar a mí. Era como pretender que alguien resolviera algo exteriormente cuando la clave está en el interior de uno mismo.

Había necesitado tres talleres para darme cuenta de que llevar ese coche a revisar era un desafío para el mecánico que lo atendía y una aparente pérdida de tiempo para todos.

¿Y ahora qué?

Tocaba de nuevo atender la llamada que me hablaba de avanzar desalineado.

¿Cómo hacerlo?

Pues bien: si creía que avanzaba desalineado, o bien corregía mi dirección hasta sentirme de nuevo alineado o bien descubría y sanaba en su origen —el cuerpo mental— la creencia de que era posible que yo avanzara por un camino que no era el adecuado.

Opté por explorar la segunda opción. Al detenerme a reflexionar, descubrí que en los últimos meses había estado pensando que mi atención a los negocios me estaba apartando de mi camino espiritual. Por tanto, me hallaba frente a lo que parecía ser una disyuntiva, pues pensaba que debía tomar una decisión: o bien dejaba los negocios o bien estos me apartarían de mi camino espiritual. Debido a que había proseguido con mi actividad de empresario, en mi fuero interno *creía* que me estaba distanciando de mi camino interior. Así pues, concluí que mientras creyera que algo dentro de mí estaba desalineado, eso se seguiría reflejando en la dirección de mi vehículo. Por tanto, no había manera de alinear el volante, lo cual era una manifestación externa de mi creencia de falta de alineación interior.

La situación apuntaba hacia un crecimiento, un paso más en mi proceso de transformación, de modo que me dispuse a alinearme. Empecé por sanar mi creencia de que solo hay un camino correcto: tal como reflejan las antiguas sabidurías, no hay nada que sea menos espiritual que cualquier otra cosa. Ese fue el primer regalo que recogí, liberarme de una creencia restrictiva que ya no me servía. La sanación recorrió su camino desde dentro hacia fuera, de interior a exterior.

Como resultado de esa liberación interior, me relajé y me entregué a lo que se presentaba frente a mí o a lo que el alma me ponía delante. Así, tanto si se trataba de atender un asunto de negocios como de atender a alguien a nivel personal, mi entrega era la misma: atendía con toda dedicación lo que se presentaba frente a mí. Después de ese cambio en mi visión observé que cada vez se presentaban menos asuntos de negocios ante mí para que los atendiera.

Uno de esos días me di cuenta de que ya no me molestaba conducir con el volante desalineado. Al contrario, me resultaba un regalo extraordinario que mi proceso de alineación interna se manifestara a través de la dirección del coche. En ese mismo momento, sincrónicamente, estaba ocurriendo algo en el taller: al bajar del coche vi que tenía en mi teléfono el mensaje de uno de los mecánicos. Resultó que en la revisión de su máquina de alinear acababan de encontrar algo desajustado y que quizá, aunque le seguía pareciendo extraño, ese podría haber sido el motivo de la desalineación. A esas alturas yo ya sabía que no era ese el motivo, aunque para seguir con el juego llevé el coche a ese taller. Tras la revisión, el volante quedó alineado perfectamente. Toda esta aventura me parecía fascinante, y además era un gozo ver al mecánico sonriendo satisfecho.

Si quieres dar un paso más hacia la comprensión de *El lenguaje del alma* y experimentar que el mecánico, su máquina, el coche y el observador somos uno, entonces quizá puedas aceptar que mi ajuste interno tuvo efecto sobre los objetos o espejos [40] que se hallaban a mi alrededor: el mecánico, la máquina de alinear y el coche. O bien puedes seguir funcionando con la mente racional y determinar que lo que ocurrió fueron un conjunto de casualidades que coincidieron en el tiempo.

El principio afirma: somos uno con todo y lo que es dentro es fuera. ¿Quieres experimentarlo? Adelante, en este preciso instante donde estás ahora observando puedes darte cuenta de que, como parte de una misma sincronía, todos nos alineamos a la vez. Y puesto que formas parte de este momento, algo tuyo ha quedado alineado también ahora.

OBJETOS QUE DEJAN DE FUNCIONAR

Un objeto personal o un aparato profesional que no funciona está reflejando un aspecto de uno mismo o de la entidad a la que pertenece. Apunta a algo que hay que renovar, algo que no está alineado con lo que representa la utilidad de ese aparato.

En el proceso de transformación personal, un objeto que se estropea es un reflejo de algún aspecto propio que no está funcionando, o de alguna creencia que ha quedado anticuada y hay que renovar para quedar alineado con «quien soy hoy».

Llamada a través del computador

A principios de 1998 quería tener un ordenador portátil y trazaba planes extraordinarios de lo que haría con él. Me ima-

---

[40] Es preciso recordar que lo que percibimos a nuestro alrededor como «realidad» es nuestro cuerpo extendido, y que los objetos externos son un reflejo de nuestro cuerpo interior.

ginaba viajando, escribiendo, dando cursos y conectado con la gente que quiero a través de ese aparato en cualquier lugar del mundo.

Por indicación de mi querido amigo Antonio, un diseñador gráfico, pensaba comprarme un portátil de la mejor marca, el cual, según él anunciaba, no se estropearía nunca. El hecho de pasar por algunos imprevistos y retrasos para adquirirlo hizo que se organizara una cena de celebración cuando por fin llegó a mis manos. En ese momento no había estado atento a que las dificultades previas a la compra podían ser llamadas suaves del alma que, en este caso, seguramente representaban resistencias al cambio de vida que iba a proporcionarme el aparato. La cena era en casa de dos amigas y, mientras ellas hablaban, Antonio me enseñaba a manejarlo. De pronto, una le preguntó a la otra, que era la propietaria de la casa, algo sobre su madre que había fallecido años antes. En ese instante las luces del salón parpadearon, y el ordenador, a pesar de que se mantenía por su propia batería y no estaba conectado a la red, se apagó. No hubo manera de encenderlo de nuevo, ni siquiera instalando el disco de arranque una y otra vez. El portátil no lo leía.

—Estos ordenadores no se estropean nunca, ¿verdad? —le dije a Antonio con media sonrisa.

Al día siguiente lo llevamos a la tienda y, después de varias pruebas, nos dijeron que no podían repararlo y proponían enviarlo a Ámsterdam. Preferí no tomar esa opción. No me gustaba imaginar a mi nuevo ordenador viajando solo por Europa y con resultado incierto. Elegí esperar y encontrar otras alternativas.

Antonio era un experto en ese tipo de ordenadores y, aunque él no podía arrancarlo, me dijo que no me preocupara, que iríamos a buscar a Ismael, su maestro. Este le había enseñado todos los trucos; esas máquinas realmente no tenían secretos para él. Ismael lo estuvo mirando y escuchando atentamente. Parecía un cirujano operando con precisión en su sala de operaciones. Lo desmontó y volvió a montar sin resultado; la máquina no arrancaba. ¡No hubo manera! Nos dijo que era la primera vez que veía algo parecido.

Desconcertados, decidimos ir a cenar un pescado y tomar un buen vino a la costa de Málaga para celebrar que no había manera de solucionarlo.

De regreso a casa de Antonio, recuerdo que él estaba en su habitación jugando con su ordenador y yo estaba sentado en el salón observando esa máquina maravillosa que por algún buen motivo no servía para nada. De pronto me hice consciente de mis resistencias a lo que representaba una nueva forma de vida: el portátil me daría independencia, aunque yo mantenía algunos apegos que ya no encajaban con mi nueva vida. Entonces también me di cuenta de que nunca había intentado arrancarlo por mí mismo y que había dejado que los expertos lo probaran. Liberado de este modo de mis resistencias anteriores, introduje el disco de arranque con la intención de que funcionara el aparato y pulsé el interruptor. Se escucharon unos sonidos —brrrr... brrrr...—, y desde la otra habitación Antonio me dijo:

—Oye, ¡¡que lo está leyendo!!

El ordenador estaba arrancando.

—¿Cómo lo has hecho? —me preguntó.

La verdad es que no tenía una buena respuesta; o sí, tenía una respuesta sencilla aunque no fácil de comprender. Como vimos al inicio del capítulo, uno crea por dentro el mundo en el que vive, y esa creación se refleja por fuera.

Ese fue el último problema que tuve con esa máquina, la cual dejé de usar casi ocho años después por obsoleta.

La casa de los relojes

Mi amiga Pilar, médica de profesión y que se definía como una persona muy ocupada, tenía decenas de relojes en su casa. Al visitarla daba la sensación de que estabas en la casa de los relojes, ya que podías encontrarlos por todas partes, miraras donde miraras.

Un día varios de sus relojes empezaron a dejar de funcionar: unos simplemente se pararon, otros agotaron su batería, uno dobló misteriosamente su esfera impidiendo el paso de las manecillas, otro se quedó clavado cuando una manecilla pasó sobre la otra y el último se cayó de donde estaba sujeto de forma incompresible, como si hubiera dado un salto al vacío[41]. Por si fuera poco, los que aún funcionaban empezaron a marcar horas diferentes, algunos atrasándose y otros adelantándose, con el desconcierto y también la desesperación de Pilar, que con tantos relojes ni siquiera podía saber qué hora era. Su asistenta, que no había visto nada igual en su vida, empezó a pensar que la casa estaba encantada.

En medio de esta confusión de manecillas, Pilar se dio cuenta de que en los últimos meses había entrado en una espiral en la que se repetía a sí misma «no tengo tiempo», y también se reconocía respondiendo a las personas que le proponían cosas con un «no puedo, no tengo tiempo».

Entonces se quedó mirando detenidamente todos sus relojes parados. Observó atentamente las manecillas de estos relojes, y todas indicaban lo mismo. El mensaje que le transmitían era que el tiempo se había parado.

—El tiempo se paró.

Se quedó meditando en ese espacio sin tiempo y, de pronto, comprendió el mensaje: «Tengo mucho tiempo. El tiempo se ha parado y se ha convertido en eternidad».

Ahora se define como una persona que disfruta de la expansión del tiempo en forma de eternidad, y sus relojes la acompañan en una dulce sinfonía señalando la misma hora.

---

[41] En el apartado *Imágenes* de www.lenguajedelalma.org podrás apreciar dos fotografías de sus relojes: «Manecillas clavadas» y «Reloj suicida».

Objetos que pierdes, aparecen o desaparecen

En los últimos ejemplos hemos observado el efecto del cuerpo mental, emocional o energético sobre los aparatos o sistemas eléctricos. Tal como hemos visto, la distorsión que se genera en el campo energético cuando los cuerpos no están alineados afecta a todo lo que está a su alcance.

Entremos en otra categoría de llamadas suaves: las cosas que se pierden o desaparecen.

Para comprender estos singulares sucesos es preciso darse cuenta de que hay una atracción natural entre tú y las cosas que están a tu alrededor. Si esas cosas están contigo es porque tú las estás atrayendo y sosteniendo. Para que pierdas algo, tienes que dejar de sostenerlo. Esa es la única forma de que deje de estar contigo. Como la atracción es natural, si pierdes algo es porque una parte de ti lo está apartando. Esto es válido para todo lo que está a tu alrededor.

Por ejemplo, no es una casualidad perder el anillo de boda. Lo que desaparece o aparece tiene un sentido simbólico para el que lo pierde o lo encuentra. La llamada suave llega a través del sentido simbólico que le damos a las cosas. La clave para descubrir el sentido de la llamada es lo que simboliza para ti ese objeto. Si uno pierde su anillo de boda, probablemente no es el valor monetario lo más importante, porque eso se olvida muy pronto, sino el valor simbólico que se le da. Para una persona simbolizará perder el compromiso, para otra representará no querer comprometerse, o quizá infidelidad o pérdida de estabilidad conyugal o necesidad de independencia emocional.

En cuanto a lo que se refiere a los objetos que aparecen en tu vida, estos informan de cosas que se avecinan y que se están acercando a ti. Anuncian situaciones que están próximas a manifestarse en tu escenario, camino de precipitarse en tu realidad física. Naturalmente, estas cosas traen un regalo para ti. Si no lo percibes así, puedes revisar el apartado *Cuando el alma llama, uno va* para hacerte más consciente del proceso creativo que las está atrayendo.

Por ejemplo, antes de viajar a alguna parte, normalmente el lugar viene a recibirte. Me refiero a que te regalan objetos o aparecen personas o informaciones relacionados con el lugar al que vas a viajar. Esto indica alineación con ese viaje, como vimos en el ejemplo *Un viaje a Perú.*

Dentro de todos los objetos que pueden desaparecer destaco el caso de la pérdida de la billetera o cartera de documentos, dado que representa varios aspectos para la persona que la pierde: metáforas de identidad respecto a sus documentos oficiales, su relación con el dinero, la creencia de que se aprovechan de él y la imagen de las tarjetas bancarias como símbolo de pérdida de poder o disponibilidad.

Si la pérdida de dinero sucede con frecuencia, puede representar otros aspectos. En caso de que se trate de personas que se arruinan repetidamente o que sientan una incapacidad constante de generar recursos, es revelador encontrar el acontecimiento semilla relacionado con la sensación de escasez o falta de merecimiento. En ocasiones, podemos encontrar en la historia familiar de la persona que manifiesta una ruina repetida una situación en la que un antepasado se enriqueció injustamente y, al no sentirse merecedor de esa fortuna, la perdió.

Por ejemplo, veamos el caso de un padre que desheredó al mayor de sus dos hijos, de modo que el hijo menor heredó todos los bienes y, sin embargo, nunca se sintió merecedor de ellos. A lo largo de su vida no solo perdió la parte que le hubiera correspondido a su hermano mayor, sino que se arruinó completamente. Uno de los descendientes del heredero vino a consultarme, dado que este había pasado por varios episodios en los que le llegaba una cantidad inesperada de dinero o bien se presentaba un exitoso negocio, y luego le sobrevenía una vez más la ruina. Vemos en este ejemplo que la historia se seguía repitiendo. El alma familiar la mantuvo, hasta que la situación se elevó hasta la conciencia y sanó en todos sus aspectos.

Exploraremos el acontecimiento semilla de cualquiera de estas situaciones en el capítulo 4, y veremos cuáles son sus regalos en el capítulo 5. Cuando hay una situación que se repite en tu vida, hay una primera vez. El acontecimiento semilla nos situará en esa primera vez para que podamos tomar nuestro regalo allí. En ocasiones, estos regalos pueden incluir a algún miembro de las generaciones anteriores y concluir con la resolución de asuntos pendientes relacionados con el mismo aspecto de la vida. En el caso de este ejemplo, gracias a seguir el proceso que veremos en la práctica denominada *Sanación en el templo interior*, se sanó la relación entre el padre y el hijo desheredado y se restituyó a este último simbólicamente. En este caso el regalo fue que se sanó el acontecimiento en el alma familiar, lo que permitió que a partir de ese momento se manifestara naturalmente abundancia y plenitud sin restricciones. El consultante generó estabilidad económica a partir de ese momento; sucedió de forma natural ya que la abundancia es lo natural.

Veamos ahora un ejemplo de este tipo.

Perder dinero

Xavi se dirigía conduciendo al centro de la ciudad para encontrarse con nuestro grupo de amigos. Cuando estacionó su vehículo se dio cuenta de que su billetera, que solía dejar en la guantera lateral, no estaba allí. Al verme me lo comentó, y también me dijo que recordaba perfectamente que la había puesto allí y que en su trayecto de venida solo se había detenido al lado de los contenedores de reciclaje para dejar la basura. Pensaba que su billetera debía de haber caído fortuitamente en esos contenedores, pues ese era el único lugar posible. Él quería regresar rápidamente allí a buscarla ante la posibilidad de que la billetera aún estuviera ahí, y decidí acompañarlo. Teníamos más de media hora de recorrido para llegar al lugar, así que pensé que podíamos usar ese tiempo para descubrir el sentido o el propósito de que hubiera perdido su billetera.

Al preguntarle, Xavi se dio cuenta de que durante esa mañana, y también al salir de su casa para dirigirse al encuentro, se había sentido mal pensando en uno de nuestros amigos al que le había prestado hacía un tiempo cierta cantidad de dinero. Resultaba que este amigo no le había devuelto el préstamo cuando lo habían acordado, y ni siquiera le había hecho ningún comentario al respecto. Esa tarde nos íbamos a encontrar todos, y Xavi se sentía como si se hubieran aprovechado de él y como si hubiera perdido o tirado ese dinero a la basura porque ya no lo iba a recuperar.

Le comenté que me parecía una divertida coincidencia que él sintiera que había perdido el dinero que prestó y, al mismo tiempo, hubiera perdido el dinero de su billetera. Además, al parecer podía haber caído efectivamente en la «basura».

Al apreciar la sincronía, me comentó con una sonrisa que casualmente ese día llevaba en la billetera bastante más dinero del que había prestado a su amigo, además del documento de identidad, la licencia de conducir, tarjetas de crédito, etc. Ahora se sentía como si la Vida se estuviera riendo de él.

Ya habíamos encontrado la metáfora que daba sentido a la pérdida de la billetera y la relación entre los pensamientos y sentimientos con los hechos que estaban sucediendo. Eso significaba un avance, aunque no estaba seguro de que Xavi hubiera encontrado el regalo de perder la billetera. Aún quedaba un buen tramo de camino hasta llegar a los contenedores.

Entonces le pregunté cuál podía ser el regalo más importante que estaba presentando esa situación y, además, de qué creía que le tocaba liberarse a través de lo que le estaba sucediendo.

Empezó pensando que debía ser parte del humor negro de la vida, y súbitamente comenzó a reírse de sí mismo y de sus ideas sobre el dinero; también se rio de su creencia anticuada sobre ser usado por el hecho de prestar un dinero a alguien que lo necesitaba.

De pronto Xavi se sintió realmente rico y creador de sus circunstancias. Para él era fascinante darse cuenta de cómo sus creencias restrictivas con respecto a sí mismo y al dinero habían creado la pérdida de su billetera. Se estableció en un paradigma de abundancia y decidió no pedirle el dinero a su amigo, ya que si no se lo había devuelto sería porque lo debía necesitar. En ese momento resolvió dárselo.

Habría transcurrido más de una hora desde el momento en que supuestamente había caído la billetera al dejar la basura cuando finalmente llegamos a los contenedores. Desde la distancia, Xavi gritó asombrado:

—¡Aún está ahí!

Cuando bajé del coche, hasta a mí me resultó difícil creer lo que estaba viendo: la billetera estaba en el suelo, cerca de los contenedores de basura, en plena calzada, a la luz del día, abierta, con las tarjetas a la vista y sin que faltara ni un solo billete. Parecía que se había vuelto invisible al paso de la gente.

Para seguir apreciando y disfrutando de la magia de la Vida, resultó que cuando nos encontramos con el grupo de amigos, la persona que le debía dinero a Xavi se acercó a él para hablarle. Le dijo que ya casi había reunido toda la cantidad prestada y le mostró un papel arrugado que sacó de su billetera, donde tenía apuntado el importe que le debía y la fecha. Xavi, emocionado, tomó el papel y rompiéndolo le contestó que la deuda ya no existía. Más tarde fuimos a tomar algo y, radiante, pagó la cuenta de todos. Dijo que tenía que celebrar que era rico.

LA NUEVA IDENTIDAD

Una transformación personal incluye un cambio de identidad. Como un reflejo externo de esta transformación interna, cambia también cómo uno se percibe en el mundo y cómo lo perciben los demás. Una de las cosas que pueden suceder en el proceso de transformación es que se extravíen los documentos

de identidad. La pérdida de los documentos podría indicar resistencia al cambio o cierto apego a soltar el personaje que uno
creía ser. Los documentos oficiales, aparte del de identidad, también son en general una metáfora de quien es la persona. Su ex-
travío indica pérdida de identidad y su recuperación sugiere el
posicionamiento en la nueva identidad. En ocasiones los documentos no aparecen y uno debe renovarlos, lo cual señala una
llamada insistente acerca de la necesidad interior de renovar la
identidad.

La renovación, más que una molestia por los trámites admi-
nistrativos, podría ser una celebración. Uno se está alineando con
quien es hoy, y el hecho de renovar los documentos lo convierte en algo «oficial». Por tanto, si te encuentras en esta situación,
aprovecha para hacerte más consciente de tu cambio de identidad ante el mundo. La transformación personal ya se ha realizado, y merece la pena reconocerlo y celebrarlo.

Algo que también puede pasar cuando uno se resiste a ser
quien es, es que sucedan fraudes o suplantaciones de personali-
dad, como por ejemplo que usen en tu nombre tu correo electrónico. Por tanto, si pierdes los documentos o suplantan tu personaje en el correo o de cualquier otro modo, explora tu sentido
interno de identidad, porque indica que hay una diferencia entre quien creías o querías ser y quien eres realmente.

Ejemplo de extravío de documentos

Francisco, un asistente a un curso que estaba impartiendo en
México, se encontraba en pleno proceso de transformación. Durante un descanso me comentó que la noche anterior había ido
con unos amigos a tomar unas copas y que había extraviado su
documentación oficial, incluyendo las tarjetas de crédito.

Le expliqué la relación entre su transformación personal, el
efecto sobre su nueva identidad y la metáfora de extraviar sus documentos.

Me respondió que precisamente algo extraño había pasado en relación con su identidad. En el descanso del día anterior se había mirado al espejo y no se había reconocido como Frank. Siendo pequeño empezaron a llamarle Frank y así se estableció su nombre, pero él sentía que su verdadero nombre era Francisco. Frank era ahora un personaje inventado y ya no sentía vinculación con él.

Antes de que terminara el curso recibió una llamada: alguien había encontrado su documentación y todas sus tarjetas.

Perder todo y aprender a soltar

Una pérdida de documentos es una llamada suave del alma que señala tu transformación personal, una invitación a soltar tu vieja identidad para establecerte con claridad en quien eres hoy. A veces una llamada suave no da el suficiente impulso para que podamos dar el paso a la nueva identidad y se necesitan más. A continuación relato el caso del Sr. Betanzos, inmerso en una conjunción de múltiples llamadas.

Un buen funeral para el Sr. Betanzos

Recuerdo la historia que me contó el Sr. Betanzos cuando lo conocí. Una de las primeras llamadas suaves que recibió fue perder sus documentos de identidad. Poco después tuvo un leve accidente de tráfico, lo cual coincidió además con que su mujer le habló de separación. Él siguió con su vida como si no pasara nada y unos meses después tuvo un grave derrame cerebral. En mitad de su increíble proceso de recuperación —ya que el pronóstico de la lesión indicaba que iba a quedar con graves secuelas irreversibles—, le despidieron del trabajo donde había labrado durante años su trayectoria profesional. Cuando se recuperó totalmente, su esposa lo echó de casa. Posteriormente descubrió que ella tenía una relación con otro hombre del que se había quedado embarazada.

El Sr. Betanzos se fue con su perro a casa de sus padres, y poco después también estos lo echaron. Me dijo que eso era lo último que esperaba en la vida; que podía aceptar que se fueran su esposa y sus hijos, o que le echaran del trabajo, pero no que sus padres lo echaran de casa. Tuvo que mudarse a un departamento con su perro y sus pertenencias. Una vez que hubo puesto la manta del perro al lado del sofá se dio cuenta de que este había desaparecido durante el tránsito de la mudanza. En definitiva, concluyó que hasta el perro le había dejado.

Para acabar su historia, me dijo que aún había tenido suerte porque podía estar muerto, ya que cuando despertó en el hospital días después de padecer el derrame, el médico que le asistió le dijo:

—Ha tenido usted mucha suerte, porque su condición física era incompatible con la vida.

El Sr. Betanzos no entendió lo que le estaba diciendo, así que le preguntó a qué se refería.

—Es un milagro que esté vivo. ¿Lo ha entendido usted ahora? —concluyó el médico.

Cuando terminó su relato sentí claramente que la vida del Sr. Betanzos se había agotado.

—El personaje llamado Sr. Betanzos ha muerto y lo que toca ahora es hacer un buen funeral de despedida —le dije—. Luego celebraremos la nueva vida.

Él se lo tomó bastante bien. En cierta forma, reconocer este hecho suponía una liberación para él, porque hasta ese momento estaba intentando sin éxito recuperar alguna de las cosas que había perdido con las pocas fuerzas que le quedaban. Recapacitando me dijo:

—Sí, entiendo lo que me dices, pero es que no sé por dónde empezar.

—Empieza haciendo un buen funeral —le repuse—, y luego la nueva vida se desplegará ante ti.

Cuando uno siente interiormente que algo ha terminado, no hay que hacer nada más que esperar, porque o bien se va del sitio, pareja, trabajo, etc., o bien lo echan. Siempre es más elegante irse antes de que lo echen a uno, pero es nada más una cuestión de gustos. El resultado es el mismo: se produce una transformación personal que o bien se vive de cara y se disfruta, o bien se vive de espaldas y se sufre.

Después de unos días recibí un *e-mail* del renacido *Don Beta*. «Beta» indicaba la segunda versión de sí mismo, el disuelto Sr. *Beta.nzos*. Me dijo que estaba contento con su recién estrenada vida, empezando de cero, como recién nacido, viendo todo con ojos nuevos. También me confesó que el perro extraviado ¡había sido un regalo de despedida de una antigua novia!

* * *

Llamadas a través de sueños

Un sueño recordado es un puente de conexión entre el inconsciente y el consciente. El alma emplea este puente para decirnos lo que necesitamos saber.

Recordar un sueño nos da la oportunidad de llevar luz a los asuntos pendientes para así poder integrarlos. Es como una excursión inconsciente: el sueño nos muestra lo que requiere atención, y al llevarlo a la consciencia podemos integrarlo. Lo que aparece en el sueño es lo que requiere ser integrado con el fin de estar alineado para dar el siguiente paso en el camino.

Para poder usar lo que se presenta en un sueño, el primer paso es recordarlo. Aunque seas una persona que considera que no sueña o que no tiene la capacidad de recordar sus sueños, todos soñamos y fácilmente podemos tener cinco o seis episodios en una noche. Si quieres recordarlos, basta con que mantengas esa intención al acostarte. También es útil tener a mano una grabadora para registrar dos o tres palabras clave del sueño justo al terminar de experimentarlo en mitad de la noche, o tener un cuaderno a tu lado para apuntarlas. Así, al día siguiente podrás recordar el sueño y usar sus piezas para ser consciente de los temas pendientes que se han presentado. Cualquiera que sea el personaje que aparece en el sueño, es un aspecto de ti. Para el inconsciente no existe «el otro» o «lo otro»; tú eres todo lo que en él aparece o acontece. Puedes darte cuenta de las partes de tu vida que se están reflejando en el sueño y prestarles atención consciente.

En el caso de un sueño o pesadilla recurrente, trata de hacerte consciente dentro del propio sueño. Un sueño recurrente indica que hay un regalo pendiente de ser recogido. Aun si se trata de una pesadilla, pídele un regalo al monstruo de tu sueño, cualquiera que sea su figura o forma. Cuando tomas el mensaje de un sueño recurrente y lo usas en tu vida convirtiéndolo en un regalo, el sueño ya no vuelve a presentarse.

Sabemos que tenemos un sueño lúcido cuando somos conscientes de que estamos soñando. Entonces podemos dirigir el sueño para explorar distintos espacios, como si tuviéramos una linterna con la que somos capaces de iluminar aspectos de nuestro inconsciente.

Realizar una práctica meditativa [42] antes de acostarse facilita recordar los sueños y también experimentar uno consciente o lúcido. Trata de mantener tu consciencia al entrar en el sueño o mantén la intención de despertarte dentro de él. También puedes estar atento al momento en que te despiertas y tratar de volver a entrar entonces en el sueño de forma consciente.

El lenguaje del alma se expresa también a través del canal de los sueños para guiar el siguiente paso del camino, como en el ejemplo siguiente.

---

[42] Encontrarás un sencillo método dirigido a la práctica de la respiración consciente en el apartado *Meditación* de www.lenguajedelalma.org.

Sueño con una guía espiritual

Una madrugada me desperté de un sueño en el que estaba con un grupo de personas vestidas de blanco y en presencia de una guía espiritual.

Por la mañana me llamó un amigo para invitarme a participar en el comité de apoyo a la visita de Amma, una maestra hindú que acudía al Foro de la Religiones de Barcelona. Me dijo que si quería participar sólo tenía que ir vestido de blanco. Aunque tenía otros planes para esos días, el lector podrá imaginar lo que hice: los cambié. De este modo, el sueño se manifestó en el mundo físico: estuve en presencia de Amma, que representa la divina Madre Universal, y todos los asistentes vestíamos de blanco.

Se daba la circunstancia de que una persona muy querida había dejado su cuerpo un mes antes y yo estaba buscando su abrazo. Hay veces en que la llamada del alma es muy clara. Si uno la sigue, entra en una espiral de sincronías en la que una se conecta con otra con facilidad, como si saltara en el espacio entre una nube y otra sostenido por el viento. Siguiendo las sincronías que se presentaron en el Foro, ese verano pasé un tiempo en el ashram [43] de Amma en Kerala.

RESUMEN DE PREGUNTAS PARA COMPRENDER EL MENSAJE DE LAS LLAMADAS SUAVES

A continuación hago una síntesis de los ejemplos anteriores usando las mismas cuatro preguntas para que las utilices en tus propias situaciones. La intención es que no solo puedas comprender la llamada del alma, sino también seguirla usándola para dar tu siguiente paso en el camino. La última pregunta hace referencia a lo que vas a hacer para alinearte con este nuevo paso.

---

[43] Un *ashram* es una comunidad espiritual, originariamente propia del hinduismo, en la que convive un guía espiritual junto a sus discípulos.

Esta será tu parte ya que, una vez que comprendas cuál es la llamada del alma, la cuestión es cómo vas a seguirla.

El siguiente paso surgirá espontáneamente cuando reconozcas al nuevo ser que ya eres, aunque hasta ese momento actuabas como el antiguo personaje que creías ser.

Ejemplo de calentadores de agua:

1.º ¿Qué está pasando? ¿Cuál es la situación?

Se están estropeando todos los calentadores de agua de las casas que visito.

2.º ¿Qué representa simbólicamente lo que está ocurriendo? ¿Qué representa para mí ese objeto o cuál es su utilidad?

Me estoy calentando, y para evitar explotar mostrando un ataque de ira, me reprimo y me aguanto. El agua es la metáfora de las emociones que se están calentando y corren riesgo de explotar. Como reflejo, el calentador del agua se funde, así ya no hay peligro de que explote.

3.º ¿Cuál es la parte de mi vida que está reflejando esta situación? ¿Qué parte de mí se quedó anticuada y es el momento de renovar?

Estoy viajando con mi hija adolescente y contengo los ataques de ira que me provoca. Creo que, si exploto, será peor para las dos y además protagonizaré un espectáculo inapropiado frente a las personas de la casa que estamos visitando.

4.º ¿Cuál es el nuevo paso que toca dar en mi vida? ¿Cómo lo doy?

Observaré la energía que sube de intensidad y la usaré para profundizar en la situación y que las dos crezcamos a través de esta experiencia.

Ejemplo de avería en el coche. Presión excesiva:

1.º ¿Qué está pasando? ¿Cuál es la situación?

La presión del motor baja a cero. Riesgo de avería grave en el motor.

2.º *¿Qué representa simbólicamente lo que está ocurriendo?*
¿Qué representa para mí ese objeto o cuál es su utilidad?

Sentado en el asiento del conductor, el cuadro de instrumentos es mi espejo. Incluso puedo ver mi cara reflejada en el cristal que lo recubre. La metáfora indica que hay que bajar la presión a cero y es una señal que indica que hay que parar el motor.

3.º *¿Cuál es la parte de mi vida que está reflejando esta situación? ¿Qué parte de mí se quedó anticuada y es el momento de renovar?*

Estaba ejerciendo presión excesiva sobre varias áreas en mi empresa.

4.º *¿Cuál es el nuevo paso que toca dar en mi vida? ¿Cómo lo doy?*

Me relajo y libero la presión que ejerzo sobre mí mismo y, en consecuencia, sobre otras personas vinculadas a la empresa. Después de hacerlo, la avería se arregla «sola» sin intervención mecánica.

Ejemplo de avería en el coche. Dirección no alineada:

1.º *¿Qué está pasando? ¿Cuál es la situación?*

La dirección está desalineada y no hay manera de alinearla.

2.º *¿Qué representa simbólicamente lo que está ocurriendo? ¿Qué representa para mí ese objeto o cuál es su utilidad?*

Hay algo en la vida que siento desalineado y no veo la manera de poder alinearlo.

3.º *¿Cuál es la parte de mi vida que está reflejando esta situación? ¿Qué parte de mí se quedó anticuada y es el momento de renovar?*

Pensaba que mi actividad de empresario me apartaba de mi evolución, y dado que seguía con el negocio, creía que me estaba distanciando de mi camino interior. Mientras tanto, no había manera de alinear la dirección del coche.

4.º *¿Cuál es el nuevo paso que toca dar en mi vida? ¿Cómo lo doy?*

Recogí mi regalo interno liberándome de la creencia de estar desalineado en mi camino interior. Reconocí que no hay nada que sea menos espiritual que otra cosa. Como resultado de esa alineación interior, me relajé y me entregué a lo que se presentaba frente a mí. Dejó de molestarme la metáfora de conducir «desalineado» y el mismo día el volante quedó perfectamente alineado.

Ejemplo de un ordenador que no funciona:

1.º ¿Qué está pasando? ¿Cuál es la situación?
El nuevo ordenador portátil no arranca. Ya hubo dificultades para que pudiera adquirirlo.

2.º ¿Qué representa simbólicamente lo que está ocurriendo? ¿Qué representa para mí ese objeto o cuál es su utilidad?
Algo que me va a permitir una nueva forma de vida no funciona. Curiosamente, y desde el humor negro, estaba buscando una máquina que no se estropeara nunca: se estropeó en cuanto la estrené.

3.º ¿Cuál es la parte de mi vida que está reflejando esta situación? ¿Qué parte de mí se quedó anticuada y es el momento de renovar?
Si el ordenador no arranca, no puedo arrancar mi nuevo estilo de vida. Me doy cuenta de que tengo una resistencia a mi nueva vida.

4.º ¿Cuál es el nuevo paso que toca dar en mi vida? ¿Cómo lo doy?
Me di cuenta, agradecí el mensaje y liberé los apegos que ya no encajaban con mi nueva vida. El ordenador se arregló «solo».

Ejemplo de relojes que se paran:

1.º ¿Qué está pasando? ¿Cuál es la situación?
Se están parando la mayoría de los relojes de la casa. Otros no funcionan bien.

2.º ¿Qué representa simbólicamente lo que está ocurriendo? ¿Qué representa para mí ese objeto o cuál es su utilidad?

La aguja del reloj en movimiento es el símbolo del paso del tiempo. Algo está pasando con mi relación con el tiempo, porque el reloj me anuncia constantemente que no tengo tiempo.

3.º ¿Cuál es la parte de mi vida que está reflejando esta situación? ¿Qué parte de mí se quedó anticuada y es el momento de renovar?

Me doy cuenta de que he entrado en una espiral de falta de tiempo, diciendo a menudo y más que nunca «no tengo tiempo». Esto coincide con que mis relojes han empezado a pararse. Me doy cuenta de que ese aspecto de estar tan ocupado hasta quedarme sin tiempo no está funcionando en mi vida.

4.º ¿Cuál es el nuevo paso que toca dar en mi vida? ¿Cómo lo doy?

El nuevo paso es que transformé mi relación con el tiempo y empecé a vivir en el «no tiempo» para que este se expanda hasta el infinito.

Ejemplo de pérdida de la billetera:

1.º ¿Qué está pasando? ¿Cuál es la situación?

He perdido la billetera, creo que ha caído al tirar la basura.

2.º ¿Qué representa simbólicamente lo que está ocurriendo? ¿Qué representa para mí ese objeto o cuál es su utilidad?

Me parece que prestar dinero a este amigo es como si lo hubiera tirado a la basura, porque no lo voy a recuperar.

3.º ¿Cuál es la parte de mi vida que está reflejando esta situación? ¿Qué parte de mí se quedó anticuada y es el momento de renovar?

Me siento mal porque he perdido lo que presté y porque se han aprovechado de *mí*.

4.º ¿Cuál es el nuevo paso que toca dar en mi vida? ¿Cómo lo doy?

Es el momento de renovar mis creencias sobre ser usado y mi relación con el dinero. De pronto me siento rico, establecido en un paradigma de abundancia, decido regalar el dinero que presté. Como un reflejo de la abundancia interior, nadie ha tocado una billetera abierta en mitad de la calle después de más de una hora desde que cayó ahí.

Ejemplo de extraviar documentos:

1.º ¿Qué está pasando? ¿Cuál es la situación?
He perdido mis documentos de identidad.
2.º ¿Qué representa simbólicamente lo que está ocurriendo?
Pierdo mi identidad, no tengo claro quién soy en relación con quien antes creía ser.
3.º ¿Cuál es la parte de mi vida que está reflejando esta situación? ¿Qué parte de mí se quedó anticuada y es el momento de renovar?
Me miro en el espejo y no me reconozco con un nombre que me pusieron.
4.º ¿Cuál es el nuevo paso que toca dar en mi vida? ¿Cómo lo doy?
Acepto y celebro mi nueva identidad. Como un reflejo de esto, reaparecen todos los documentos y tarjetas con mi nombre.

Ejemplo de perderlo todo:

1.º ¿Qué está pasando? ¿Cuál es la situación?
He perdido todo lo que considero de valor en mi vida: familia, casa, salud, carrera profesional y hasta mi perro.
2.º ¿Qué representa simbólicamente lo que está ocurriendo?
Todo lo que me sostenía en mi vida, y lo que aparentemente le daba sentido, ha dejado de estar ahí.
3.º ¿Cuál es la parte de mi vida que está reflejando esta situación? ¿Qué parte de mí se quedó anticuada y es el momento de renovar?

Vivía y trabajaba por costumbre, de forma automática, sin estar satisfecho, y seguía mi vida por inercia sin plantearme su sentido.

4.º ¿Cuál es el nuevo paso que toca dar en mi vida? ¿Cómo lo doy?

Hago un buen funeral a mi antiguo personaje y agradezco la nueva oportunidad de empezar una vida con sentido.

Ejemplo de sueño:

1.º ¿Qué está pasando? ¿Cuál es la situación?

Me despierto de madrugada con un sueño muy «real» y la misma mañana me llama un amigo del que hace tiempo no tengo noticias y que parece que ha salido del mismo sueño.

2.º ¿Qué representa simbólicamente lo que está ocurriendo?

Amma, que representa la Madre Divina, entrega su darshan [44] dando abrazos a todo el que lo pide. Lo que apareció en el sueño se está manifestando en el mundo físico.

3.º ¿Cuál es la parte de mi vida que está reflejando esta situación?

Yo echaba de menos el abrazo de una persona que había dejado su cuerpo hacía muy pocos días.

4.º ¿Cuál es el nuevo paso que toca dar en mi vida? ¿Cómo lo doy?

Me vestí de blanco y fui al encuentro de Amma a buscar el abrazo.

---

[44] *Darshan* significa ver o experimentar a un ser sagrado.

Capítulo 4

Llamadas intensas de la Vida

Síntomas físicos

L A VIDA NOS LLAMA con distintos niveles de intensidad, y en ocasiones las llamadas suaves pasan a ser intensas, afectando al cuerpo físico en forma de síntomas, molestias, dolores o enfermedades. Cuando se produce una llamada intensa en el cuerpo, tendemos a quedarnos simplemente en el síntoma o en el diagnóstico. Sin embargo, el síntoma es el sinónimo de una señal que está indicando o apuntando hacia otro lugar. El síntoma tiene un propósito hacia el que señala y que presta sentido a su existencia.

Si comparamos la llamada del alma con un mensajero que porta un mensaje, el síntoma, la enfermedad o el diagnóstico son el mensajero en la dimensión física. En las dimensiones emocional, mental y espiritual, lo importante no es el mensajero, que pueden ser los distintos síntomas, sino el mensaje que lleva. Cuando nos enfocamos en el mensajero estamos poniendo la atención en el lugar equivocado, porque cualquier cosa en la que nos enfoquemos crece en nuestra vida. Si además queremos eliminarlo, entonces estamos ignorando o desperdiciando el poderoso mensaje que trae la llamada, un mensaje de sanación —para los cuerpos emocional y mental— y de alineación con el cuerpo espiritual para el siguiente paso en el camino de vida. Para transmitir este mensaje el alma no usa el lenguaje articulado y convencional que solo comprendería la parte racional de la per-

sona. El alma se dirige a la totalidad del ser y por tanto usa señales claras para comunicarse con nosotros mediante un lenguaje
universal. El arte de escuchar la Vida descubre precisamente este
lenguaje del alma

Una enfermedad grave es una llamada extrema del alma que
está apuntando a una inevitable transformación interior y, como
si se tratara de su reflejo al otro lado del espejo, también a un
cambio de vida en el exterior. Si la persona que la recibe puede
escuchar el mensaje y adentrarse en el correspondiente proceso
de transformación, podrá transmutar la llamada convirtiendo en
una buena noticia lo que aparentó ser una mala, pues toda llamada del alma conlleva un regalo, aunque no lo parezca al principio.

Las llamadas intensas tienen la capacidad de variar signifi-
cativamente el rumbo de la vida. Si nos fijamos en los acontecimientos que de una u otra manera han cambiado nuestra vida,
probablemente pocos de ellos han sido calculados o planificados por nuestra parte racional. Enfermedades o accidentes, separaciones no deseadas y también enamoramientos o nuevas
amistades, que se convierten en personas importantes para nosotros, son ejemplos de llamadas que normalmente apuntan a
una nueva dirección en la aventura.

Es fácil seguir la llamada del alma cuando esta nos parece
agradable o cuando incluye un regalo bien visible, como por
ejemplo cuando te enamoras y te sientes correspondido en ese
amor. Otras veces no es tan fácil, porque lo que llega se percibe
inicialmente como un infortunio o desventura. En estos casos, el
regalo permanece oculto y está por descubrir. Cuando el alma llama con intensidad, eso indica que el regalo que trae tiene un
gran valor y es importante, o bien que lleva tiempo esperando ser
recogido.

Una llamada puede ser atendida a distintos niveles. Si podemos mirarla de frente en lugar de tratar de ignorarla, lo natural
es que seamos capaces de comprenderla. También es necesario
estar dispuesto a crecer a través de ella, aunque eso implique

inicialmente cierta incomodidad o inestabilidad. Abrirse a la llamada puede requerir que debamos salir del área de lo conocido —las creencias o las antiguas formas de ver la vida— y adentrarnos en cambio a explorar nuevas formas de relacionarnos con nosotros mismos, con las demás personas o con nuevos acontecimientos. En estos casos, muy probablemente la llamada se convertirá en un regalo que, además, podremos compartir con las personas de nuestro alrededor.

Si uno se resiste a la llamada, incluso luchando en su contra o manteniendo un punto de vista rígido, es difícil que pueda recoger el regalo y este queda esperando, latente. En el límite, un regalo que quedó pendiente podría transmitirse a la siguiente generación como parte de una herencia que, en principio, seguramente no será agradable. Es decir, mientras el regalo no se descubra, se llevará como una carga y las siguientes generaciones lo recibirán en distintas formas: a veces se heredará como una manera de ver la vida o como una creencia aprendida de los padres o del sistema familiar, otras como un patrón de comportamiento o una situación que se repite una y otra vez, y algunas veces incluso en forma de dolor emocional, físico o de enfermedad. He tenido el honor de acompañar en mis trabajos a personas que recogían un regalo que había llegado a ellas transmitido en cadena desde varias generaciones atrás. He observado que los efectos de recoger este regalo eran palpables también en los demás miembros del alma familiar, incluso a pesar de que ellos no fueran conscientes de ello.

De la emoción al síntoma físico

Una emoción que no es expresada puede dar lugar a que se produzca una llamada intensa que se manifieste a través de un síntoma físico. Veamos cómo sucede esto.

Como vimos en el apartado *Abrir el corazón,* toda emoción tiene un ciclo vital: aparece, se intensifica, llega a su límite, decrece y se extingue. Si no permitimos que la emoción finalice su ciclo natural, su energía permanece en el cuerpo quedando estancada, aunque este tenga la capacidad de liberarla.

El fluir del agua circulando libremente es el símbolo del movimiento natural de las emociones. Hay personas que no se permiten completar el ciclo de una emoción determinada y la contienen una vez tras otra. Esto ocurre cuando existe una intención consciente de contenerla o bien cuando hay un patrón inconsciente que no permite su expresión. En estos casos, la energía de la emoción se va acumulando en el cuerpo. Si la intención de contener la emoción es consciente, es posible permitir su liberación empleando para ello el movimiento corporal o energético, o bien liberándola impecablemente a través de la práctica de intensificar una emoción que exploramos en el capítulo anterior. Si el patrón de contención es inconsciente, la energía de la emoción se acumula en el cuerpo. Según el tipo de emoción, esta se va almacenando en una u otra parte del cuerpo o en un órgano determinado. El cuerpo físico tiene una determinada resistencia y cuando esta se supera aparece el síntoma. Si imaginas un depósito que se va llenando, te darás cuenta de que tarde o temprano el agua va a encontrar un lugar por donde salir.

En el cuerpo, las emociones pueden manifestarse en distintos lugares, principalmente en el área desde la pelvis hasta la garganta. El área abdominal es por excelencia el templo de las emociones, especialmente los órganos relacionados con la digestión y las vísceras.

Cuando uno percibe las cosas que ocurren en su escenario como un regalo, las toma como un buen alimento; cuando las percibe como algo desagradable, las rechaza y ya no puede alimentarse. Cuando una emoción no se puede digerir, en lugar de circular va a alojarse y acumularse en alguna zona del cuerpo. Al llegar al límite de aguante o resistencia física, debe expresarse a través de un síntoma en esa zona del cuerpo.

Las emociones tienden naturalmente hacia fuera, hacia su expresión. Distingo entre emociones calientes y frías por la di-

rección que toman, hacia arriba o hacia abajo respectivamente.
Si bien el movimiento es ascendente en su origen, la acción del
cuerpo mental puede enfriarlas y dirigirlas hacia abajo. Una emoción caliente como el coraje o la ira va a seguir la dirección ascendente y se expresará naturalmente a través de la voz —tono,
volumen y palabras—, de algunos gestos o quizá de amplios y
enérgicos movimientos —brazos, manos, cabeza…—. Si hay una
creencia en el cuerpo mental del tipo «no es bueno expresar el
coraje», se bloqueará el paso para su expresión. Si también se le
añade la creencia «el coraje es malo», la persona pensará que ella
misma es mala también, dado que lo que está sintiendo es real
para ella. Esto le podrá generar culpabilidad y tratará de tragar
o empujar hacia abajo la emoción, enfriándola para que nadie
la perciba, para esconder eso malo que cree que hay dentro de
ella misma.

Descubramos algunos de los lugares donde pueden almacenarse estas emociones. El área abdominal es la central que recibe la fuerza creativa de la emoción. Si se intenta contener va a
presionar en primer lugar la boca del estómago, que es el único
lugar por donde puede subir. Lo hará en forma de acidez o reflujo. Si lo que uno intenta es guardar una pena o tristeza, lo
usual es que lo haga en el pecho y que ese proceso se manifieste a través de catarros, tos, bronquitis o mucosidad. Un miedo a
morir no expresado puede alojarse en los pulmones. Si la emoción se expresa verbalmente a medias o con dificultad, puede
afectar a la garganta. Si se percibe como rabia, que puede incluir
un impulso inconsciente primario o ancestral de morder al oponente y que se reprime, puede causar bruxismo o problemas
dentales. Si la emoción que se reprime está relacionada con lo
que uno está viendo, podría manifestarse a través del enrojecimiento o bultos en los ojos, como veremos en uno de los ejemplos siguientes. En otro nivel, podría manifestarse en la piel, que
es el límite entre dentro-fuera, lo que separa a una persona del
resto de personas. El enrojecimiento o eccema es una forma de
expresar esa misma emoción, ya convertida en fuego, de forma

silenciosa. Más aún cuando se presentan picores, ya que rascarse hasta hacerse daño es una forma de disipar esa energía caliente.

Lo natural es que cuando pasa algo en el escenario que a uno le mueve por dentro, esto haga brotar la energía de la emoción, que es lo que le permite actuar para transformar el mundo. Veamos cómo una emoción caliente puede convertirse en fría. Imagínese el lector cómo ha de percibir el escenario una persona para no solo reprimir la actuación, sino incluso para creer que no puede hacer nada en esa situación. Cuando ello ocurre, la emoción caliente pasa a fría y el sentimiento es de impotencia.

Las emociones frías, como la culpabilidad, la impotencia o la frustración, siguen una dirección descendente, del mismo modo que el agua fría tiende naturalmente a ir hacia abajo. El intento indefinido de «contenerse» o «aguantarse» puede manifestarse físicamente como incontinencia: cuando uno intenta contenerse, el agua acaba encontrando una salida. Atendiendo a las funciones de los órganos, si uno vive algo que no puede digerir, el síntoma se manifestará en el estómago; si no lo puede asimilar, lo hará en el intestino delgado, y si no lo puede soltar o eliminar, se manifestará en el intestino grueso o colon. Los aspectos de culpabilidad relacionados con lo sexual suelen manifestarse en la zona genital.

No estoy afirmando que esto sea así en todos los casos, pues definitivamente el alma le habla a cada uno de forma individual. Sin embargo, mi experiencia me ha permitido comprobar que se dan estas relaciones en un gran número de casos, y cuando la persona transforma el patrón de contención y se expresa la emoción, los síntomas mejoran o desaparecen completamente.

Preguntas para comprender el mensaje de las llamadas intensas

Para facilitar la comprensión de una llamada intensa del alma y disponerse a recoger el regalo que trae consigo, podemos usar las cuatro preguntas que muestro a continuación. Pueden emplearse en cualquier situación en la que el cuerpo está llamando la atención a través de un síntoma, ya sea incomodidad, molestia, dolor o enfermedad. El proceso finaliza con la observación atenta del cuerpo.

1.º *¿Qué hace tu cuerpo y cuándo ocurre?* Descripción sencilla de lo que está sucediendo en el cuerpo, sin usar nombres técnicos o diagnósticos que no podemos entender y sin incorporar tus opiniones.

2.º Cuando se manifiesta el síntoma en el cuerpo, *¿qué está pasando en mi vida y a mi alrededor cuando el cuerpo empieza a expresarse de esa forma? ¿Qué pasa dentro y qué pasa fuera?* Es decir, cuando hay intensidad dentro, cuando el dolor o la molestia son más intensos en el cuerpo, *¿qué está sucediendo en mi escenario?*

3.º *¿Qué representa simbólicamente lo que está pasando en el cuerpo?* Se trata de observar lo que está haciendo tu cuerpo y darse cuenta de cómo está reflejando la misma situación que está ocurriendo en tu vida. La respuesta puede aparecer intuitivamente y también puedes usar las relaciones entre las emociones y las partes del cuerpo del apartado anterior.

Otra manera de encontrar la representación simbólica es atender a la utilidad de la parte del cuerpo que está llamando la atención, preguntándote para qué sirve esa parte del cuerpo o cuál es su función. Cada parte del cuerpo refleja un aspecto de tu vida, y esto no es solo simbólico porque cada parte del cuerpo tiene una función y esa función está relacionada con el entorno. Así que cuando una parte del cuerpo presenta un síntoma, te está dando una señal. Te está indicando que, en ese aspecto de tu vida que está regulado por esa parte del cuerpo, está ocurriendo algo que requiere tu atención. Es una llamada intensa para tu evolución o transformación.

Ampliando los ejemplos anteriores, las piernas son el símbolo de andar, avanzar o sostenerse; si uno manifiesta síntomas en las piernas, hay que explorar la metáfora de cómo siente que avanza o se sostiene en su vida. Los brazos y las manos son los símbolos de la acción; cuando los brazos duelen o no se pueden mover indica que hay desalineación en la acción, entre lo que uno hace y lo que quiere hacer. Último ejemplo, en este caso sobre uno de los cinco sentidos: los oídos son el símbolo de escuchar; cuando uno pierde audición está indicando que es doloroso escuchar. Los demás sentidos se adaptan de forma similar, ya que cuando es doloroso sentir en cualquier canal, este reacciona disminuyendo la percepción[45].

4.° *¿Cuándo fue la primera vez que ocurrió? ¿Cuándo fue la primera vez que pasó eso o me sentí así?* Hay que poner atención a qué ocurrió o qué estaba pasando en tu vida la primera vez que se manifestó ese síntoma físico en tu cuerpo.

Observar y comprender lo que hace el cuerpo. Para finalizar el proceso, una vez hechas las preguntas, puedes sentarte o retirarte en silencio y entrar en una observación atenta del cuerpo para comprender lo que hace y con qué está vinculado.

A continuación expongo varios ejemplos donde, usando estas preguntas, se revela el mensaje de los síntomas físicos. El propósito es que puedas aplicarlas a la manifestación de síntomas en tu cuerpo físico, comprendiendo su mensaje para sanar.

Klaus y la tos

Klaus era el director de una importante compañía europea para toda América Latina, y desde hacía muchos años vivía en

---

[45] Para más información, acudir a las metáforas disponibles en www.medicinadelalma.com/text_consulta.php.

Costa Rica, donde se casó. Asistía de mala gana a uno de mis cursos acompañando a su esposa, una entusiasta de la Aventura del Alma. En el descanso, se acerca y me dice que lo que hago es simple entretenimiento y que, sin pretender ofenderme, considera que son puras tonterías que solo atraen la atención de incautos y que no cree en nada de lo que digo. Por mi parte le agradezco su comentario, en especial su intención de no ofender, y le deseo que disfrute del resto del encuentro.

Mi percepción es que si alguien viene a un curso es porque hay un regalo para él, aunque en este caso no estaba seguro de que Klaus pudiera alcanzar a recogerlo. A la reanudación de la sesión después del descanso, Klaus siguió escuchándome con renuencia, acompañando mis explicaciones con resoplidos. Comentándolo con Alberto, el organizador, no contábamos con que fuera a regresar para la sesión de la tarde.

Sin embargo, y contra todo pronóstico, se presentó después de comer, aunque con la misma actitud de la mañana: semitumbado en su asiento, con piernas y brazos cruzados y ahora además bostezando abiertamente. Luego supimos que le había prometido a su esposa que asistiría a todo el evento.

Esa parte de la tarde la dediqué a explorar con alguno de los asistentes las cuatro preguntas de este apartado. Después de producirse algunos resultados asombrosos, incluso para Klaus, este se dirigió a mí en tono desafiante:

—Oye, oye, yo tengo tos todos los días sin falta. Toso por la mañana después de levantarme. A ver, dime, ¿de qué se trata?

Como ya habíamos practicado las mismas preguntas con varios asistentes, le pregunté si le parecía bien que todo el grupo trabajara con su caso como ejemplo. Él, a pesar de mantener su displicencia habitual, repuso que no tenía ningún inconveniente.

El grupo le preguntó si tenía tos todos los días, incluso festivos y periodos vacacionales. Él respondió que sí. Dando detalles, explicó que le empezaba la tos antes del desayuno, que a veces debía dejar de comer debido a la tos, y que esta solía desaparecer cuando se dirigía a su oficina. También afirmó que había visitado a dos especialistas y que ninguno de ellos había encontrado nada anormal. Dijo que recientemente le habían derivado a un tratamiento digestivo con unas píldoras y que de momento no había obtenido resultado alguno sobre su tos.

A continuación el grupo le preguntó por su entorno. Klaus explicó que la tos comienza poco después de levantarse, alrededor de la hora del desayuno, y se quejó de que ya era la segunda vez que le preguntaban lo mismo... En realidad el grupo le estaba preguntando algo diferente, que tenía relación con el resto de cosas que podían pasar en su casa alrededor de la hora del desayuno, aunque él seguía respondiendo lo mismo.

Alguien del grupo sugiere que la tos podía ser la metáfora de algo interno que quería salir, algo que expresar. Él dice que no tiene problema con la expresión, que manifiesta todo lo que le parece cuando le parece, le guste al que escucha o no, y que eso le trae sin cuidado. Todo el grupo está de acuerdo en esto.

Cuando se le pregunta cuándo empezó, cuándo fue la primera vez, dijo que hacía dos años más o menos.

Entonces alguien del grupo le pregunta qué le pasó hace dos años más o menos. El responde:

—Nada.

Yo insisto sobre la pregunta, por si aparece algo, y él sigue en su línea y afirma:

—Nada especial.

En ese momento su esposa levanta la mano y le pregunta si puede decir algo. Él asiente.

—Klaus, hace dos años murió tu madre...

En ese momento Klaus se incorporó en su asiento con los ojos muy abiertos y sin articular palabra.

Resultó que su madre falleció en Europa, y le comunicaron ese hecho por teléfono a las siete de la mañana, ¡justo antes de desayunar! Inmediatamente después, Klaus se sentó a desayunar como todos los días, sin hacer ningún comentario. Su esposa no podía creer que él hiciera como si no pasara nada. Y así continuó día tras día.

El siguiente día del curso, nada más empezar, Klaus pidió permiso para hablar. Dijo que esa mañana era la primera vez en esos dos años que no había aparecido la tos. Agradeció la ayuda a todo el grupo, y especialmente a Alberto, la persona que le había acompañado la tarde anterior después de las preguntas del grupo.

La culebrilla

Roser trabajaba de camarera en un restaurante que frecuento. Era extremadamente amable y atenta, y tenía una alegría contagiosa.

Un día estaba irreconocible, con los ojos hinchados, llorosos y la mirada baja. Parecía que se había encontrado de frente con el mismo diablo. A pesar de que, a nivel personal, no sabía nada más que su nombre, me conmovió su estado y seguí el impulso de preguntarle algo.

—¿Qué te pasa, Roser?

—Es que tengo una culebrilla que está a punto de rodearme —respondió rompiendo a llorar, y cuando pudo hablar continuó diciendo—: Ya he ido a varios sitios y no me la pueden curar.

Culebrilla es el nombre que se le da a una forma de herpes que se extiende por la piel tomando la forma de una serpiente. Parece como si se moviera lentamente, avanzando y creciendo por la piel. La creencia popular afirma que cuando la cabeza de la serpiente alcanza la cola, la persona queda estrangulada y muere.

Entonces le pregunté:

—¿Cuándo ha aparecido la primera señal de la culebrilla?

—Hace dos semanas —respondió.

—¿Y recuerdas qué pasó ese día o el día anterior? —seguí preguntando. Hay síntomas que tardan más en hacerse visibles, otros lo hacen más rápido, como los que aparecen en la piel.

—¿Qué pasó sobre qué? —me respondió extrañada.

—Sobre si tuviste algún disgusto o te enfadaste con alguien, o quizá te sentiste «mordida» o «envenenada» de alguna manera —repuse.

Resultó que el mismo día en que apareció la culebrilla ella había dado su opinión sobre algo en una reunión familiar y de amigos, y su mejor amiga había expresado abiertamente su opinión en contra. El tono se hizo más intenso, su amiga fue despectiva hacia ella y empezó una discusión. Luego aún fue peor: su marido intervino y se puso de parte de su amiga.

Roser se sintió como si fuera mordida por una víbora, traicionada por su mejor amiga, algo que nunca hubiera esperado. Además, su marido, en lugar de defenderla, actuó en contra de ella y a favor de su amiga. Hasta ese día la situación aún no estaba resuelta. Ella se sentía tan herida que había dejado de hablarle a su amiga, mientras que con su marido mantenía apenas una comunicación mínima.

Cuando Roser se dio cuenta de este hecho y comprendió lo que estaba pasando, se quedó atónita por la claridad y el sentido que todo eso tomaba en su vida, y al momento se tranquilizó.

Yo me preguntaba acerca de cuál fue el inicio del proceso creativo, es decir, cómo uno hace para manifestar una culebrilla como síntoma, y no, por ejemplo, un resfriado. Probablemente ella habría vivido anteriormente algo relacionado con una culebrilla. Si no, ¿cómo iba a haber creado ese síntoma como respuesta al acontecimiento?

Curiosamente, ella recordaba que, siendo muy pequeña, había acompañado a su abuela a visitar a una curandera en el pueblo donde vivían. Al parecer, esta salvó a la abuela de una culebrilla que la había «mordido». Roser no recordaba los detalles de lo que pasó, aunque sabía que se relacionaba con una especie de traición que había sufrido la abuela por parte de alguien cercano.

La siguiente vez que visité el restaurante, Roser tenía el aspecto fresco y alegre de siempre. En cuanto me vio, se apresuró a decirme que la culebrilla había desaparecido.

Fuego en los ojos

Ken, un directivo de una compañía estadounidense que trabajaba en la filial de Madrid, asistía a un primer curso, y en cuanto se presentó una oportunidad se ofreció voluntario para que explorara con él la llamada que representaba un bulto que le había salido en el ojo. Para explorar esa llamada usé la misma serie de cuatro preguntas antes descritas, que es una de las prácticas que ofrecemos en ese curso.

Ken comenzó diciendo que hasta hacía poco vivía en Texas y que, aunque le gustaba Madrid, vivía en un pequeño piso al que no acababa de acostumbrarse. También contó que le daba rabia no disfrutar de todo el espacio y de las comodidades que tenía en su antigua casa.

Prosiguió contando que hacía tres días que le había aparecido un bulto en el ojo derecho que le producía mucho picor, que desde entonces el ojo le lloraba constantemente cuando estaba en el trabajo y que le molestaba mucho que lo vieran así.

—Bien —le pregunto—. ¿Qué pasó el día o los días anteriores en el trabajo?

—Nada especial —responde.

Insisto sobre el hecho de que si le molesta especialmente en el trabajo, y si es allí donde le pica y llora más el ojo, algo tiene que haber allí relacionado con esa coincidencia.

Sin darle importancia, me dice que antes coordinaba un importante evento en su compañía. Recientemente habían traspasado ese evento a un compañero suyo y, precisamente el día anterior a aparecer el bulto, acudió a la inauguración. Aunque aparentemente estaba conforme con la nueva situación, ya que le descargaba de mucho trabajo extra, esa era la primera vez que asistía al evento sin ser él quien lo organizara.

Le pregunto qué sintió en esa situación.

—Rabia —me dice.

Explica que su compañero se había llevado muchos elogios, a pesar de no haber preparado el evento tan bien como él solía hacerlo. Ken prosiguió contando que, aunque sintió mucha rabia, en esa ocasión no había explotado, que había logrado contenerla. Mientras efectuaba este relato, Ken se dio cuenta de que le había salido el bulto justo entonces, como una coincidencia. También comentó que alguna vez en su vida había explotado de rabia sin poder contenerla, y que cuando explotaba parecía un monstruo que sacaba fuego por los ojos.

Le pregunto por la primera vez en la que aparecieron bultos en sus ojos. Entonces cuenta un suceso acaecido años atrás en el que explotó de rabia fuera de sí, de forma que realmente «parecía un monstruo». Se sintió culpable por ello durante días y recuerda que entonces le salió el primer bulto. Su cara no le gustaba nada, porque con ese bulto y los ojos rojos parecía un monstruo descontrolado. Le era tan desagradable verse en el espejo que se operó para sacarse el bulto. Después de cierto tiempo apareció un bulto más y también se lo quitó.

En ese momento se dio cuenta de la relación directa que existía entre su rabia y los bultos en sus ojos. También, espontáneamente, le vino un recuerdo de su infancia: ver a su padre con los ojos encendidos y gritando de rabia.

Le pido que reviva por unos instantes una experiencia en la que esté sintiendo rabia. Cuando lo hace, le pregunto en qué parte de su cuerpo siente esa rabia y él señala la cabeza, con las manos frente a los ojos.

Ken percibe esta potente energía —la ira— de forma destructiva debido a los antecedentes familiares. Por tanto, trata de reprimirla a cualquier precio. Ante esta revelación, procedemos a realizar un trabajo para que Ken pueda aceptar la energía de la ira y usarla de manera útil en su vida. Básicamente, se trata de localizar esa energía en el cuerpo y enfocar la respiración en esa zona. Ken fue tomando conciencia del proceso y después de unos minutos apareció la claridad suficiente para darse cuenta de toda la fuerza de la que él era poseedor, al igual que su padre. Ahora él podía usar esa fuerza de forma creativa para dar más empuje a sus proyectos, enfocándose con claridad en lo que quisiera crear.

A la mañana siguiente, cuando regresó al curso, el bulto prácticamente había desaparecido.

Resumen de preguntas para comprender el mensaje de las llamadas intensas

Caso de tos:

1.º ¿Qué hace su cuerpo y cuándo ocurre? Descripción.
Tiene tos, ocurre todas las mañanas sin excepción.
2.º ¿Qué está pasando a la vez en su vida, a su alrededor, cuando el cuerpo empieza a expresarse de esa forma?
Es sobre las siete de la mañana, antes de desayunar, a veces se ahoga y tiene que parar de comer.
3.º ¿Qué representa simbólicamente lo que está pasando en el cuerpo?
La tos es una forma de sacar algo que se guardó en el pecho, o sacar algo que se tragó y quedó en la garganta; la expresión se produce de forma ruidosa y se muestra a los demás algo que uno preferiría guardar. La metáfora indica algo que sacar o expresar, ya que siempre implica sonido y dirección hacia fuera.
4.º ¿Cuándo fue la primera vez que pasó eso o se sintió así?
Hace dos años que empezó. Le avisaron por teléfono de que su madre había fallecido a esa misma hora. Colgó el teléfono y continuó desayunando sin mostrar que el hecho le afectara en forma alguna.
Observar qué hace el cuerpo:
Hay una memoria corporal que todos los días a la misma hora —al desayunar— hace que él reviva inconscientemente el acontecimiento. El cuerpo trata de expresar lo que quedó pendiente de expresar o decir, en este caso expulsándolo a través de la tos. Una vez se expresa en parte, el síntoma desaparece, aunque puede que sea solo temporalmente. Cuando se expresa totalmente, el síntoma desaparece por completo.

Caso de herpes:

1.º ¿Qué hace su cuerpo y cuándo ocurre? Descripción.

Se trata de un herpes zóster llamado también «culebrilla», con la creencia popular de que si la cabeza encuentra la cola la persona muere.

2.º ¿Qué está pasando a la vez en su vida, a su alrededor, cuando el cuerpo empieza a expresarse de esa forma?

Un día o dos antes de aparecer la primera señal del herpes se sintió traicionada por su mejor amiga y en cierta forma también por su marido.

3.º ¿Qué representa simbólicamente lo que está pasando en el cuerpo?

Por la forma del herpes se le llama culebrilla. Indica la metáfora de ser «traicionada» o atacada por una culebra. Es un caso de expresión de una emoción fuerte y caliente a través de la piel.

4.º ¿Cuándo fue la primera vez que pasó eso o se sintió así?

La primera vez que ella tuvo contacto con una «culebrilla» no fue en su propio cuerpo sino en el de su abuela, que al parecer también sufrió una especie de traición.

Observar qué hace el cuerpo:

Dado que el cuerpo ha registrado todo lo que ha vivido, cuando se reproduce el hecho subjetivo que dio origen a ese registro se dispara también la memoria corporal asociada a él, y el síntoma puede volver a manifestarse en el cuerpo. Cuando se produce una integración a algún nivel, el cuerpo libera esa memoria y, normalmente, por la capacidad innata del cuerpo para sanarse, esa integración se manifiesta en el cuerpo físico también.

Caso de bulto en el ojo:

1.º ¿Qué hace su cuerpo y cuándo ocurre? Descripción.

Un bulto en el ojo que apareció por la mañana, al despertar, tres días antes. Le produce picor y hace que el ojo le llore. Le molesta especialmente en sus horas de trabajo.

2.º ¿Qué está pasando a la vez en su vida, a su alrededor, cuando el cuerpo empieza a expresarse de esa forma?

Hace cuatro días se produjo una situación en el trabajo que le dio mucha rabia. Opina que la rabia es un sentimiento horrible que no se puede mostrar.

3.º ¿Qué representa simbólicamente lo que está pasando en el cuerpo?

Los ojos se ponen muy rojos, pican y lloran «de rabia». La metáfora indica expresar o expulsar fuego o rabia por los ojos. En este caso, la expresión de la emoción caliente se produce a través de los ojos.

4.º ¿Cuándo fue la primera vez que pasó eso o se sintió así?

Poco antes de que apareciera el primero de los bultos, explotó de rabia fuera de sí. Su cara no le gustaba nada porque con ese bulto y los ojos rojos parecía un monstruo descontrolado. Era tan desagradable verse, que se operó para sacarse el bulto. Había otra «primera vez» que, aunque no era suya, le conectaba con su padre. Su cara le recordaba a la de su padre cuando de niño le gritaba encendido de rabia sacando fuego por los ojos.

Observar qué hace el cuerpo:

Hay una emoción no aceptada, la rabia, y la persona no la quiere mostrar, ya que si lo hace cree que se convertirá en un «monstruo». El cuerpo se entrega y aguanta hasta donde puede. En primer lugar intenta contenerse en el área abdominal, causando presión en la boca del estómago. Luego intenta liberarse a través del sonido, en la garganta. Si ese paso también está cerrado, sube hasta la cabeza y a continuación sale por la piel o también por los ojos, como en este caso. Ken también tenía dolores frecuentes de estómago y de garganta.

* * *

EL CREADOR CONSCIENTE

La creación de sucesos que se manifiestan en nuestra realidad cotidiana tiene lugar muchas veces de forma inconsciente. No nos gusta lo que sucede y es posible que nos quejemos de ello; no pensamos que hayamos participado en la creación de lo que ha sucedido y no asumimos el poder que representa haberlo creado nosotros. Un síntoma en el cuerpo físico es también una expresión de una creación inconsciente, ya que uno no crearía un dolor de muela o una enfermedad para sí mismo de forma consciente.

Ahora se trata de revertir este proceso, convertirnos en creadores conscientes de nuestra realidad y también de las manifestaciones en nuestro cuerpo. Si seguimos explorando las manifestaciones o síntomas en el cuerpo, lo siguiente que podemos hacer para tener más información sobre esta creación es descubrir de qué se trata. Darnos cuenta y recoger el mensaje que nos transmite el alma es pasar de la posición de víctima de la situación a establecerse como artista creador.

Práctica: Esculpir el síntoma

Una vez que la persona entiende que el síntoma trata de decirle algo, es el momento de que pueda extraer información de ello para comprender de qué se trata. La práctica que expongo a continuación fue desarrollada para revertir el proceso inconsciente para convertirlo en consciente, donde la persona, como si de un artista se tratara, esculpe o representa el síntoma o situación frente a ella.

La persona se convierte en un escultor en el vacío. Con sus manos extendidas crea en el espacio una entidad que representa al síntoma o situación. Luego simbólicamente le sopla y el síntoma o situación cobra vida: es como si se le otorgara permiso a la escultura para existir, expresarse y dar su mensaje. En ese momento ya está ocurriendo la transformación, dado que es posible que sea la primera vez que se acepta el síntoma o situación y que se le permita expresarse. Se le da un espacio al síntoma, y también se le da voz para que hable en lugar de rechazarlo y tratar de hacerlo desaparecer.

A este proceso creativo consciente lo he llamado *Esculpir el síntoma*. Cada uno de los pasos anteriores están descritos en detalle en el anexo y se los ofrecemos al lector que quiera experimentar interesantes aspectos de su camino de vida. Dado que se trata de un poderoso ejercicio, sugiero a quien decida realizar esta práctica por su cuenta que se lea antes el resto del libro, para así tener una pista clara de lo que puede encontrar. Este es el motivo de que esta práctica esté ubicada en el anexo. Así los viajeros intrépidos dispondrán de una guía con los pasos a seguir para sumergirse en la exploración de las profundidades de su ser. Si alguien, después de leer el libro, siente que necesita un acompañante o un guía personal para este tramo de camino, también podrá encontrar a un profesional.

Doy varios ejemplos de esta práctica a continuación.

Julieta y la depresión

En uno de los cursos realizados en México se ofrece como voluntaria Julieta. El trabajo se transcribe a continuación en forma de conversación. Ella se presenta describiendo su situación.

JULIETA: Hace más de dos años que estoy en una depresión profunda. Solo tengo muchas ganas de llorar y mucho miedo de saber que lo que tengo es una enfermedad mental grave.

JOSEP SOLER: El síntoma en el cuerpo no es la depresión; eso es un título que le ponemos o un diagnóstico. Lo que me gustaría saber es qué sientes en el cuerpo y dónde lo sientes. En qué parte de tu cuerpo lo sientes.

(Dirigiéndose al público asistente): Observen la diferencia entre una cosa y otra. Pido que los asistentes noten qué es lo que sienten en su cuerpo cuando Julieta dice «tristeza». ¿Que sientes tú, Julieta?

J: Siento una… no, el síntoma es la tristeza que siento, una tristeza profunda que no tiene fin.

JS: «Tristeza» puede ser el nombre que usas para referirte a una sensación desagradable. Vuelvo a preguntarte: ¿qué sientes en el cuerpo y dónde lo sientes?, ¿en qué parte de tu cuerpo?

J: Aquí —dice señalando con las manos en el centro del pecho—, siento como un agujero o espacio negro.

JS (Preguntando al público): ¿Qué sienten ustedes en el cuerpo? Quiero decir, más allá de la tristeza como nombre o título, ¿cuál es su sensación corporal?

PÚBLICO: Vacío, opresión, agujero profundo, hueco, etcétera.

JS: Entonces vamos a hacer algo antes de empezar a trabajar con Julieta. Para los asistentes que tengan una sensación corporal que no les gusta —vinculada al nombre *tristeza*— les pido que noten dónde se ubica esa sensación en su cuerpo. Ahora les pido que respiren en esa zona de su cuerpo como si respiraran desde el centro de esa sensación. Lo hacemos así. (Pongo mis manos sobre mi cuerpo en un lugar que simboliza donde cada persona siente la tristeza en el suyo y respiro durante unos instantes).

Durante este trabajo o cuando acompañen a alguien con esta práctica, si sienten en su propio cuerpo algo que no les gusta, respiren una y otra vez desde el centro de su sensación, dándole espacio y aceptándola.

¿Por qué? Porque su percepción de la sensación, en este caso tristeza —que es la tristeza de cada uno—, no ayuda a la persona que vamos a acompañar. Así, con toda su buena intención, estarán bloqueando este proceso de transformación al entrelazar su sensación con la de la persona que acompañan.

Por eso establezco un nuevo marco aquí y digo que este síntoma que muestras es precioso, porque es así como lo siento. Siento que la tristeza es preciosa; es la emoción que más me abre el corazón. Así que si tú sientes ese impacto en tu cuerpo, respira en su centro y acepta esa tristeza en tu propio cuerpo. Entonces empieza a pasar algo transformador en la relación que se crea entre la persona que acompañas y tú, porque somos espejos unos de otros.

Así que tenemos un síntoma severo y precioso. Muy bien. (Dirigiéndose a Julieta). Ahora nos ponemos en pie. ¿Cómo es esa sensación? Siéntela y empieza a darle forma al espacio frente a ti con tus manos, con los ojos cerrados. De forma imaginaria, escúlpela frente a ti usando tus sentidos internos, dándole forma, textura, color, olor, sabor, temperatura…

J: Es cuadrado, negro.

JS: ¿Cuadrado?

J: Sí, y muy oscuro, negro.

JS: Ajá. ¿Qué tamaño tiene? Señálamelo con tus manos.

(Julieta describe y muestra con sus manos una caja del ancho de sus hombros).

J: Más o menos es del tamaño de mi pecho.

JS: OK. ¿Es duro, es blando? Tócalo. ¿Se deja penetrar?

J: No, es rígido.

JS: ¿Rígido?

J: Sí, muy rígido.

JS: Ajá.

J: Es áspero, un poquito áspero.

JS: ¿Tiene alguna abertura por algún sitio?

J: No, es como un cubo completamente cerrado.

JS: ¿Tiene movimiento?

J: Sí.

JS: ¿Cómo se mueve?

J: Hacia los lados, como que quiere pasar de un lado al otro.

JS: ¿Quiere pasar de un lado al otro, cómo?

J: Como si quisiera salir…, salir de mi cuerpo, entrar, salir, entrar.

JS: Así que hay una especie de ritmo en esta cajita.

J: Sí.

JS: ¿Tiene algún olor?

J: No, no percibo ningún olor.

JS: OK. ¿Cómo te parece que podemos entrar en esa caja para ver qué tiene dentro? ¿Podríamos quizá usar una máquina de rayos X u otra cosa?

(Dirigiéndose al público y a Julieta indirectamente): Entiendan que no le voy a pedir que entre directamente en ese espacio. Julieta está hablando de una caja que es negra y que está cerrada, así que si en algún momento le tengo que pedir que entre, voy a asegurarme antes de que el lugar donde va a entrar es un buen sitio. No le puedo pedir que entre en una caja negra que no sabemos lo que es, aunque sé que hay un regalo ahí dentro y ella todavía no lo sabe. Así que si Julieta hubiera dicho que la caja tenía una tapa, pues le habría dicho: «Abre y asómate un poco a ver qué tienes ahí». Como no hay tapa, puedo usar una máquina de rayos X u otra cosa...

J: A lo mejor puedo meterle un serruchito y abrirla por dentro —propone Julieta.

JS: Muy bien. Pero pregúntale antes.

J: ¿Puedo hacerte un corte de amor para que me dejes entrar? —pregunta Julieta a su escultura.

JS: ¿Qué dice?

J: No me contesta —Julieta sonríe—. Necesito entrar —dice hablándole a la caja—. Permíteme entrar para poder ver qué regalo me tienes ahí adentro. ¿OK?

JS: ¿Te ha contestado? ¿Te permite entrar? ¿Estás segura de que le gusta el serrucho?

J: Mejor le voy a preguntar si le gusta o no —sonríe.

JS: OK. ¿Se te ocurre una manera más suave de entrar?

J: Es que es áspera, realmente es muy rígida. ¿Algo más suave...? Un serruchito que poco a poco vaya abriendo, abriendo, abriendo...

JS: Empieza muy despacito, Julieta... Empieza a hacer eso muy despacito, muy despacito. Estamos jugando, respira suave —Julieta empieza a serrar su caja negra.

J: Ya está.

JS: OK. ¿Ya puedes entrar?

J: Ajá.

JS: Bien. Ahora, despacio, entra en tu cajita. Haz ese mismo balanceo con tu cuerpo de un lado hacia el otro que hace esa cajita, con ese ritmo, entrando y saliendo. Y ahora cajita, te pregunto, ¿qué tienes de bueno para Julieta? ¿Cuál es tu regalo para Julieta? ¿Qué quieres aportarle a Julieta? ¿Qué le estás aportando y quizá ella no se está dejando…?

(Unos instantes después Julieta responde):

J: Que observes tu vida, que cambies tu forma de ser.

JS: Bien. Que observes tu vida, que cambies tu forma de ser…

J: Que aprendas a disfrutar, que dejes atrás todo lo que te hicieron en el pasado, que veas un nuevo amanecer y que vuelvas a tener esperanzas.

JS: OK. Salimos de ahí. Eso que dice la cajita está muy bien. ¿Cómo vamos a hacer eso?

J: Debo tener fortaleza de ahora en adelante. Debo reconocer que esto no es una enfermedad, es una emoción, y que esas emociones no van a controlar a mi mente para que yo pueda salir adelante. Voy a liberar estas cargas que me hicieron daño y que he traído por muchos años.

JS: Está bien. Imagina esas cargas en este cubo o cajita. Elige una de esas cargas, cualquiera de ellas, y dime qué forma tiene.

J: Es un fantasmita, es como un fantasma, transparente.

JS: ¿Transparente? ¿Se mueve?

J: Ajá, como que flota.

JS: ¿Puedes tocarlo, atravesarlo?, ¿cómo es eso?

J: Sí, puedo atravesarlo.

JS: ¿Se mueve con algún ritmo?, ¿hay alguna música?

J: Solamente flota, no le veo ritmo.

JS: Pregúntale qué quiere. ¿Ha salido de la caja?

J: Sí, la caja ya está abierta.

JS: ¿Has oído algo que haya dicho? ¿Ese fantasma representa una de esas cargas de las que te quieres liberar?

J: Ajá.

JS: Esas cargas que dices que te hicieron daño y que has traído por tantos años. ¿Quieres que esa carga te dé un regalo? Entonces pídele al fantasma que te dé su regalo. Pregúntale qué quiere. ¿Qué trae para ti?

J: ¿Qué traes para mí?

JS: Y te acercas y entras en ese espacio. ¿Qué es? Pregúntale al fantasma si quiere hacerte daño; pregúntale si quiere algo malo para ti.

J: ¿Quieres algo malo para mí? ¿Me quieres hacer daño?

JS: Ajá. Ve qué responde.

J: Dice que no.

JS: Pregúntale qué quiere entonces.

J: ¿Qué es lo que quieres?

JS: ¿Puedes entrar en ese espacio ahora?

J: Sí (Julieta entra en el espacio del fantasma esculpido).

JS: Entra, te das la vuelta y te quedas mirando el espacio de Julieta. Suelta tus manos y toma el movimiento de ese fantasma; eso. Y deja que se caiga esa fantasía de fantasma, de esas cosas que te hicieron daño, porque resulta que él no está ahí para perjudicarte. Entonces, ¿qué quiere? ¿Qué quieres para Julieta? ¿Qué quieres?

J: Que ya no tengas miedo —dice Julieta desde el espacio del fantasma esculpido, y continúa—: Que confíes en que no vais a enfermar ni tus hijos ni tú de esa enfermedad.

JS: ¿Qué enfermedad representa el fantasma?

J: Esquizofrenia.

JS: ¿Hay un fantasma de esquizofrenia?

J: Sí.

JS: ¿Cómo es el comportamiento de ese fantasma al que llaman esquizofrenia? ¿Qué hace? ¿Qué quiere?

J: Es una enfermedad.

JS: Bien. ¿Y qué hace este fantasma para que tú le llames esquizofrenia? (Dirigiéndose al público e indirectamente a ella): Tenemos la metáfora de un fantasma que se representa por un miedo a algo que no está ahí, ya que solo es un fantasma.

J: Es un temor, un temor a esa enfermedad que existe en mi familia muy cercana. Ya estaba al tanto de la enfermedad desde los 20 años, y pues finalmente esa esquizofrenia está controlada en mi familia, bendito sea Dios. Ahora está el fantasma, el que yo pensé que, ahorita que mis hijos están en la adolescencia, que es cuando se manifiesta esa enfermedad generalmente, me vi con él, con el fantasma de la enfermedad.

JS: ¿Y qué hace este fantasma?

J: Me impide seguir.

JS: Bien. Observa el fantasma de la esquizofrenia, que en realidad no sabemos si está ahí. ¿Qué hace? Si ese fantasma tomara cuerpo, ¿qué haría? ¿Qué intención tiene? Sigues percibiendo esa enfermedad como algo terrible, y ahí hay un regalo; ahí, como en todos los lugares, como en todas partes. Así que puedes pedirle al fantasma que te dé su regalo y liberarte de él. Hasta entonces, hasta que hagas eso, seguirás temiendo al fantasma.

J: No, no quiero ya temerlo, quiero que el fantasma desaparezca.

JS: Ah, pero no va a desaparecer tan fácilmente. No lo hará hasta entregarte su regalo. Está ahí por un buen motivo, por un buen propósito. Tiene un regalo para ti y para toda tu familia. Te lo quiere dar y en cuanto tú lo tomes, el fantasma va a desaparecer. Va a desaparecer de tus fantasías. Eso es, entra en el fantasma otra vez y suelta tus manos. ¿Qué quiere ese fantasma al que llamamos esquizofrenia? ¿Qué está buscando, qué está aportando? Cierra los ojos y muévete con ese mismo movimiento que flota, hasta que venga la respuesta.

J: Me dice que, si llega a ocurrir, yo puedo enfrentar la enfermedad. ¡Ya no es un fantasma! ¡Ya conozco la enfermedad y ya sé cómo tratarla!

JS: Sí, y así seguimos aquí esperando más preciosos regalos. Y mientras tú te estás soltando poco a poco, los regalos están mostrándose porque el fantasma sigue ahí queriendo dártelos.

Si se manifiesta, lo podrás tratar. Muy bien, para tratarlo tienes que conocerlo y tú ya sabes hacerlo.

J: Sí.

JS: ¿Cuál es el regalo que ha traído la esquizofrenia a tu familia?

J: Mucha unión familiar.

JS: Unión familiar.

J: El ser más humanos, el entender a muchas personas que están mal y a las que nadie comprende.

JS: ¡Guau! Bien. ¡Vaya con el fantasma!

J: Sí, el ser más empática, el darme fortaleza para saber que se puede salir adelante, que no es tan difícil.

JS: ¿En qué parte de tu cuerpo sientes eso de darte la fortaleza?

J: En mi pecho, ¡lo siento en mi pecho!

JS: Eso es. Respira aquí. Vaya, ¡tenemos una lista de regalos del fantasma!

J: Así es, y siempre la tuve aquí.

JS: ¿Qué pasa con el fantasma cuando recibes eso, esos regalos? ¿Puedes hacerte amiga del fantasma? Respira ahí, eso es, suelta tus manos.

J: Sí, puedo hacerlo.

JS: ¿Te gustaría bailar con el fantasma?

J: No, aún no... —sonríe.

JS: Eso no es una buena invitación para un baile... (Risas del público, que también se suelta).

J: No, pero a lo mejor sí me gustaría bromear con él.

JS: Bien.

J: No te atrapo, no, más bien no te puedo atrapar. Tú no me puedes atrapar y yo corro y... así, tanto como bailar con él, todavía no.

JS: ¿Cómo sientes esos regalos en tu pecho? Aquí.

J: Respiro, ¡siento una liberación!

JS: Cierra los ojos y deja que se expanda esa sensación por todo tu cuerpo, eso es, respirando con esa luz y esa vibración en tu pecho. Eso es, deja que se expanda. Juega con el fantasma un poquito, con los ojos cerrados, sintiendo ese espacio en tu pecho. Lo estás conociendo. ¿Cómo lo sientes?

J: Lo siento más pequeño, ¡ya no está tan grande!

JS: Ajá. ¿Tiene ganas de jugar?

J: Es como el Gasparín, el de la tele, chiquito, amigable.

JS: ¿Cómo sientes el pecho ahora?

J: Mucho más ligero. Ya no lo siento, en este momento no lo siento.

JS: Acuérdate de que ahí hay un fantasma juguetón que tiene regalos realmente valiosos, como la unidad familiar, tu propia fortaleza, ser más humana, entender a personas que nadie comprende...

J: Sí.

JS: Acuérdate de ese fantasma, llevando esos regalos. Y recuerda que quiere jugar. ¿Cómo lo has llamado? ¿Gasparín?

J: Sí, Gasparín. Muchísimas gracias a todos —dijo con una sonrisa que iluminaba su cara.

JS: Gracias a ti, Julieta, por tu confianza y tu entrega.

J: Lo necesitaba y llevaba ya muchos meses esperando que llegara este momento... ¡Esperando recuperar mis ganas de vivir y mi alegría! Y de alguna forma me... ¡Creo que Dios me envió aquí!

JS: Tú has hecho un trabajo excelente. Aunque al principio costó un poquito ver dentro de la caja negra, luego ya se descubrió el fantasma y nos dio sus regalos.

Tensión en la mandíbula

Después del trabajo con Julieta, llegó el momento de que los demás participantes practicaran entre ellos siguiendo las instrucciones del coordinador del curso.

Al final de la práctica una chica se encontró con que no podía hablar, no podía articular palabra porque su boca se había quedado abierta. Su compañera nos contó lo que estaba pasando. La chica había esculpido el dolor de mandíbula que tenía desde hacía años y aparentemente la práctica había ido muy bien, ya que había recogido un enorme regalo. Lo que pasó al terminar la práctica es que no podía cerrar la boca y sentía temblor en toda la zona.

Para conservar una determinada postura o tensión, todo el cuerpo se reajusta. Trabaja, día tras día, para mantener esa configuración postural o rigidez. Hay que recordar que hay un buen motivo para mantener esa postura o tensión corporal. Si, por ejemplo, para una persona sentir significa sufrir, va a tratar de contraer inconscientemente algunos músculos relacionados con la respiración, ya que cuanto menos respire, menos sentirá.

Para este caso concreto, si la persona, inconscientemente, decide que es mejor guardar o esconder la tensión o el enfado antes que expresarlo —ya que el enfado tiende a salir al exterior a través del juego de la mandíbula y el sonido—, es normal que la mandíbula acumule tensión y cause dolor. Es un intento corporal de mostrar que algo está pasando ahí: el cuerpo trata de entregar su mensaje o regalo. Cuando el motivo para mantener la tensión desaparece, el cuerpo ya no necesita seguir manteniéndola. Entonces puede aparecer un tremendo cansancio cuando por fin los músculos se destensan. De pronto, se hace consciente todo el esfuerzo inconsciente realizado. El cuerpo sabe lo que está haciendo; la vibración o temblor es una forma de liberar la tensión. Eso se llama en otros contextos «crisis de sanación»: algo que es crónico puede pasar a ser agudo en su proceso de liberación.

Después de dar estas claves para facilitar el proceso, la vibración seguía y la boca continuaba sin poder cerrarse, aunque ambas participantes se tranquilizaron.

—Está bien —le dije a la participante—. Escucha el cuerpo y deja que haga a través de su sabiduría.

Al día siguiente llegó al curso muy contenta y dijo al empezar la sesión:

—¡Es la primera vez en muchos años que me despierto sin dolor en las mandíbulas!

Pedro y el refrán sobre Santo Tomás

Pedro, que es uno de nuestros colaboradores, se define con el mismo estilo que Santo Tomás:

—Hasta que no lo vea, no lo creeré.

Desde los 24 años padecía un dolor en la espalda que lo llevó a dejar su trabajo y lo adentró en las terapias corporales y en la reeducación postural. A sus 40 años era un profesional excelente y su dolor de espalda había disminuido enormemente, fruto de su trabajo personal, aunque no había desaparecido.

En un curso en el que él participaba como ayudante, se ofreció para que otro asistente explorara con él la práctica de esculpir el síntoma. Pedro eligió esculpir nuevamente su dolor de espalda. Aunque ya había realizado esa práctica en otras ocasiones, esta vez la hacía sin expectativas.

Al final de la práctica resultó que su dolor de espalda había desaparecido completamente. Aun así, no comentó nada ya que pensaba que el dolor regresaría al poco rato.

Por la noche, cuando llamó a su mujer, le dijo que ya no le dolía la espalda, aunque esperaba que el dolor regresara de un momento a otro. Por la mañana del siguiente día el dolor seguía sin aparecer aunque, por si acaso, no comentó nada en público. Hasta meses después, sin sombra del dolor, no nos contó esta anécdota.

Sincronía del perro en el hombro

En otra de las prácticas de esculpir el síntoma, una chica con un intenso y antiguo dolor de cervicales esculpió a un perro que jugaba con ella. En el momento de terminar su escultura, el dolor de espalda había desaparecido totalmente. Una vez terminada la práctica de esculpir, cuando volvió a la sala del curso donde se reunía todo el grupo, el dolor había regresado también.

Casi al cierre de la sesión, ella me preguntó si podía ayudarla a entender qué estaba pasando. Le dije que, atendiendo a las evidencias, mientras estuvo con el perro —que jugaba con ella—

el dolor no estaba; luego, cuando el perro se fue, el dolor volvió. Así que era muy sencillo: mientras ella sintiera que el perro no estaba, el dolor la acompañaba.

Estaba usando la metáfora del perro porque eso es lo que había aparecido en la escultura. En realidad, nunca supe qué representaba ese perro en su vida. Ella tampoco nos lo dijo.

En ese punto, y siguiendo mi visión interior, le dije que su percepción de que el perro no estaba —significara lo que significara ese perro— era equivocada:

—El perro está contigo, nunca se fue. Siempre estuvo contigo y siempre estará.

En ese momento me di cuenta de una divertida sincronía que apoyaba o se alineaba con lo que justamente estaba diciendo. Ella llevaba un jersey con un perro bordado que alcanzaba de un hombro a otro ¡pasando por las cervicales!

Le dije:

—¿Lo ves? El perro está siempre contigo.

Ella aún no lo relacionaba con el jersey que llevaba puesto y no me entendió hasta que la hice levantarse y mirarse en un espejo de la sala. Se quedó sin palabras.

Al día siguiente comentó que, al despertarse por la mañana, notó que el dolor de espalda había desaparecido, aunque ella, por si acaso… seguía llevando el mismo jersey [46].

Llamadas extremas de la Vida

Una enfermedad considerada grave, si además se percibe como una amenaza para la continuidad de la vida, indica que hay un asunto de *vital* importancia al que no se está atendiendo. Indica que la persona que manifiesta la enfermedad lleva un tiempo con un tema sin resolver o con un conflicto pendiente, que quizá haya tratado de olvidar y que ahora pide atención sin

---

[46] En el apartado *Imágenes* de www.lenguajedelalma.org podrás apreciar la fotografía que muestra el perro bordado en el jersey.

más demora. En estos casos es ineludible descubrir en qué consiste este tema irresuelto buscando el mensaje que aparece a través de la llamada extrema del alma. Atender a este mensaje hará entrar a la persona en un proceso de transformación interna que también se reflejará externamente como un cambio de vida.

Cuando la llamada llega a través de una enfermedad, una vez descubierto el mensaje el siguiente paso es encontrar el acontecimiento semilla al que está asociado. Esto nos permitirá recoger el regalo en su mismo origen y completar el proceso de transformación.

Veremos a continuación un ejemplo de llamada extrema comprometiendo el cuerpo físico, y en el próximo capítulo exploraremos el acontecimiento semilla de otros casos.

Pula: final de la vida como la conocía

Pula fue diagnosticada con una enfermedad que le daba una esperanza de vida de tres meses. Ella, a sus 22 años, lo vivió como una condena a muerte. Al parecer se trataba de una forma de cáncer que causaba unos ataques paralizantes. Los ataques irían siendo cada vez más frecuentes e intensos hasta llegar un momento en el que se paralizarían sus órganos internos y moriría.

Pula, amante de la naturaleza, pensó que si tenía que morir prefería irse de la ciudad y pasar lo que le quedara de vida en las montañas, en lugar de quedarse postrada en una cama de un lugar impersonal.

Firmó un documento rehusando el tratamiento y aceptando su sentencia de muerte. Ella solo quería elegir el lugar donde iba a trascender el cuerpo. Recogió sus cosas en una bolsa y dejó atrás su vida, yéndose a las montañas con su música, un cuaderno de notas, un libro inspirador y ropa de abrigo. Su novio, su casa, su trabajo, su familia, todos sus «sus» quedaron en la gran ciudad. Su perro fue lo que —según dijo— más le costó dejar.

Una vez instalada en una casa de montaña, los ataques paralizantes que sufría no se intensificaron como le habían pronosticado, sino que se mantuvieron durante días con la misma intensidad. Poco a poco sintió que se iban espaciando en el tiempo. Y así fue hasta que por fin dejaron de suceder. Los ataques paralizantes desaparecieron completamente. Cuando después de unos meses visitó el hospital, le dijeron que habían cometido un error en el diagnóstico.

Cuando la encontré, o mejor, cuando me encontró, ella tenía 28 años y su salud era excelente, estaba completamente curada. Me buscaba para decirme que lo que ella había vivido era lo mismo que yo explicaba en los cursos. Este es un ejemplo de llamada extrema del alma a través de un diagnóstico de un cáncer terminal. La llamada la lleva a un radical cambio de vida, interno y externo. Pula siguió la llamada y se recuperó completamente.

Capítulo 5
Encontrar el acontecimiento semilla
La raíz de la enfermedad

E N EL CAPÍTULO ANTERIOR hemos puesto atención en las llamadas intensas del alma o cuerpo espiritual que llegan a través de sensaciones desagradables, molestias, dolores musculares y otros síntomas corporales. Hemos aprendido a usar las preguntas de las páginas 168 a 170 para desvelar el poderoso mensaje que contienen estas llamadas. Como vimos, la manifestación de un síntoma en el cuerpo físico es un proceso creativo que es inconsciente para el cuerpo mental, ya que nadie crearía conscientemente un dolor de espalda o de cabeza para sí mismo. En consecuencia, se expuso la práctica *Esculpir el síntoma*, que puede usarse adicionalmente para convertirse en artista consciente en esta creación corporal y para que se revele con claridad cuál es el siguiente paso a dar en el camino de vida.

En este capítulo y en el siguiente vamos a adentrarnos en la llamada extrema que llega a través de lo que se llama *enfermedad*. Cuando esta se presenta, debemos encontrar el acontecimiento semilla o experiencia raíz a la que está asociada, para así comprender el proceso creativo en su totalidad. Una persona enferma debe considerar la posibilidad de que sus conflictos internos no resueltos estén relacionados con sus malestares físicos. Todos podemos atravesar situaciones complicadas que pueden convertirse en conflictos no resueltos. Tal vez tengamos un conflicto o quizá diez, o bien toda nuestra vida se haya convertido en un conflicto constante. Cuando se pone atención, siempre se encuentra la relación entre la situación que la persona experimenta en un momento dado y la manera en que, a continuación, su cuerpo lo manifiesta físicamente. Ahora bien: ¡atención! Uno, y solo uno, de esos conflictos es el que está relacionado con un síntoma en concreto. Y ese es el conflicto o situación que el cuerpo pone en primer lugar de la lista para ser atendido y resuelto.

Simbólicamente, podemos imaginar que todas las situaciones que hemos vivido o estamos viviendo con dificultad fueran las piezas amontonadas en el suelo de un rompecabezas que todavía no sabemos cómo encajar. Cada una de las preguntas citadas en el capítulo anterior apunta a una pieza clave. Responder cada pregunta nos va a permitir extraer esa determinada pieza del montón y separarla del resto. La última pieza clave es el acontecimiento semilla que descubriremos en este capítulo.

Cuando tengamos todas las piezas clave sobre la mesa, veremos que estas encajan perfectamente. Esto es lo que llamamos el principio del diagnóstico completo y que está desarrollado en el libro *Medicina del Ser*, que será publicado próximamente.

Para encontrar el acontecimiento semilla podremos usar la práctica *Punto semilla*, que nos dará la posibilidad de descubrir el regalo que allí se encuentra. El capítulo 6 lo dedicaremos a un trabajo especial de integración en el acontecimiento semilla, ya que en algunos casos el hecho de comprender desde la lógica cómo las piezas del rompecabezas encajan perfectamente no es suficiente para poder recoger el regalo completo. Para ese propósito usaremos la práctica del capítulo 6 *Sanación en el templo interior*.

Una de las preguntas usadas en el capítulo anterior para descubrir el mensaje de la llamada intensa señala hacia el escenario en el que apareció por primera vez la molestia en el cuerpo físico. La situación que estábamos viviendo en el momento en que el cuerpo mostró por primera vez la molestia, el dolor o la incomodidad nos da la clave para darnos cuenta de a qué se refiere esa llamada. Es extremadamente revelador observar lo que ocurrió en ese escenario, dado que también contiene la pista para descubrir cuál es el acontecimiento semilla previo desde el cual se originó. Encontrar el acontecimiento semilla nos permitirá recoger el regalo que aguarda detrás del síntoma físico o la enfermedad, y que nos llevará a una transformación personal.

Como vemos, la manifestación de síntomas o enfermedades en el cuerpo físico es un proceso creativo inconsciente. Podemos comparar este proceso con el de sembrar una semilla que, con el tiempo, dará lugar a un tallo y posteriormente a una flor. Al contemplar este proceso en detalle podemos distinguir los siguientes tres momentos relevantes:

1. Inicialmente se planta la semilla, que permanece oculta bajo tierra.
2. Después de un tiempo la planta sale a la superficie y se hace visible su tallo por primera vez.
3. Finalmente la planta florece, aunque la raíz sigue oculta.

Desde este paralelismo, el momento de la siembra es el acontecimiento semilla; cuando la planta se hace visible, es la primera vez que el síntoma aparece en el cuerpo físico; cuando nace la flor, el síntoma ha evolucionado pudiendo tomar la forma de enfermedad o dolor crónico.

Si estamos explorando la raíz de un síntoma físico, de un síntoma emocional o de una enfermedad, el acontecimiento semilla es el momento mismo en el que se plantó la semilla que más tarde dará origen al síntoma. Por tanto, no es la primera vez que aparece el dolor o molestia en el cuerpo, ya que esto es solo el asomar del tallo y es algo que sucede posteriormente, puede que incluso años después. El acontecimiento semilla es un suceso previo en el cual ocurre algo que genera una determinada manera de ver la vida, una forma limitada de percibir la realidad a través de un determinado filtro. Es como si a partir de ese momento usáramos unos lentes oscuros para mirar al mundo, en el que naturalmente percibiríamos una oscuridad que no estaría ahí si nos quitáramos los lentes. El acontecimiento semilla es una experiencia que sirve de base para la formación de creencias y que, según el esquema de los diversos cuerpos que todos tenemos y que vimos en el capítulo 2, tiene impacto inicialmente sobre los cuerpos mental y emocional.

Lo llamamos acontecimiento semilla porque es como si en esa experiencia quedara sembrada una semilla que germinará y florecerá en su momento. A lo largo del tiempo la semilla será regada y abonada a través de otros acontecimientos que se perciban con el mismo filtro de percepción, limitación o lentes y donde estará actuando la misma creencia. La semilla tiene la capacidad de florecer con el tiempo manifestando un síntoma físico, emocional o mental. Naturalmente, un acontecimiento semilla no florece necesariamente manifestándose a través de síntomas. Muchas veces se manifiesta solo como un patrón de comportamiento o una situación que se repite en la vida. Si estamos explorando una pauta que se repite, en el acontecimiento semilla se encuentra la raíz de esa pauta y es la situación donde este patrón ocurrió por primera vez.

El acontecimiento semilla es también una experiencia donde puede instalarse una sensación de falta o de ausencia. Esa sensación de falta estará tocando un área de nuestra vida o varias. Esta experiencia raíz suele ocurrir a una edad temprana y, aunque la memoria racional no recuerde el acontecimiento, el cuerpo físico registra que en esa experiencia hay algo pendiente de integrar. El acontecimiento se registra a través de una memoria corporal que irá siendo activada o disparada por otras vivencias posteriores. El regalo es disolver la sensación de falta o ausencia y recobrar la plenitud.

CÓMO LLEGAR AL ACONTECIMIENTO SEMILLA

En este libro se muestra una versión simplificada del viaje para descubrir el acontecimiento semilla, que es la que usamos en los cursos de introducción.

El viaje al acontecimiento semilla es un proceso que se dirige a encontrar el regalo de origen de los síntomas físicos, emocionales o mentales. Ese regalo quedó pendiente de recoger, y para poder recuperarlo lo primero es saber dónde está, es decir, debemos encontrar el acontecimiento semilla. Necesitamos que sea el cuerpo quien nos muestre dónde está el acontecimiento, ya que es posible que sucediera a una edad tan temprana que la mente no sea capaz de recordarlo.

Práctica: Punto semilla

Una forma de encontrar el acontecimiento semilla es que la persona imagine todo su camino de vida delante de ella; es como si lo colocara en un semicírculo frente a ella, desde su concepción hasta su disolución, de forma que quede todo a la vista.

Esta práctica se llama *Punto semilla* y, para quien decida realizarla por su cuenta, sugiero como en la práctica anterior que lea antes el resto del libro, para así saber la clase de situaciones que puede encontrar. Este es el motivo de que esta práctica, con su descripción más detallada, esté ubicada en el anexo. Se realiza trazando un semicírculo con el brazo izquierdo y la mano extendidos desde el frente y desplazándose hacia ambos lados. Es decir, se extiende el brazo izquierdo y la mano al frente, como si con esa mano se estuviera señalando el momento presente —usando la referencia de los puntos cardinales el brazo señalaría simbólicamente al norte—. Entonces, trazando con un movimiento horizontal hacia la izquierda un cuarto de círculo con toda la extensión del brazo, el punto más alejado del presente sería el que señala la concepción —apuntando al oeste—. Recomiendo realizar esta práctica sentado con la espalda pegada a la pared; así se hará coincidir el momento de la concepción con el contacto con la pared —la mano no va a poder señalar más atrás ya que la pared es el límite—. Hacia el otro lado, el derecho, se puede construir la representación del futuro; en ese extremo y por el lado derecho —apuntando al este—, el brazo izquierdo y la mano apuntarán al espacio de la disolución, donde dejando el cuerpo el alma se fundirá con la totalidad. De esta forma la persona ya tiene dibujada en un semicírculo frente a ella una representación de todo su camino de vida, desde su concepción hasta su disolución, pasando por su momento presente.

El siguiente paso es que le pida a su cuerpo que señale mediante su brazo izquierdo en qué momento ocurrió el acontecimiento. El lugar donde quedará señalando la mano es el acontecimiento semilla. Estarás observando el acontecimiento semilla desde la distancia, es decir, tú estás sentado con tu edad actual, señalando hacia un lugar donde visualizas unas imágenes antiguas. Quien aparece en el acontecimiento semilla es el niño o la niña que eras en ese momento. Puedes visualizarlo como si estuvieras en el cine, sentado cómodamente en tu butaca, mientras en la pantalla se proyecta una película donde aparecen unos personajes.

Es probable que a la vez que tu mano se detiene, o en los instantes siguientes, te llegue la información de lo que está sucediendo en ese acontecimiento:

- Qué edad tienes más o menos.
- Con quién estás.
- Qué está sucediendo.

En algunos casos va a llegar una información muy precisa acerca de lo que está ocurriendo en ese acontecimiento, detalles que no estaban en el lado consciente de la persona aunque sí en el inconsciente. Precisamente de eso se trata, de llevar al consciente lo que estaba en el inconsciente para poder integrarlo.

Puede que al observar la situación pasada desde el momento presente surja espontáneamente alguna pregunta al respecto de lo que está ocurriendo en el acontecimiento semilla. También puede ocurrir que se dé una respuesta imaginada del personaje que participa en ese acontecimiento. Lo veremos en algunos de los siguientes casos, dejando para el siguiente capítulo la continuación de esta práctica que llamamos *Sanación en el templo interior,* donde se establecerá un diálogo imaginado entre todos los participantes del acontecimiento semilla.

Los pasos anteriores están descritos con más detalle en el anexo.

Seres completos con percepción de falta

Venimos de lo Uno, del Todo, de la Luz, de Dios. Somos una gota de la Conciencia Absoluta que se sumerge en un cuerpo físico. Por tanto, no nos falta nada, somos seres completos.

Aun así, vivimos a menudo con la ilusión de la falta, de la carencia. Metafóricamente, es como si tuviéramos un agujero, a veces muy hondo, que quisiéramos llenar casi por cualquier medio. Esta sensación de falta, que empieza en el acontecimiento semilla, está siempre más o menos presente en nuestra vida. Unas personas la sienten casi constantemente y otras solo en ocasiones. Cuando miramos a nuestro alrededor con esa sensación desagradable de carencia nos parece que la falta está ahí fuera, como si lo que tenemos alrededor o a nuestra disposición no fuera suficiente. Miramos el momento presente, nos sentimos insatisfechos y buscamos lo que nos parece que no está. Entonces le damos una forma externa a la sensación de falta, vinculándola normalmente a algo físico, a una persona o a un concepto que se convierte en nuestro objeto de deseo. Pensamos que nos falta algo, nos parece que sabemos lo que es y empieza la fantasía de que cuando lo encontremos seremos felices.

Esa sensación moldea nuestros deseos y pospone continuamente la posibilidad de estar en el momento presente y descubrir que está todo aquí, que somos seres completos y que el presente es inmensamente rico.

LA INSATISFACCIÓN CONSTANTE Y EL DESEO

Esta sensación de falta, de sentirse carente, incompleto o irrealizado en la edad adulta se originó en el acontecimiento semilla. Eso indica que la vivimos por primera vez hace mucho, probablemente antes de los ocho o nueve años. Es posible que empezara antes de que tuviéramos memoria racional, es decir, de la capacidad de recordarlo. Si es así, esta sensación está perdida en la ilusión del tiempo. Lo que ocurre es que el cuerpo no vive en la fantasía del tiempo, sino en el presente. La mente racional tiene la percepción del tiempo y el cuerpo vive en el ahora. Por ello, cuando aparece la sensación de insatisfacción el cuerpo la vive en modo *ahora*. Como los escenarios y personajes actuales son diferentes de los que participaron en el acontecimiento semilla, la sensación aparece en el presente de forma confusa y desordenada. De este modo, nos sentimos mal de forma indeterminada, y la mente racional es incapaz de descubrir qué está pasando o con qué se relaciona.

En el caso de que pudiéramos recordar el escenario y los personajes con los que vivimos el acontecimiento semilla descubriríamos que, a pesar de que estos ya no están aquí, sin embargo la sensación continúa. Si no podemos recordar ese escenario, la confusión suele ser mayor. La sensación es fuerte y clara, sin embargo no sabemos de dónde viene o cuál es su origen. Lo común, que es lo que hacemos la mayoría, es echar la culpa de la sensación desagradable de carencia a lo que acaba de suceder en el momento presente. Entonces intentamos cambiarlo, es decir, rechazamos el presente y las circunstancias, personas y cosas que este trae, y deseamos otras distintas. Así estamos de nuevo perdidos en la sensación desagradable y en el rechazo a esta y a las circunstancias presentes. Seguimos enfocados en el deseo de cambiar lo que está ocurriendo, con la idea de que si lo conseguimos la sensación desagradable desaparecerá.

Recorremos confundidos nuestro camino por la vida, mirando hacia donde no está lo que buscamos. En lugar de buscar el regalo en su origen, que es donde lo perdimos, miramos al futuro proyectando nuestra falta en forma de deseos insatisfechos. Esto es así debido a que la mente racional funciona de forma impecablemente lógica. Si me falta algo y ahora no lo tengo, me parece que solo hay un lugar donde lo puedo encontrar: el futuro. Creemos que si nuestros deseos llegaran a realizarse en algún momento, por fin podríamos detenernos a disfrutarlos. De este modo la mente sigue perdida en la fantasía de futuro y de pasado, los cuales en realidad solo existen en la forma de presente.

Aunque se cumpla alguno de nuestros deseos, eso no elimina la sensación de falta o solo lo hace de forma momentánea. Rápidamente volvemos a proyectar nuestra insatisfacción hacia delante, en la ilusión del futuro, tratando de llenar ese vacío con nuevos deseos: ideales de pareja, casa, trabajo, nivel social, coche, ropa, comida o distintas adicciones. Al final nunca nada es suficiente, pues en algún nivel, y en la mayoría de casos, la insatisfacción continúa insaciable.

Insatisfacción matrimonial

Vamos a ver a continuación un ejemplo de cómo proyectamos la sensación de insatisfacción en el escenario actual, en este caso hacia la relación de pareja. El origen de esta insatisfacción permanece oculto y se suele ubicar en otro contexto que no tiene conexión aparente con el actual.

En general, frente a los acontecimientos diarios, reaccionamos automáticamente. Esta reacción inconsciente no se relaciona con el escenario actual, sino con un acontecimiento semilla en el que quedó un regalo por recoger. Más adelante, a lo largo de la vida se presentan situaciones que son oportunidades para darnos cuenta de cuál es el regalo pendiente y dónde es posible recuperarlo.

Cuando uno lucha o se opone a los acontecimientos actuales y a las personas que participan en ellos, el primer paso para sanar nuestra situación es hacernos conscientes de la confusión que estamos viviendo. En realidad, el escenario actual no es más que una repetición de un escenario pasado. Se reproduce en el presente una reacción inconsciente que se relaciona con la forma en que se vivió antaño un acontecimiento semilla determinado.

Como veremos a continuación, la sensación de falta está localizada en una parte muy concreta del cuerpo. Cuando aparece esa sensación corporal, uno busca fuera para ver lo que la está provocando. Pero lo que falta no está ahí fuera, sino adentro; hay que viajar hasta el acontecimiento semilla para encontrarlo. Para este viaje, usaremos la metáfora del tiempo como si nos desplazáramos por él; porque todo ocurre siempre en el momento presente, siempre es *ahora*. Es la mente la que vive en la ilusión del tiempo; para el cuerpo siempre es ahora.

Esta es la transcripción de una parte de un curso realizado en México, donde la Sra. Elizabeth expone su insatisfacción en general y, más concretamente, en su vida matrimonial. Afirma que está muy descontenta con su esposo. Como descubriremos, la situación actual es un reflejo de algo que se inició en otro contexto diferente con distintos personajes y situaciones. Aunque hay un nexo común que une estas situaciones, este permanece oculto por el momento.

—Bien, cierra los ojos un instante y siente esa insatisfacción. Nota en tu cuerpo dónde se manifiesta. Simplemente, te pido que revivas una experiencia reciente en la que te hayas sentido insatisfecha tal como comentas… ¿La estás reviviendo?

Elizabeth asiente con la cabeza.

—Muy bien, ahora pon atención a tu cuerpo y señálame con la mano dónde sientes esa insatisfacción.

Elizabeth señala su plexo solar.

—Muy bien, ya puedes abrir los ojos.

Dirigiéndome al grupo, explico:

—Ahí, en esa parte de su cuerpo, hay una sensación de falta. El título o nombre que se le pone es «insatisfacción», aunque se le podría poner otros nombres en función de la intensidad de la sensación. En casos más intensos y también en otros lugares en el cuerpo se le pondrían nombres como «ansiedad», «depresión», «angustia»… Uno puede proyectar esa sensación hacia la actual relación de pareja, hacia la anterior o hacia cualquier otro lugar. Esa sensación empieza en algún momento; ese es el acontecimiento semilla y hay un regalo pendiente de ser recogido en ese espacio. Cuando el regalo se recoge, la sensación de falta desaparece y uno ya no puede proyectarla hacia fuera. Lo que podemos hacer ahora, si Elizabeth está dispuesta, es encontrar el acontecimiento semilla y ver qué hay allí pendiente de recoger.

Me dirijo nuevamente a Elizabeth:

—Hasta ahora has vivido muchas experiencias con esa misma sensación, con distintas intensidades y en distintos contextos que no tienen que ver necesariamente con tu esposo. En todas esas experiencias diferentes hay un vínculo, que es esa misma sensación. ¿Me sigues?

—Ajá.

—Ahora, usando la amplitud de tu brazo izquierdo como si pudieras representar toda tu vida en un arco frente a ti, como si estuviera presente toda tu vida en ese semicírculo, señala con tu mano izquierda hacia qué lado del arco estaría el futuro, y hacia qué lado estaría el pasado. Señala intuitivamente, por un extremo, lo que sería la disolución en la que te fundirías con la totalidad, y por el otro extremo lo que sería tu nacimiento y, un poco antes, tu concepción, pudiendo llegar como límite a ese espacio en el caso de que sea requerido. También, indica dónde estaría el presente señalando con la mano tu momento actual.

Elizabeth, siguiendo mi guía, señala su momento actual justo frente a ella. Curiosamente, antes de cerrar los ojos colocaba su pasado a la derecha y su futuro a la izquierda. Ahora, con los ojos cerrados, su brazo señala en las direcciones opuestas: el pasado a la izquierda y el futuro a la derecha. Cuando abre los ojos está confundida con respecto a esto.

—Entonces —le digo— haré caso a tu cuerpo, porque cuando le pregunto con tus ojos cerrados donde está tu nacimiento, tu brazo señala a la izquierda, y cuando abres los ojos y empiezas a pensar lo sitúas al revés, en la derecha.

Dirigiéndome al grupo y a Elizabeth:

—Comprendan que lo que necesitamos aquí es entregarnos a la sabiduría del cuerpo y dejarnos llevar por la intuición, y no por la mente lógica; así que mejor apagamos la mente lógica para realizar este trabajo. Muy bien, ahora cierra los ojos y entrégate a la sabiduría del cuerpo. Pon ahora tu otra mano, la derecha, sobre tu cuerpo, contactando con la sensación corporal que quieres explorar; siente y muestra dónde está esa sensación en tu cuerpo.

Elizabeth pone su mano derecha en el plexo solar.

—Hazte consciente por un momento de esa sensación, entrégate completamente a ella y vamos a encontrar dónde está el acontecimiento semilla con el que se relaciona inicialmente.

»Ahora deja que tu brazo izquierdo, recorriendo el semicírculo, se mueva en dirección hacia el acontecimiento semilla de esa sensación, es decir, la primera vez que la sentiste; deja que tu mano izquierda se mueva hacia la izquierda, rastreando hasta encontrar el origen de esa sensación, hacia donde se encuentra esa primera experiencia. Intuitivamente, deja que se detenga en lo que representa el acontecimiento semilla.

»Ajá, se detuvo. ¿Qué hay ahí? ¿Qué está pasando ahí en ese acontecimiento?

—No sé, estoy chiquita.

—¿Qué hay ahí? ¿Quién está ahí además de ti? ¿Qué edad tiene la niña ahí?

—No sé, meses.

—¿Está presente la sensación?

—Sí, como que algo le está pasando a esa niña.

—Bien, puedes bajar la mano. ¿Qué le pasa a esa niña que está ahí?

—Está inquieta.

—¿Quién más está con ella? ¿Hay alguien ahí con ella?

—No, solo la bebé, así como en cobijas (sábanas).

—OK. ¿Dónde están sus padres?

—No, no están; solo ella.

—¿Qué sonidos hay ahí?

—Lloros de la niña.

—¿Dónde sientes esa inquietud?, ¿en qué parte de tu cuerpo la sientes más fuerte?

—Aquí —señalando el mismo lugar, un poco más abajo de la boca del estómago—, ahorita estoy sintiendo eso, como si la niña tuviera ganas de vomitar.

—Bien. ¿Dónde están los padres de esta niña?

—No están, simplemente no están.

—Bueno, en algún sitio estarán. No están con ella pero están en algún sitio. Señala dónde estaría su madre. ¿Cómo se llama la madre de esta niña?

—Margarita.

—Señala con esta mano izquierda dónde debe de estar la madre e imagínala en ese espacio.

Elizabeth señala un sitio frente a ella.

—Muy bien, y ahora vamos a ver qué pasa con Margarita y con su niña, por qué está ahí sola. Que ella te diga qué pasa.

—Me ha dicho que ahí está Eli, su niña —explica con voz entrecortada—. Que ella tiene muchas ocupaciones, que no puede ahora estar con su niña, que no sabe que está mal…

—Sí, está sola e inquieta. Pregúntale si puede hacer algo para que la niña esté mejor. ¿Puede decirle algo que le sirva a la niña?

—Acurrucarla entre sus brazos —dice sollozando—. Dice que hay muchas cosas que atender y que no puede estar con la niña como le gustaría; que trata de hacerlo todo lo mejor que puede; que la quiere mucho.

—Ahora siente ese acurrucar de la madre a la niña y ese darse cuenta, ese saber que está atendiendo todas las cosas lo mejor que sabe y puede, y que no puede estar con la niña como le gustaría. Toma esto como tu regalo en este acontecimiento, dejando que esto sane. ¿Es agradable esa sensación?

—Sí, sí, la quiero mucho.

—Bien. Y ahora llévala aquí —tomando su mano y llevándola a la boca del estómago.

—La amo.

—Nota esa sensación que surge de la escena: la sensación de Margarita acurrucando a su niña. Nota la sensación de la madre y también de la hija. Nota cómo le llega a la niña, a través de observar su carita, y cómo te llega a ti desde ese espacio. La amas. Deja que se expanda por todo tu cuerpo, déjalo que se expanda. Eso, déjalo que te llene toda… eso, eso, déjalo que te llene completamente. Ella está con la niña, como puede, de la manera como le permiten las circunstancias. Está con ella y la niña se lleva el regalo con ella y contigo ahora, y de aquí en adelante. ¿Qué pasa cuando miras a esa niña ahora? ¿Cómo está esa niña ahora?

—Feliz —dice Elizabeth.

—¿Cómo notas tu cuerpo ahora?, ¿qué notas aquí, en esta parte? —señalando un poco más abajo de la boca del estómago.

—Relajado, tranquilo, en paz.

—OK, cierra los ojos.

La integración ya se ha realizado en el acontecimiento semilla, ahora podemos adicionalmente llevar la integración hasta el momento presente. Lo haremos simbólicamente a través del movimiento de la mano izquierda desde el lugar que apunta al acontecimiento semilla hasta el lugar que apunta al momento presente. Durante la integración dejé su brazo izquierdo descansado sobre su regazo y ahora de nuevo le pido que lo recoloque en la misma posición que había tomado cuando señaló el acontecimiento semilla.

—Ahora, con el regalo de tu madre, toma a esa niña que eres tú desde el acontecimiento semilla hacia delante, como si la acompañaras con tu mano desde ese momento hacia delante, en cada paso de su camino hasta el momento presente.

»La niña crece y poco a poco camina hacia ti, se convierte en ti. Mueve tu mano muy despacio hacia delante, hacia tu presente, integrando todas las experiencias que ha vivido la niña desde ese momento hasta que se convierte en ti, con ese regalo en el acontecimiento semilla. Manteniendo los ojos cerrados, deja que tu cuerpo integre. Puedes dejar los ojos cerrados o tenerlos abiertos. No es un proceso mental, deja que tu cuerpo hable. Expande esa sensación de amor, de cariño hacia todo tu cuerpo y deja que integre todos esos acontecimientos de tu vida, que les dé sentido desde esa sensación renovada, desde ese regalo de tu madre estando ahí, que siempre estuvo ahí de una forma o de otra y que sigue estando ahí en la dimensión en la que sea que esté.

»¿Cómo estás con esa sensación?

—Me siento bien, fuerte, me siento acompañada.

—Bien, muy bien. Ahora, con esta sensación de sentirte bien, acompañada… cuando miras a tu relación de pareja actual, ¿qué pasa? ¿Cómo te sientes?

—Que mi marido es... —con lágrimas de emoción en los ojos—. Guau, ¡que quiero verlo! ¡Mi marido es maravilloso!

—Bien, ya terminamos. Ya esperaba que al recoger tu regalo ibas a percibir a tu esposo de otra manera, ¡aunque no esperaba que fuera tanto! Felicidades por atraer y por mantener a alguien maravilloso a tu lado.

Falta un pedazo en tu tarta de cumpleaños

En un acontecimiento semilla pasamos de ser seres completos a tener la percepción de falta. Es decir, la ilusión de separación empieza con el primero de los acontecimientos no integrados. Si imaginamos la totalidad del ser como si fuera una tarta redonda de cumpleaños que simboliza la unidad, en el acontecimiento semilla es como si alguien se llevara un pedazo de esa tarta. Parece que perdemos algo y, a partir de ahí, es como si nos faltara una parte.

Por ejemplo, imaginemos que unos padres esperan dar a luz a una niña y resulta que nace un niño. El niño buscará en sus padres el amor que lo nutra e, inconscientemente, tratará de ser lo que sus progenitores quieran que sea. Si él no es lo que sus padres esperan, el niño creerá inicialmente que no es suficiente para ellos y asumirá esa falta como si fuera culpa suya. En el ejemplo, el niño daría lo que fuera por ser niña para ser aceptado por sus padres, y aunque no pueda lograrlo lo intentará.

En algunos casos, como en el de este ejemplo, en el acontecimiento semilla se instalará también la sensación de culpa. La persona sentirá que lo que ha ocurrido es porque, de alguna manera, ella no es adecuada o bien no es lo que se espera que sea. Esa parte que la persona entiende que no es aceptada o no es buena se quedará en la sombra. Lo que llamamos culpa es la cara oscura del proceso creativo. En el proceso de realizar una obra de arte, uno no dice que es el culpable de ella, sino su autor. Si la sensación de culpa está instalada, uno no está satisfecho con lo que ha creado y, por tanto, no se siente autor sino culpable de lo que ha pasado.

A partir del acontecimiento semilla podemos sentir que hay una parte de nosotros que no es suficientemente buena y, por tanto, ya no nos merecemos el paraíso, el Olimpo, el nirvana o la felicidad completa. En adelante, trataremos de ocultar esa parte para que no se vea, para que nadie sepa que no somos suficientemente buenos. Como comprobaremos en los próximos apartados, de pequeños lo captamos todo consciente o inconscientemente; la información clave se transmite y se expresa en algunos casos como síntomas físicos, psicoemocionales o solo de comportamiento.

Piensa en lo que podría denominarse un secreto familiar, como por ejemplo unos abusos de los que no se habla o un incesto, o bien un suicidio o un aborto provocado que se oculta. La decisión de ocultar ese hecho y convertirlo en secreto es precisamente lo que lo convierte en oscuro —que indica lejos de la luz—. Todo lo que se lleva a la luz se ve y se sana, mientras que lo que permanece oscuro en el inconsciente debe manifestarse como síntoma en el alma familiar.

Lógicamente, un secreto es algo de lo que no se habla, que se decide ocultar; sin embargo, la información de que hay algo que no está bien se transmite a las generaciones siguientes de forma inconsciente. El niño capta que hay algo «sucio» con respecto a las relaciones sexuales que la familia comparte y calla; o que hay algo «terrible» relacionado con la muerte de un tío o un abuelo, o que hubo un familiar que desapareció y del que nadie habla. O nota «instintivamente» la falta de un hermano que debería haber sido y no es, junto con una sensación de culpabilidad que flota en el ambiente familiar y que también él comparte. Lo que es inconsciente tiene más fuerza que lo consciente; cuando uno se siente mal y no sabe por qué, no puede comprenderlo ni manejarlo, ni tampoco sanarlo en su origen. La creencia de que el acontecimiento fue tan grave que debe ocultarse es lo que le da su peso. Y, en realidad, no hay nada que no pueda describirse o explicarse.

Volviendo al ejemplo más simple del inicio: cuando los padres desean como hijo el del género opuesto. Si nace una niña y se deseaba un niño, es posible que a ella no le guste usar falda; también que quiera jugar al fútbol o subirse a los árboles para demostrar que tiene la misma fuerza y destreza que un niño, y que ni siquiera sepa por qué.

Somos nosotros quienes convertimos el hecho o la situación en oscura cuando la escondemos. Darse cuenta de esto es un buen regalo. Sentirlo e integrarlo desde el acontecimiento semilla es un regalo aún mayor. Esa parte se queda a oscuras no porque sea mala o negativa, sino porque nos da miedo mostrarla, o porque alguno de nuestros ancestros temió sacarla a la luz de la verdad. El hecho de que esa parte permanezca en la oscuridad no significa que nos falte; seguimos siendo completos aunque hayamos enajenado esa parte y ya no nos sintamos completos.

La visita al acontecimiento semilla, que como intuyes en ocasiones deberá remontarse a las generaciones anteriores, llevará

de nuevo luz a esa parte oscura y rescataremos de forma iluminada la unidad que nunca perdimos. Eso es realmente una celebración de cumpleaños o un renacimiento, porque recuperamos
nuestra tarta completa donde creímos que se perdió o faltaba
un pedazo. En realidad, no falta ningún pedazo en tu tarta de
cumpleaños; siempre estuvo completa.

Los desafíos entran en escena

En el acontecimiento semilla es donde la aventura empieza
a tomar color, aunque al principio no lo percibimos de esa manera sino de forma oscura. Una aventura contiene retos y desafíos; si no fuera así no sería una aventura, sino un aburrimiento
tedioso.

Los ingredientes iniciales con los que se configura nuestra
aventura están relacionados con el escenario al que llegamos, en
el que los padres suelen ser los artistas principales. Los dones y
desafíos de los padres, las historias familiares de sus predecesores, sus asuntos pendientes junto con otras características del escenario inicial componían la música del hogar que nos recibió.
En algún momento, siguiendo los pasos de esta misma música,
empezamos a bailarla y parte de las cualidades y retos que vivían
nuestros padres se convirtieron en los nuestros. A partir de ese
escenario inicial, los acontecimientos o escenas que vivimos con
intensidad orientaron nuestros primeros pasos y moldearon inicialmente nuestro camino en la vida.

El acontecimiento semilla es la experiencia donde, en ese entorno al que llegamos, se manifestó uno de estos desafíos y por
primera vez lo hicimos nuestro, es decir, se vinculó emocionalmente a nuestro cuerpo y se identificó mentalmente con nuestro personaje. A partir de ese momento lo llevamos con nosotros, hasta que un día se transforma y se libera.

Así entramos en un proceso de contracción y expansión. La
contracción es la sensación de falta y la expansión te llevará a la

realización. Hemos venido a liberarnos del desafío y también a liberar a otros miembros de nuestra línea familiar. Una forma de liberarse del desafío es transformarlo en un don. El proceso pasa, en primer lugar, por vivir el desafío con intensidad en la fase de contracción; sin esta no habría expansión. Cuanto mayor sea la contracción, más amplia será la expansión.

Llevamos el desafío con nosotros desde el acontecimiento semilla hasta que se libera y se transforma en un don. En esta obra se describen múltiples ejemplos para mostrar cómo es posible transformar un asunto pendiente en un regalo que se relaciona con la visión de vida de la persona y que da forma a su propósito. Animo al lector a explorar el acontecimiento semilla y a hacer un trabajo de integración o sanación con él.

En el vientre materno

En ocasiones, el acontecimiento semilla puede tener lugar en el vientre materno. El útero, resultado de millones de años de evolución, está concebido para dar cobijo y proteger al feto para que este tenga cubiertas todas sus necesidades desde el primer momento y en cualquier circunstancia [47].

El feto experimenta como suyo lo que vive dentro del vientre, que es lo mismo que vive la madre aunque traducido a sensaciones y sentimientos. Es decir, si la madre constantemente tiene discusiones con alguien y se siente mal, o bien sufre un estrés continuado por las circunstancias difíciles e intensas en las que se encuentre, el feto sentirá también cierta incomodidad. El espacio uterino que lo sostiene y cobija se convertirá así en un ambiente no tan agradable. De ahí que los sensibles inicios del viaje de la vida en el seno materno tengan tanta importancia.

---

[47] Para apreciar el grado de evolución de nuestra especie —a efectos biológicos—, durante el embarazo el feto desencadena en la gestante la segregación de hormonas que resultan relajantes para ella, lo que hace que el útero sea un lugar aún más confortable.

Hay una diferencia clara entre cómo siente la madre y cómo siente el feto: la madre usa el filtro del pensamiento y el feto siente de forma directa. Es decir, la madre tiene la posibilidad de racionalizar y entender lo que está ocurriendo. Ella podrá usar la mente racional para protegerse del sentimiento y entender, indagar y decidir cómo y por qué siente de ese modo. Así podrá tratar de quitarle importancia al suceso o relativizarlo. Sin embargo, el bebé no tiene esa posibilidad. Él siente sin filtro de pensamiento, dado que aún no dispone de esa capacidad [48].

En las primeras etapas de gestación el embrión traslada lo que ocurre en su entorno a solo dos movimientos que están relacionados directamente con su supervivencia: expansión o contracción. Expansión indica ir hacia fuera, crecer y vivir. Contracción indica ir hacia dentro, marchitarse y sucumbir.

Sea lo que sea lo que ocurra fuera del útero, el embrión traducirá toda sensación o movimiento exterior al impulso de existir o de dejar de existir, de crecer o de desaparecer. Imagina lo que vive un feto si la madre siente un malestar que además tenga que ver con él; por ejemplo, el caso de un bebé no esperado inicialmente por cualquier motivo. Imagina también la diferente sensación que transmite la madre a un bebé deseado. Tanto en el caso de ser un bebé inicialmente esperado o no, cuando uno llega a la dimensión física es porque la Vida lo desea, y por tanto todos los bebés son deseados.

En etapas posteriores de la gestación, el feto puede traducir las sensaciones agradables que vive la madre en arquetipos esenciales, como son luz, amor, apertura o, cuando se trata de sensaciones desagradables, en oscuridad, ahogo, carencia o amenaza a la vida. Si lo que el feto percibe a través de sus sentidos es una

---

[48] Si bien el sistema nervioso del embrión empieza a desarrollarse ya en el útero materno, su notable maduración no se dará hasta años más tarde siguiendo un crecimiento exponencial hasta alrededor de los siete años de edad. A esta edad el niño empezará a tener la capacidad de manejar el pensamiento lógico, aunque limitado a la realidad física, para iniciarse unos años más tarde en el pensamiento abstracto.

continua amenaza, tenderá a la contracción y a la inmovilización. Si siente un peligro inminente, estará acelerado y en movimiento, como si quisiera escapar de ese lugar. Además de sensaciones y sentimientos, también percibe movimientos, sonidos
y gustos. La calidad y frecuencia con la que estos se perciban
afectará al comportamiento del futuro bebé. Es decir, si en el
útero materno el feto percibe movimientos suaves y rítmicos
que origina la madre en su andar, levantarse, desplazarse o bailar, estos serán incorporados como fuentes de bienestar. Lo mismo sucederá con los sonidos suaves y la voz amorosa de la madre y del padre. Así, las tendencias iniciales conformarán los
primeros pasos del camino de vida.

En los casos en que los futuros padres experimenten dificultades para concebir, indica que su deseo consciente de procrear no es suficiente para hacerlo y que, por tanto, hay un fuerte deseo inconsciente de no concebir, que puede estar originado
incluso en una generación anterior. En ese caso, encontrar el origen de este deseo inconsciente explicará los obstáculos que encuentran los padres para procrear. Por ejemplo, si en la memoria inconsciente familiar un nacimiento a fin de término —los
nueve meses— indica un gran riesgo de muerte para la madre o
el bebé, no habrá concepción o bien el bebé nacerá sietemesino,
o bien lo hará por cesárea. Este deseo inconsciente de no concebir —que se aloja en el cuerpo mental y emocional— se podrá expresar también a través de un síntoma físico que dificul-
te o impida la concepción en la dimensión física. Como cualquier
otro síntoma físico, tendrá un propósito y en este caso estará relacionado con sanar un asunto pendiente en la memoria de la
familia con respecto a la concepción del nuevo descendiente. El
regalo de esta situación será la sanación del alma familiar, cuyo
efecto podrá llegar al cuerpo físico de los futuros progenitores,
para que la concepción suceda de forma natural.

En resumen, para que haya concepción se necesita al menos
el deseo inconsciente de concebir y, por tanto, todos los bebés son
deseados, aunque puedan ser esperados o no.

Posibles desafíos

Como sabemos, el vientre materno está concebido para proteger al feto en cualquier circunstancia. Para que el útero se convierta en un lugar incómodo para el feto hace falta algo más que el hecho de que la madre pase por una situación complicada. Esta tendría que vivir lo suficientemente mal y durante la suficiente prolongación en el tiempo para que esa intensidad tuviera un impacto significativo en la aventura que inicia el bebé.

Los casos en los que el útero que recibe al ser recién llegado es un lugar poco confortable suelen coincidir con situaciones adversas o desafíos que están atravesando la madre o el padre y que, además, ellos están viviendo de forma difícil. Para dar algunos ejemplos, puede suceder que los padres crean que el embarazo es inoportuno por cualquier motivo y además que su situación sea complicada de alguna manera, o puede que la llegada del bebé sea inesperada; quizá tengan una idea del número *ideal* de hijos o piensen que llega muy tarde o que ya hay mucho trabajo para atender o alimentar al resto de hijos. También pueden darse casos de dificultades entre los padres, inestabilidad conyugal, intención de abandonar la relación, padre desaparecido o también dificultades económicas o de preocupación por el futuro.

En las prácticas para encontrar el acontecimiento semilla se producen ocasiones en las que hay que remontarse al periodo de gestación. Ocasionalmente, también es posible explorar el tiempo previo a la concepción, si es que las circunstancias que estaban viviendo los padres antes de la concepción han tenido suficiente impacto en la vida del recién llegado.

Más allá de los desafíos que puedan presentarse en el inicio de la aventura, es decir, en el momento clave de tomar forma física en la concepción, es siempre posible observar cómo dimos ese paso para nacer como seres humanos. Lo evidente es que hoy seguimos en el mismo cuerpo que tomamos en el momento de la concepción para vivir nuestra aventura, más allá de si las circunstancias fueron aparentemente adversas o no. Estamos explorando una atracción o elección del alma hacia un determinado hogar y circunstancias, y no la de una mente racional, la cual además no existía en el momento de la concepción ya que no se desarrolla hasta meses después y no llega a completarse hasta varios años más tarde.

La vida se abre camino y, muy probablemente, sean cuales sean las circunstancias, el bebé nacerá listo para vivir su aventura. No obstante, también hay casos en los que el camino se inicia y se termina en el vientre de la madre si ese fue el propósito de lo que se vino a vivir, como veremos en el ejemplo siguiente.

Dorje, el no nacido

Me hizo una consulta Cora, una mujer embarazada en los primeros meses de gestación. Esta es la historia que me contó.

Hacía un tiempo que deseaba quedarse embarazada; quería tener un hijo. Resultaba que quien ella deseaba que fuera el padre no quería serlo. Un día decidió no esperar más y, pidiendo a un amigo su colaboración como donante natural, programó exactamente una cita según su ciclo de fertilidad.

Me dijo que poco después del coito sintió que se había quedado embarazada, que el óvulo había sido fecundado, algo que inicialmente la colmó de alegría y en los días siguientes de dudas e inseguridad. Cora empezó a pensar que quizá se había equivocado, que no era el mejor momento ni circunstancia para quedarse embarazada. A la vez, sentía un enorme respeto por la vida y por ese ser que crecía en su vientre. Este dilema pesaba sobre su cabeza y enfrentaba su cuerpo, sus pensamientos y su corazón.

En el periodo de gestación la mujer tiene sensaciones cambiantes: dudas, miedos, fortalezas. Estas coinciden con un proceso regresivo hormonal a partir del cual revive situaciones de su propia niñez. La mujer irá incorporando la nueva identidad de madre y predisponiéndose a establecer conexiones profundas con el feto, para percibir el sistema visceral de comunicación entre ambos[49].

En el transcurso de la consulta pude constatar que Cora tenía una conexión excepcional con su cuerpo. Aunque no me preguntaba directamente, no dejaba de decir que no sabía qué hacer, refiriéndose a si debía continuar con el embarazo o interrumpirlo. No es mi papel dar consejos; trato de que la persona se escuche y encuentre su propia respuesta. A la postre, no es necesario encontrar una respuesta si desaparece la pregunta. Esto, la desaparición de la pregunta, es lo que ocurre cuando hay comprensión del proceso en todas sus partes.

Debido a mi experiencia en otro caso de embarazo que acompañé, donde el feto reaccionaba claramente a los mensajes de la madre, le dije que ella podía comunicarse con el feto. Cora comprendió lo que le estaba diciendo y esa noche, después de la consulta, le habló a su hijo. A la mañana siguiente despertó con una mancha de sangre en la cama. Acudió al hospital y tuvo un aborto natural.

En la segunda consulta me contó que la noche que le habló al feto, este le transmitió que era niño y también le dio a entender su nombre. Ella escuchó internamente una palabra de la que no conocía el significado: *Dorje*.

Después de esto le comunicó que no era el mejor momento para que viniera al mundo.

—Dorje es el nombre de un símbolo del budismo tántrico —le dije.

Cora se sentía en paz y daba la sensación de que el aborto había sido consentido por ambos, la madre y el nonato[50].

---

[49] Fuente: *Infancia, la edad sagrada*, de Evania Reichert.

[50] En la dimensión social hay discrepancias entre los partidarios y los detractores del aborto. En la dimensión espiritual hay un acuerdo entre almas que vienen a vivir algo juntas, dure lo que dure esa relación en la dimensión física. El caso de Cora es un ejemplo de que la persona que vive el aborto va más allá de la dimensión social y ética.

La capacidad de escucha y conexión con el cuerpo que observé en Cora no la he encontrado tan desarrollada en la mayoría de personas. En general, nuestro contacto con el cuerpo es deficiente y no solemos comprender lo que este nos quiere decir. Cuando la mujer está embarazada, su cuerpo y el del embrión son uno, de modo que la comunicación que la madre tenga con su propio cuerpo es la misma que tiene con el feto. Si la madre tiene buena comunicación y contacto con su cuerpo, también lo tendrá con el feto.

El siguiente paso es comunicarse con el feto o bebé, hablar con él. Animo a las madres embarazadas a que se comuniquen con su feto. Se sorprenderán de lo mucho que este es capaz de percibir; de una u otra forma, los fetos lo perciben todo. Quizá la madre descubra más tarde cuál ha sido el impacto de las vivencias prenatales en el desarrollo de la vida del nuevo ser.

Como un ejemplo claro de esto, recuerdo el de una madre que disfrutaba extraordinariamente de una determinada sinfonía de música clásica en el periodo en el que estuvo embarazada. Descubrió más tarde que el bebé ya nacido entraba en un estado eufórico cada vez que escuchaba esa sinfonía. Ya de adulto, el niño se dedicó a la música.

El arte de escuchar el cuerpo puede aparecer espontáneamente como un don y también puede cultivarse, pues está disponible para cualquier persona. Es una capacidad humana.

Si la madre está en contacto con la vida y con su cuerpo y tiene el mismo contacto con el embrión, podrá vivir de forma consciente con él su relación y el propósito de su encuentro. En ese punto el aborto no sería una decisión a tomar desde el lado racional. Como exploraremos en la próxima obra, *La aventura del alma*, estamos en el cuerpo hasta que su propósito se realiza. Cuando este finaliza, dejamos el cuerpo.

En el nivel del alma no está en nuestras manos el decidir sobre la vida de un ser, aunque así lo pensemos. Quizá creamos que solo se trata de tomar una decisión y que lo que debemos hacer es tomar la correcta. Sin embargo, no nos damos cuenta de que la decisión correcta ya está tomada de antemano y que siempre ha sido así. La Vida tiene muy bien organizada la concepción y el embarazo [51], de tal manera que hay un encaje perfecto entre el ser y sus progenitores, que se atrajeron mutuamente para vivir una aventura, dure esta lo que dure, en un ámbito que está más allá del espacio y el tiempo. Si quieres poner un nombre para esa atracción no racional hacia los seres que serán nuestros padres o familiares cercanos, que sea *amor*.

Dedico este momento para honrar a todos los seres que han iniciado y terminado su camino en el vientre de la madre o que han vivido apenas unos primeros días después del nacimiento, ya que desde el nivel del alma todos ellos tuvieron una existencia completa.

El nacimiento

La unión o identificación con la madre que se inicia en el útero va a continuar durante los primeros meses del recién nacido, ya que el bebé sigue percibiendo que forma parte del entorno y que es uno con este, especialmente con el cuerpo de la madre y el padre. El bebé se encuentra en absoluta fusión con la madre y con lo que le rodea, sintiendo que todo es el mismo ser. Para él, todo es una unidad indiferenciada y no hay separación entre su interior y el exterior. La identificación y fusión con todo dará paso a la separación natural de la madre a partir de los seis meses. De la misma forma que el pájaro vuela del nido cuando está listo o que la fruta se desprende del árbol cuando está madura, si el niño ha permanecido en los brazos de la madre, llega un momento en que quiere bajar al suelo y andar por su cuenta.

Lo que sería una separación natural, sucede a veces de forma prematura y violenta en la actualidad en el momento del na-

---

[51] Está tan bien organizado que la mente racional no alcanza a abarcarlo.

cimiento. El nacimiento puede ser muy avanzado en los aspectos fisiológicos, aunque podría avanzar más si tuviera en cuenta el impacto psicoemocional que produce en el recién llegado. Si además se elige con antelación el día del nacimiento en los casos en los que no es necesario, estamos interrumpiendo el fluir natural del bebé y de toda la vida a través de él.

El desencadenante natural del parto es el propio bebé, a través de un complejo baile hormonal que parte de él y que representa su primer acto de asertividad para salir al espacio extrauterino. El parto moderno deja de ser, en ocasiones, un acto sagrado, como lo ha sido durante milenios. La preparación del nacimiento tiende a ser antinatural y se convierte en un acontecimiento automatizado y quirúrgico. La posición pasiva y sumisa de la mujer a la hora de dar a luz ahoga su sabiduría femenina y su presencia activa en el parto, limitando la capacidad orgásmica de esta experiencia cumbre de la feminidad.

Como fetos, hemos tenido la experiencia de que nuestras necesidades han sido satisfechas de inmediato en el útero materno. De este espacio seguro y nutritivo pasamos a un lugar desconocido con gentes extrañas, con una temperatura muy diferente, a veces extrema, ya que de un instante a otro puede haber hasta 20 o 30 grados de diferencia, aparte de los gritos y otros sonidos fuertes que para el bebé son estridentes, pues ya no cuenta con la amortiguación de los sonidos que produce estar en el seno materno. También puede ser un lugar de contacto áspero, metálico y de luz cegadora.

Nada más nacer podríamos ser deslizados sobre la barriga de nuestra madre desde la vagina hasta su pecho. Así podríamos ser abrazados por ella manteniendo su contacto cálido y la tranquilidad que nos da el latido de su corazón y de su olor, que reconocemos instantáneamente. En lugar de esto, lo más probable es que perdiéramos bruscamente el contacto con nuestra madre cuando, sostenidos en el aire, se nos separó inmediatamente de ella cortando el cordón umbilical, lo que nos forzaría a respirar para poder sobrevivir. ¡Menudo aterrizaje!

En nacimientos con cesárea o fórceps, el bebé puede tener además la experiencia de ser expulsado o extraído inesperada y dramáticamente del lugar que le acoge y protege, donde es uno con la madre y con todo el universo.

En los procesos para encontrar el acontecimiento semilla, este ocurre de vez en cuando en el momento mismo del nacimiento. En algunos casos y a través de la práctica mostrada *Punto semilla*, la experiencia ha sido descrita con intensidad y cierto dramatismo de las siguientes maneras:

«No sé dónde estoy».

«No sé qué está pasado».

«¡Me ahogo, me ahogo!, ¡no puedo respirar!».

«¡Me están agarrando con unos hierros fríos por la cabeza!» (caso de uso de fórceps).

«¡Me han echado del paraíso!» (caso de cesárea).

«¿Qué lugar es este? Esta gente va a por mí, está contra mí».

«¡Me están matando!» (refiriéndose también a la madre por la identificación con ella).

Si somos afortunados, es posible que en los momentos posteriores al nacimiento mantengamos o recuperemos pronto el contacto con la madre, el padre o con alguien muy cercano como pueden ser los abuelos. En cualquier caso, en este nuevo lugar nuestras necesidades dejan de estar cubiertas de inmediato y solo sabemos llorar para pedirlas. Es posible que, según cómo haya ido nuestro aterrizaje en el planeta, decidamos que este no es un buen lugar para estar.

Al contrario que otras especies, cuando nosotros nacemos no estamos todavía preparados para afrontar solos el mundo. Nuestra dependencia de la madre o el cuidador es total durante varios meses tras el nacimiento. Este mero hecho es una evidencia de afecto esencial para todas las personas que puedan considerar que no han sido suficientemente queridas en su infancia: si estás aquí es que te han querido lo suficiente para cuidarte; si no, no habrías sobrevivido.

Enrique y la voz

Lo que sigue es un ejemplo de la aparición de un desafío en el escenario que hay antes de la concepción. Siguiendo la pista al acontecimiento semilla, retrocediendo con el brazo extendido a través de la ilusión del tiempo, el protagonista de esta historia, Enrique, va aún más atrás del periodo en el vientre materno y llega a un espacio donde deja de estar en su cuerpo. El momento es previo a la concepción, y la percepción de Enrique es que su conciencia se ha convertido en una vibración que forma parte de una luz envolvente que flota en medio de la nada. De pronto, ese espacio de quietud es turbado por una voz. Enrique reconoce que esa es la voz de la que será su madre y que le está llamando.

Se daba la circunstancia de que la madre era rechazada por la suegra desde que su hijo se la presentó como su prometida, y la situación empeoró a partir del matrimonio. La raíz de ese rencor estaba en que la suegra había sido abandonada por su propio marido, que se fue con otra mujer y la dejó con su pequeño y único hijo. Cuando este hijo se hizo mayor y se enamoró, ella sintió que otra mujer se llevaba nuevamente a «su hombre» y todo su rencor reapareció y se dirigió hacia esa mujer en un claro caso de transferencia. La suegra hacía responsable a su nuera de que su hijo la abandonara, exactamente igual que hizo responsable a la mujer con la que su marido se fue. Esto generó un grave conflicto en esos momentos.

Por su parte, la madre de Enrique presentía que todo se arreglaría cuando ella pudiera dar a luz un hijo, ya que pensaba ofrecérselo a la suegra como restitución en la creencia de que eso traería de nuevo la paz a la familia. Cuando la suegra supo del embarazo, odió a su nuera con más fuerza porque, hasta entonces, había tenido la esperanza de que el matrimonio podría fracasar y que aún cabía la posibilidad de recuperar de nuevo a su hijo. Este siempre había vivido con la madre hasta el momento de casarse y, aunque los recién casados se habían mudado a escasa distancia de la suegra, eso no atenuaba lo más mínimo el rencor hacia la nuera. La suegra llegó a insultar públicamente a la nuera embarazada, siendo ese uno de los instantes más intensos vividos por Enrique en el vientre de la madre. En los momentos de más angustia del embarazo, la madre había pensado en quitarse la vida. Pensó que su angustia estaba perjudicando al bebé y llegó a desear su propia muerte para no causarle ese daño.

Poco antes del nacimiento la situación se suavizó, ya que la suegra se mostraba contenta de que fuera a nacer su nieto. Aunque el niño tardó varias horas en decidirse a salir, el nacimiento fue natural. Cuando este niño tan deseado fue finalmente depositado en los brazos de su abuela, esta se transformó completamente. El presentimiento de la madre de Enrique había sido acertado. Con el tiempo, a pesar de que su suegra continuaba siendo un poco arisca con ella, la situación mejoró muchísimo, y con respecto al bebé todo eran atenciones.

Recapitulando, Enrique siente la llamada de la madre antes de ser concebido. La madre, por su parte, había rezado todos los días fervorosamente pidiendo un hijo varón que arreglara la situación. Es un niño especial, ya que su madre espera de él un milagro. Deposita sobre él una expectativa muy alta: es el primer hijo y tiene que poner fin al conflicto con la suegra. El milagro se realiza, ya que nada más nacer la abuela se vuelca sobre él y deja de molestar a su nuera. Con el nieto varón, la abuela sentía que recuperaba lo que había perdido.

Enrique vivía su vida como si este éxito y otros muchos que consiguió no fueran suficientes. Nunca nada era bastante para él y sentía que tenía que intervenir en todo. Creía que se seguía esperando un milagro de él y caminaba para cambiar el mundo. Eso fue lo que le transmitió su madre desde el primer momento, pidiéndoselo incluso antes de ser concebido. En este viaje al acontecimiento semilla, Enrique quedó liberado del deseo de la madre.

Recuerdo que al finalizar esta consulta con Enrique tuve el impulso de sugerirle que se pusiera en contacto con su madre, aunque no se lo dije ya que no suelo dar consejos en las consultas. Él, aunque también tuvo el impulso de llamarla, no lo hizo. La madre residía en otra ciudad, y la misma tarde en que tuvo lugar el trabajo del acontecimiento semilla se sintió repentinamente mal, hasta el punto de pedir a su asistenta que avisara a Enrique y a sus otros hijos para que fueran a verla urgentemente. No localizaron a Enrique hasta la mañana siguiente, y cuando le avisaron y se puso en contacto con su madre esta ya se había recuperado y disfrutaron de una agradable charla. En esa conversación fue confirmada la información que había surgido espontáneamente en la visita al acontecimiento semilla. A lo largo de la misma conversación, la madre de Enrique le corroboró la parte de la historia que era desconocida para la mente racional de Enrique: la voz de la madre pidiendo un hijo, los insultos de la suegra cuando la madre estaba embarazada y también su deseo de morir para no causar daño al bebé.

EL NIÑO, UN REFLEJO DEL ALMA FAMILIAR

La familia no es solo la suma de sus miembros, sino que tiene entidad propia e incluye desafíos y finalidades que mantienen vinculados a sus miembros. Esto no depende de que la familia esté físicamente unida o separada, ya que el propósito familiar se realiza igualmente a pesar de la distancia. El alma familiar contiene asuntos pendientes y propósitos de las generaciones anteriores que impulsan la evolución global de la generación actual.

Un sistema busca siempre el equilibrio, y en el caso de la familia los comportamientos o los síntomas que manifiestan sus miembros son la expresión de esa búsqueda de equilibrio. Imaginemos la familia como una cadena donde cada eslabón es uno de sus miembros. Cuando hay tensión en una cadena, los eslabones más sensibles son los que sienten esa tensión en primer lugar. En el caso familiar, la parte más sensible del alma familiar son los niños, de modo que el hecho de que estos enfermen evidencia que el sistema no es capaz de equilibrarse internamente por sí mismo de forma saludable.

Cuando algún hijo de una familia evidencie síntomas físicos, psicoemocionales o de comportamiento, los padres —además de buscar la opinión de un especialista cuando sea necesario— tienen la oportunidad de darse cuenta de que hay una parte del sistema que está buscando el equilibrio y que lo hace a través del miembro más sensible. Los padres no deben declinar su responsabilidad en el proceso por el hecho de llevar al niño a un especialista. La auténtica contribución de los padres al proceso de sanación de los hijos reside en descubrir y hacer consciente la parte del sistema que busca el equilibrio. Es bueno pedir ayuda cuando se necesita, sin olvidar que la clave de la situación está dentro de uno mismo. Es importante para la salud del niño y del sistema familiar darse cuenta de qué es lo que el pequeño está reflejando con sus comportamientos y síntomas físicos o psicoemocionales. El niño es el reflejo del alma familiar.

Finalmente, cuando nos hallamos frente a un misterio inabarcable como es la vida misma, la ciencia se queda atrás y lo que siempre nos queda, a veces incluso lo único por difícil que se presente la situación, es el amor. El amor llega a todas partes, salva todos los obstáculos y va más allá de la dimensión física.

Un bebé muy deseado

Explorando los distintos desafíos que pueden presentarse en las primeras etapas de la aventura, comparto este ejemplo transcrito de un curso al que su protagonista, Mayte, asiste por la situación de su bebé de cuatro meses, Sebastià.

MAYTE: He venido aquí por la insistencia de mi amiga Sara y porque en mi vida lo más importante ha sido ser madre, y ahora lo soy desde hace cuatro meses. Ha sido lo mejor que me ha pasado y también mi gran angustia. Mi bebé, a los cinco días (se detiene porque le cuesta hablar)..., nos dijeron que se moría por una enfermedad muy grave y que... en cualquier momento podía pasar algo muy grave, desde daños cerebrales importantes a morir. Esto ha hecho que pasara de ser la persona más feliz del mundo a vivir con una angustia que no me permite que disfrute de mi bebé. Es un bombón, me sonríe cada mañana, pero no puedo disfrutarlo. ¡Tengo pánico! Los médicos le llaman «el milagrito» porque no se explican, primero, cómo es que está vivo y, segundo, por qué está bien. Tiene que vivir siempre muy controlado con sus medicinas, parece que hay un grave problema con las proteínas..., y todo esto hace que.... lo mejor de mi vida sea lo peor de mi vida. No veo el regalo de esta situación por ningún lado.

JOSEP: Según dices él está bien, te sonríe cada mañana y, por lo que cuentas, no sabe o no se siente tan enfermo, y con eso no digo que el diagnóstico no sea correcto desde el punto de vista de la medicina oficial.

M: Bueno, de momento se equivocaron en lo del pronóstico. Al principio nos dijeron que iba a morir de un momento a otro.

J: Lo que voy a decirte quizá no te sirva todavía, y aun así te lo voy a decir: la Vida está inimaginablemente bien organizada, de modo que con toda certeza hay un propósito y un sentido en lo que estáis viviendo; un propósito que aún desconocemos y que probablemente vamos a descubrir durante este trabajo.

En este contexto que usamos, la vida te está hablando a través de Sebastià. ¿Puedes imaginar por un momento como si la vida entrara en Sebastià para hablarte, para comunicarse contigo? Cuando él te sonríe cada mañana hay algún punto que tú no estás comprendiendo sobre lo que la vida te dice a través de él, ya que tú le respondes con tu angustia. También, por otro lado, es interesante la angustia que tú le estás devolviendo. Si ponemos atención en lo que él te da y en qué es lo que tú le devuelves, parece que no estáis compartiendo al mismo nivel, porque él te da una sonrisa y tú le das esa terrible preocupación.

M: Sí, pánico.

J: Así que el primer punto para estar consciente, para ver si la vida está hablando contigo, es ver eso que estáis compartiendo: él te da esa sonrisa y tú devuelves pánico. Eso no está al mismo nivel. Y hay algo muy interesante que está pasando ahí también: es cuando los médicos te dicen que se va a morir, o que tiene horas o días..., y él sigue con su sonrisa. Así que parece que lo que él te está proponiendo es la inmediatez, el disfrute inmediato. Realmente las personas nacen y no saben cuándo van a morir, eso es un misterio. Uno se va de aquí cuando termina su propósito, y puede terminar su propósito antes un hijo que un padre... No sabes si te vas a despedir tú antes, así que esto que ya sabemos todos, por el motivo que sea, tú lo tienes ahí muy presente.

M: Claro, porque él no es consciente.

J: ¿Y si fueras tú la que no eres consciente, consciente de que está todo ahí, de que siempre lo estuvo y siempre lo estará, y él te está recordando esa inmediatez? Tú estás suponiendo, y es mucho suponer, que el niño no es consciente, que él es solo la víctima de una situación, una mala fortuna, un diagnóstico, el pobrecito...

M: Exacto.

J: No sé quién es más consciente, si el niño o tú, y permíteme ponerlo en duda por un instante... Ahora se trata de si podemos ver un poco más allá de lo que estamos viendo en este momento. Vamos a buscar las metáforas de lo que está pasando. No te diré que la vida nos está hablando, porque tú aun no te lo crees, así que lo diré en condicional: si la vida nos estuviera hablando, ¿de qué se trataría en este caso? ¿Qué nos estaría diciendo? ¿Cuál es la metáfora de esta enfermedad? Cuéntanos más detalles para encontrar la metáfora.

M: Es una enfermedad del hígado, que es un órgano que depura los elementos tóxicos. Es un ciclo de la urea. En el inicio de esta cadena —que debería rodar como la de una bicicleta— tiene un fallo y, al no funcionar, esas toxinas que normalmente eliminamos no se eliminan y van al cerebro. Si en un bebé los valores de amonio en el cuerpo no pueden superar los 80, en él llegaron a 1.440.

J: La vida a través de él sabe lo que está haciendo, a pesar de que no lo aparente. Esta es mi confianza total en su ser y su cuerpo. Si podemos descubrir qué está pasando ahí fuera, en el escenario, en el entorno de ese niño cuando el amonio se dispara..., si podemos encontrar cuál es la sincronía [52]... Imagínate que cuando está pasando algo ahí fuera el amonio se dispara. Y si tú puedes encontrarlo, esa sería la manera de darte cuenta de qué se trata, de cuál es el mensaje o el regalo de esta situación. Y también, desde tu punto de vista, sería algo que tú puedes observar para lograr «controlar» esos niveles de amonio.

»Ahora es tu turno. ¿Qué sabes de eso? ¿Qué está pasando por fuera, en el escenario, cuando el nivel de amonio o de toxicidad sube? O para hacer la pregunta de forma más fácil, ¿cuál fue la vez que subió más alto y qué estaba sucediendo en tu vida en ese momento? No hay casualidades, las cosas suceden con un sentido y un propósito, así que si el nivel de amonio sube, eso es un reflejo de lo que estáis viviendo el bebé, tú y probablemente tu marido... ¿Me explico? Tú puedes darte cuenta de cuál es la situación que, como un espejo, está reflejando el nivel de toxicidad; ahí vas a comprender un paso más.

M: ¿Te refieres a sus síntomas? Es que todo lo que hemos oído hablar se refiere a términos médicos, diagnóstico, pronóstico... Ellos me dicen que hacen lo que pueden, pero no sé, no entiendo hasta qué punto cualquier cosa externa tiene algo que ver con su metabolismo.

---

[52] Una sincronía se produce cuando dos o más acontecimientos suceden a la vez y están vinculados, aunque no guarden relación lógica o causal entre ellos.

J: Está bien, vamos paso a paso, de un nivel a otro de conciencia que incluya los anteriores... Para que te ayuden los médicos solo tienes que dejarlos hacer, de hecho ya lo están haciendo, pero aquí no estás con médicos. Entonces lo que tengo para ti, lo que es mi regalo, es mostrarte precisamente eso que no tiene que ver con los médicos. Y lo que estoy diciendo es válido para toda persona que se apunte a verlo de esta manera, y es que estamos reflejando la realidad en cada instante y así la estamos creando. Lo que está esperando ser descubierto es precisamente darse cuenta de lo que está pasando en esta situación. Y para ti y para tu hijo también vale que te des cuenta de que os reflejáis el uno al otro, de que tú creas la realidad de él y él crea la tuya, que sois espejos uno del otro, que los hijos y los padres se han atraído en una elección perfecta.

»Para eso estoy aquí: porque lo vivo y lo veo, y mi intención es mostrártelo para que tú también puedas verlo y usarlo; solo que no tiene validez a través de convencerte. No sirve que te lo cuente, sino que tú hagas un clic o varios clics..., y es lo que estamos cocinando en este caso, cocinando hasta que el plato sea comestible; y más que eso, que sepa muy rico. No es lo habitual en un curso como este, porque no suelo explorar casos de personas que no están aquí presentes. Pero bien, este es un caso especial, es lo que la vida trae a este momento y, por ello, lo estamos haciendo.

»Bien, tenemos el *qué* —sube la toxicidad— y ahora estamos buscando el *cuándo*. Por lo que sea, hasta ahora parece que no se ha puesto mucha atención en eso... Recuérdame, ¿es cuando nació que subió el amonio hasta 1.440?

M: Nació prematuro, a los siete meses. Estaba en la incubadora, y a los cinco días, cuando empezaron a darle alimentación, es cuando él debutó, es cuando se puso en coma. No sabían por qué hasta que empezaron a hacer pruebas y se descubrió la enfermedad.

J: Muy bien, así que nace prematuro, con siete meses, y debe estar en la incubadora; y cuando tratan de alimentarle ahí, de alguna manera dice que no. Y es cuando hablamos de toxicidad, o sea, de algo que es tóxico. Pues ese algo es a lo que el organismo del bebé dice «No». No estoy hablando de un alimento físico, sino de un nivel más amplio, de un alimento emocional o mental. Esa es la metáfora que estamos buscando, un alimento al que Sebastià dice «No». Así que de alguna manera hay una resistencia, hay un decirle «No» a algún alimento. Si hay en mi vida algo que me parece que es tóxico, no me puedo alimentar de ello. Algo viene a tu vida y dices: «No, eso no, no lo quiero porque es tóxico». Bien, seguimos en el *cuándo*... ¿Cuándo más ha estado en el nivel alto?

M: Nació en una clínica, y cuando entró en coma empezaron a investigar y le llevaron al hospital y estuvo en total dos meses. Luego, en un control rutinario, dijeron que volvía a tenerlo alto y quedó ingresado una semana.

J: Bien, pues veamos el escenario cuando esto se produce. Tú eres parte del escenario también, quizá seas el actor principal de ese escenario.

M: No sé cómo hacer eso.

J: Bueno, de momento ya es importante que sepas que él, su alma, está bien, y siempre estuvo y estará bien. Somos seres de luz y estamos bien, ya sea con cuerpo o dejando el cuerpo. Estamos aquí de paso, él, tú y todos, y no sabemos lo largo que es este paso. Lo siguiente es que estamos explorando el camino de Sebastià y lo hacemos a través del tuyo, que eres la que estás aquí y su reflejo directo. Me estoy ocupando de ti, aunque aparenta que me estoy ocupando de él.

»Ahora seguimos con el *qué, cómo, cuándo*..., y mi propuesta es que pongas atención a cuando la toxicidad se dispara y que sigas poniendo atención hasta que detectes un «¡Ah, es eso!», es decir, la relación entre las cosas que ocurren en la vida familiar y la oscilación de la toxicidad en el cuerpo del bebé.

»No sé si me crees o no, y de hecho no importa. Mi parte es que experimentes lo que estoy diciendo para que tu atención despierte: que comprendas que estamos creando instante a instante la vida, que algo pasa ahí fuera y que eso que pasa fuera es un reflejo de lo que hay dentro, que a la vez que una expresión exterior es una manifestación interior... que todo va junto. Buscamos algo tan simple como, por ejemplo, que tú discutes con alguien mientras el niño está presente y, de pronto, su amonio sube, aumenta la toxicidad.

(Sara —una amiga que acompaña a Maite— le pide que explique lo que estaba pasando).

M: Sí, vale, el niño empieza a desfallecer, cae en coma, vamos al hospital, le dan el alta y al cabo de un mes en un control le detectan la subida y vuelve a quedar ingresado. Y lo que dice Sara, que me conoce muy bien, es que cuando a Sebastià le subió el amonio yo estaba sola, muy sola porque mi marido viaja bastante y mis padres estaban fuera. Me sentí muy sola, responsable, muy preocupada y quizá todo eso lo volqué con él. Eso es algo externo que se pudo reflejar en él.

J: ¡Eso es! El niño te está reflejando, es un espejo impecable. Es lo que trataba de decirte antes, es lo que tú estás transmitiendo cada mañana cuando le abrazas: disfrutas un instante y de inmediato te vuelve a entrar el pánico. Lo que tú estás transmitiendo quizá está reflejando que suba el amonio. Y está bien, el niño ha venido a eso también. Por eso te decía que mejoraras tu comunicación con él o, como mínimo, que seas capaz de darle lo mismo que te está dando él a ti, que es todo. Estate consciente de más cosas que están sucediendo en ese encuentro entre tu hijo y tú cada mañana, de la inmediatez de la vida, ese instante magnífico, maravilloso, único que estás disfrutando con él y él contigo; eso lo vale todo. Solo que hay más, hay más regalos por recoger.

»Bien, la siguiente pregunta que usamos es: *¿Qué estaba pasando en tu vida la primera vez que se manifiesta el síntoma?* Y aunque la historia parece que apunta a los cinco días después de nacer, creo que hay algo antes... así que no tenemos más remedio que preguntar por el embarazo; para empezar, incluso antes. ¿Qué pasaba antes del embarazo? ¿Era un niño deseado?

M: Es lo más deseado que hemos tenido en la vida. Nos ha costado mucho tenerlo.

J: Vaya… interesante… ¿Y cómo es eso de que te ha costado mucho tenerlo?

M: Pues porque tenía problemas, aparte de mi edad, ¡claro! (Mayte tiene alrededor de 40 años).

J: Bien, como aquí no nos creemos todo lo que se cuenta, lo de «claro» acerca de la edad no está tan claro. Fíjate que has dicho: «Nos ha costado mucho tenerlo», y el hecho es que *¡sigue costando mucho tenerlo!* Así que hay un sentimiento anterior a que fuera concebido de que cuesta mucho tenerlo y ese es el acontecimiento semilla.

M: Estuve luchando mucho por quedarme embarazada. Hice de todo, todo lo que dijeron, todo lo que leí. Probé todo, hasta que un día dije: «Que sea lo que Dios quiera», y fue entonces cuando me quedé embarazada.

J: Ahí está. Ya lo tenemos. Tienes una fórmula que funciona y no la estás usando.

M: Funciona «Que sea lo que Dios quiera», «Basta» , «No puedo más», porque si me decían lo que fuera, yo lo hacía.

J: Está bien… Tienes una fórmula que funciona. Fíjate que estás hablando de lucha.

M: Sí, hasta que me rendí.

J: Sí, sí, pero…, ahora…, como has dicho antes, también estás hablando de una lucha actual. O sea, tienes una forma de vivirlo que no funciona o que ha funcionado poco, y es la lucha. Hasta que dijiste: «Me rindo y que sea lo que Dios quiera», y entonces él vino.

»Y ahora estás de nuevo en otra etapa de lucha… Te relajas…, y que sea lo que Dios quiera. Parece ser que él ha venido a enseñarte a que te relajes y que sea lo que Dios quiera, que es una enseñanza muy profunda… Estamos hablando de entregarse a la vida. Cuando tú te rindes, él viene a verte —te quedas embarazada—; y cuando luchas, él se pone enfermo, amenaza con irse. ¿Estás viendo el fuera y dentro?

M: Sí. ¿Y cómo lo hago ahora?

J: Bueno, tú ya lo hiciste. ¡Sigue haciéndolo! Él decidió que tú ibas a ser su madre cuando te rendiste, cuando te entregaste, y ahora no estás cumpliendo tu parte del contrato, ya que de nuevo estás luchando, esforzándote, en pánico. Él es impecable y requiere el mismo compromiso por tu parte.

En el momento de escribir este capítulo, Sebastià tiene casi dos años, goza de una excelente calidad de vida y su madre disfruta enormemente de estar con él.

Las enfermedades de los niños

El niño es un reflejo del alma familiar a la que pertenece, de forma que los síntomas del sistema familiar pueden manifestarse en él a través de su comportamiento y también a través de su cuerpo, en forma de molestias y enfermedades.

El alma familiar camina hacia el equilibrio y la evolución. Un síntoma es un intento de equilibrar el sistema que lo manifiesta —ya sea este un cuerpo físico, una familia, una corporación o una comunidad—. Muchas veces lo que percibimos como enfermedad es precisamente lo que necesita el sistema para sanar. Una fiebre, un resfriado o una limpieza intestinal es precisamente el proceso natural de sanación corporal de algo que quedó atrapado en el cuerpo físico y que se libera o se expresa a través del síntoma para ser sanado.

Cuando aparece una enfermedad en uno de los miembros del sistema o alma familiar, especialmente en niños muy pequeños, está apuntando a un desajuste del sistema que trata de ser equilibrado a través de ese síntoma en concreto. En ese sentido se puede entender que la enfermedad del niño es precisamente la medicina que el sistema necesita para sanar. Aunque para que el sistema sane debe encontrar el regalo que ese síntoma representa y simbólicamente aceptar la medicina que el síntoma ofrece. Esto representa la toma de conciencia de cuál es el desequilibrio del sistema y sanarlo en su origen, aceptando la situación como un regalo espiritual para la evolución de todos los miembros de la familia.

Cuando llega un nuevo miembro a un sistema, toma su papel encajando de la mejor manera en el lugar que lo recibe. Es revelador darse cuenta de qué tiene que estar pasando en un sistema para que la nueva pieza que encaja perfectamente sea un niño que manifiesta un síntoma físico, mental o emocional determinado.

Debemos preguntarnos: «¿Qué tiene que estar pasando aquí para que lo que tenga más sentido en el alma familiar sea que llegue un niño con ese síntoma?».

Los síntomas físicos que tuvimos de pequeños no solo evidenciaban nuestras circunstancias personales, sino que manifestaban también aspectos de nuestros padres. Al descubrir la relación entre los síntomas que manifiesta el hijo y aspectos reflejados de los padres, no se trata de que como hijos les queramos hacer responsables de lo que pasó, ya que si atrajimos esa situación y esos síntomas físicos es porque tales circunstancias nos apoyaban y nos servían para nuestro camino.

Si se trata de un niño muy pequeño, la situación que atrae le va a servir para realizar su propio camino y también para permitir a sus padres realizar el suyo. Es un proceso de espejos que se reflejan mutuamente y que apoya el proceso del niño a la vez que va a hacer evolucionar espiritualmente a los padres.

Cuando alguien entra en un sistema familiar es porque siente atracción por vivir los dones y desafíos que contiene dicho sistema. Toma la responsabilidad, consciente o inconscientemente, de transformar los desafíos en dones para liberarse a sí mismo y también tiene la capacidad de liberar a todo el sistema. Es importante tener presente que la situación que se manifiesta tiene un sentido y un propósito, y el sentido y el propósito es conducir a todos los miembros a un crecimiento personal y espiritual. Aunque no sepamos cómo está apoyando una situación a la evolución familiar, y menos si se presenta de forma dramática e inesperada, es útil dar un paso atrás para tomar perspectiva y observarla desde todos sus ángulos. Es posible que así podamos encontrar su sentido.

Vomita todo. La intolerancia

Solicitan una consulta para un niño de dos años, con poco peso y graves dificultades para su alimentación dado que está sostenido con sueros y suplementos farmacéuticos. Suelo empezar los procesos consultando a los padres, y en este caso me explican que todo empezó a los seis meses de edad, cuando la madre interrumpió la lactancia del bebé. Desde entonces, vomita prácticamente todo lo que ingiere y se le ha diagnosticado algún tipo de «intolerancia».

Pregunto por la situación familiar, y aparentemente todo está bien y es normal. Los padres me hablan de todos los esfuerzos que han hecho durante este tiempo para solucionar el problema, recalcando que han hecho ya todo lo que han podido.

Pregunto si sucedió algo «especial» durante el periodo de embarazo.

—Todo normal —responde ella.

Después de insistir sobre si algo significativo había pasado en el periodo de gestación, el marido señala que su esposa perdió a su madre durante el embarazo. Entonces la esposa me dice que su madre estaba gravemente enferma desde hacía bastante tiempo, aunque su pérdida fue dura e inesperada porque todos pensaban que aguantaría para ver nacer al bebé. «Ser abuela» era una de las cosas que más la habría alegrado, tal como alguna vez había manifestado, y este niño iba a ser su primer nieto.

Aquí se hace evidente la emoción contenida de la esposa, pues, disimulando y secando rápidamente sus lágrimas, trata de ocultar la tristeza de perder a su madre intentando aparentar que todo está bien. También surge un sentimiento de haberle «fallado» a su madre por no haberle dado un nieto a tiempo.

Otra de las consecuencias que se dan a través del fallecimiento de la abuela es que van a perder la casa en la que viven. Resulta que la casa pertenecía a la difunta, y actualmente están pendientes de venderla por asuntos de reparto de la herencia y desacuerdos entre los otros hermanos. La madre siente también que sus hermanos le han «fallado», y eso es algo que ella —dice textualmente— «no puede digerir».

Por otro lado, observo que el padre es un hombre temperamental y que manifiesta una grave piorrea: está perdiendo los dientes. Le pregunto sobre esto y me dice que, si bien ya tenía piorrea desde hacía varios años, había empezado a perder los dientes aproximadamente desde el nacimiento de su hijo. Le pregunto su opinión acerca de la rabia, y me dice que es algo horrible que hay que erradicar.

Sigo observando sincronías y metáforas, y se las muestro: la madre, aunque lo intenta, no puede aguantar la tristeza y el sentimiento de haber fallado a su propia madre; además no puede digerir que sus propios hermanos le hayan fallado. El niño vomita —es decir, no aguanta— lo que come. Les muestro que el hijo está reflejando la situación emocional de los padres.

Dado que las emociones se reflejan en el área abdominal, el estómago toma la función de digerir emociones. La tristeza es una emoción rechazada por la madre y, puesto que ella no la acepta, eso significa metafóricamente que no la puede digerir. La madre tampoco puede «digerir» que sus hermanos le estén fallando; si ella no lo puede digerir, el niño tampoco puede.

El niño toma inconscientemente el reflejo de la madre de aguantarse y de no poder digerir y lo expresa en su propio cuerpo a través de lo que se llama una «intolerancia». La madre tiene «intolerancia» a la tristeza y a que sus hermanos le estén fallando. Tengamos en cuenta que el cuerpo de la madre está endurecido y habituado a aguantar determinados sentimientos en su estómago. El niño no puede hacerlo debido a que su cuerpo más sensible no se lo permite y no ha desarrollado aún el patrón de aguantar emociones. En consecuencia, lo que hace es vomitar como un reflejo de lo que la madre está aguantando. Lo que la madre trata de aguantar, el niño no puede aguantarlo y vomita.

El padre, por su parte, aguanta su rabia para no mostrarla y, si sigue así, va a perder los dientes que le permiten masticar. Le hablo al padre de la metáfora de un perro fiero que, como parte de su naturaleza, ladra y muestra los dientes para defender su territorio. Le muestro que, al parecer, él prefiere perder los dientes antes que mostrarlos, pues no acepta la fuerza que tiene; la reprime. Esta fuerza se desborda cuando no puede aguantar más y, al explotar, lo que podría ser energía para la acción se muestra como rabia reprimida. Curiosamente, los padres se enfrentan a la pérdida de su casa, lo cual es una metáfora de pérdida del territorio que pondría en acción a un macho de cualquier especie en el reino animal; sin embargo, el padre se reprime.

Le explico que cuando él no se da permiso para expresar su fuerza, se está mutilando a sí mismo —pierde los dientes— y está limitando o privando a su hijo varón de una fuerza primordial relacionada con la defensa del territorio y con la supervivencia.

El niño, como centro del sistema familiar, lo está vomitando todo. No aguanta el alimento que se le da y manifiesta con un reflejo impecable su *in-tolerancia*. Él no tolera lo que se le ofrece como alimento: la madre aguanta la tristeza, la culpa de haber fallado y el enfado que mantiene con sus hermanos. Por parte del padre se le ofrece una ira que se aguanta. Estos, que podrían ser buenos alimentos si los padres los pudieran digerir, se convierten en indigestos y por tanto el niño no puede nutrirse de ellos.

Se da también la coincidencia temporal de que la gestante pierde la conexión física con su madre a los seis meses de embarazo, dado que esta fallece, y donde ubicamos el acontecimiento semilla para el bebé. La madre, coincidentemente, siente que pierde la conexión física con el lactante cuando deja de amamantarle a los seis meses, y a partir de entonces es cuando este empieza a vomitar los alimentos. Así la madre transfiere a su bebé la tristeza por la pérdida de la conexión con su propia madre.

Tras tomar conciencia de todo este proceso, el sistema sanó cuando la madre se dio cuenta de que su madre había fallecido con el propósito de ser abuela ya realizado. De hecho, su nieto estaba ya en el vientre de su hija y ella se sentía feliz. Curiosamente, la abuela se despidió poco después de que viera una ecografía donde se apreciaba con claridad al bebé perfectamente formado. «¡Está sonriendo dentro de la barriga!», dijo la abuela al verla.

Cuando regresaron a casa después de la segunda sesión, la cuidadora del niño les dijo que esa tarde no había vomitado la merienda, como solía hacer. En la tercera y última sesión de comprobación, la madre ya había dejado de sentir que había fallado a su madre. El sentimiento de «fallar» desapareció y a la vez dejó de sentir que sus hermanos le estaban fallando a ella. Curiosamente, se arreglaron espontáneamente los desacuerdos de la familia que afectaban a la casa y ya no tuvieron que venderla. El padre también dejó de aguantar su ira, aunque sucedió indirectamente ya que, desaparecida la amenaza sobre la casa, ya no surgía su impulso natural de defenderla y, por tanto, ya no tenía que reprimirla.

El niño fue aceptando los alimentos hasta que su alimentación y su peso fueron normales. Según la madre, el niño tenía sus manías —como ella las llamaba— acerca de lo que comía y no comía. Por mi parte, pensé que el niño seguía mostrándose como un espejo impecable respecto a los alimentos emocionales que aceptaba y no aceptaba.

Simbólicamente los alimentos representan emociones de las que nos alimentamos, y cuando los padres no pueden digerir una emoción, el niño difícilmente puede alimentarse de ella.

ACONTECIMIENTOS SEMILLA EN RELACIÓN CON NIÑOS

Para los que aún tengan la creencia de que los niños no se dan cuenta de las cosas que pasan a su alrededor o que son seres poco conscientes, ofrezco a continuación algunos ejemplos reveladores. Así podremos comprender el nivel de detalle con el que registramos los acontecimientos a todas las edades, especialmente en la más tierna infancia. Estos registros, aun quedando ocultos en el inconsciente, tienen efecto sobre el estado del adulto en las situaciones en las que aparece en el escenario un estímulo externo que dispara automáticamente una forma de reaccionar. En ellas, somos arrastrados mental, emocional y somáticamente a un patrón que se repite y que está fuera del control de nuestra parte racional. Esto ocurre sin saber qué pasa —dado que la mente racional no lo sabe— y sin poder hacer nada para evitarlo. Cuando se pregunta al adulto de dónde viene ese comportamiento que ocurre en determinadas situaciones, o cuándo fue la primera vez que ocurrió, responde que no lo sabe o bien suele decir: «Desde siempre» o «Desde que tengo memoria», siendo esta una respuesta acertada debido a que el comportamiento ya estaba ahí en el momento en que se empieza a tener memoria, es decir, a partir de que la mente racional está completamente desarrollada. Doy cuatro ejemplos de la visita al acontecimiento semilla con la práctica *Punto semilla*, donde la integración sucede por el simple hecho de hacer consciente y comprender lo que estaba oculto en el inconsciente.

* * *

Niños muy conscientes

Paty, una chica joven, a pesar de que le hubiera encantado viajar y conocer nuevos lugares, aún vivía con sus padres y le era imposible alejarse de su casa más allá de algunas calles. Lo más lejos que había conseguido ir era a unos grandes almacenes del centro de la ciudad.

Al realizar un trabajo de exploración del acontecimiento semilla, buscando el origen o la raíz de ese comportamiento, descubre que cuando era niña sus padres habían hablado de enviarla a algún lugar lejos, aunque al final nunca la enviaron. Usando la práctica *Punto semilla*, describe una escena donde ella era un bebé y sus padres discutían ese tema delante de ella, pensando que siendo tan pequeña no entendería de qué hablaban. Para ella, siendo bebé, la posibilidad de que la alejaran de su casa y de sus padres era una amenaza grave para su supervivencia. Se instaló un comportamiento automático e inconsciente para evitar alejarse de la casa ya que esto representaba correr un gran riesgo.

Después del trabajo de acontecimiento semilla le preguntó a su madre al respecto, y esta le confirmó lo que había descubierto, manifestando una sorpresa mayúscula, pues era algo que habían dejado en secreto entre los padres. A partir de la segunda sesión, pudo alejarse de su casa sin sentir el miedo irracional; poco después empezó a viajar por el mundo.

* * *

Clara era una persona con los oídos muy sensibles que usaba tapones para dormir y también durante buena parte del día. Al escuchar sonidos fuertes, especialmente pitidos agudos, sentía escalofríos en todo el cuerpo y se disparaban sus palpitaciones.

Usando la práctica *Punto semilla* y siguiendo su sensación de frío, llegamos a un lugar muy frío y extraño donde está sola. No sabe dónde está, aunque tiene mucho miedo.

—¡Es terrible! —dice, tapándose los oídos—. ¡Hay unos pitidos ensordecedores!

Por fin descubre:

—¡Estoy en la incubadora!

Posteriormente preguntó a sus padres. Resultó que nació un poco prematura y pasó varias horas en la incubadora, aunque ellos nunca se lo dijeron. Clara les contó cómo lo supo y sus padres no la creyeron; pensaban que lo había sabido porque habría ido al hospital a solicitar su expediente.

* * *

Laura era una mujer con temor a los desconocidos, de forma que tenía graves dificultades para relacionarse. No sabía de dónde venía ese temor; lo recordaba desde siempre y para ella era totalmente infundado, pues nunca le pasó nada malo con un desconocido. Aun así evitaba a toda costa conocer a gente nueva.

Usando la práctica *Punto semilla* y siguiendo la pista a esa sensación de temor, la mano señala una escena donde Laura, que es muy pequeña, está muy asustada y su madre la está entregando a alguien. La niña no quiere ir con ese desconocido:

—¡No, no quiero, nooo! —grita.

Mirando hacia la figura imaginada de la madre, surge espontáneamente la pregunta:

—¿A quién le estás dando la niña?

—A mi hermano —dice la madre—. ¡Es que no la podré cuidar!

Y explica, con tristeza y temor por su propio futuro, que tiene que entregar el bebé a su hermano porque ella no tiene más remedio que irse. Su hermano se la quedará un tiempo hasta que ella la pueda cuidar.

Curiosamente, Laura tiene un recuerdo estupendo de su tío y actualmente mantiene una relación excelente, aunque en el momento en el que se instaló el temor ¡era un desconocido para ella!

* * *

Quim era muy sensible a los olores y al calor. Su piel era extremadamente delicada y tenía una frecuente sensación de quemazón sin motivo aparente, por lo que vivía evitando el contacto con el sol, las temperaturas extremas o el agua muy caliente o muy fría, pudiendo usar sólo un jabón especial para bañarse. Además, tenía que ser muy cauteloso con el contacto físico con otras personas y evitaba incluso estrechar la mano cuando le presentaban a alguien.

Usando la práctica *Punto semilla*, y siguiendo la sensación de quemazón, llegamos a un momento en el que al niño, de unos dos años, le ponen algo por todo el cuerpo que, según dice:

—¡Me quema y me duele mucho! ¡No sé qué es, huele muy fuerte!

En el instante siguiente se da cuenta de que la persona que le está poniendo eso es su padre.

Mirando hacia la figura imaginada del padre, le pregunta de qué se trata y el padre dice:

—Le he puesto alcohol en la piel.

—¿Y para qué? —le pregunta.

—¡Pues porque le dolía la barriga! —responde.

MENTE CONSCIENTE E INCONSCIENTE

Desde la concepción hemos registrado todo lo que hemos vivido. Cada experiencia es registrada porque nos aporta información sobre el entorno, y por tanto en cualquier momento puede sernos útil en términos de supervivencia. La información de las experiencias que están integradas forma parte de nuestro crecimiento y evolución espiritual. La información de las experiencias que no están integradas se registra en el cuerpo mental como un asunto pendiente, consciente o inconsciente; puede almacenarse en el cuerpo emocional como una memoria corporal y puede causar distorsiones en alguna zona de nuestro cuerpo energético; también puede manifestarse como un síntoma en una parte u órgano de nuestro cuerpo físico.

Por ejemplo, una creencia del tipo «Mi vida no avanza» es consecuencia de la información extraída de una serie de experiencias que se almacenaron en los distintos cuerpos y que quedan vinculadas al percibir la realidad de esa misma manera.

Siempre hay un reflejo en nuestro cuerpo físico de las situaciones que no están integradas. Como muestro, no es necesario que la información de estas experiencias no integradas se exprese como un síntoma físico, dado que puede plasmarse simplemente a través de una postura corporal o una sensación incómoda; quizá en forma de comportamientos que no sabemos evitar o bien a través de creencias que nos gustaría cambiar.

En caso de que la experiencia o serie de experiencias constituyeran algo de vital importancia o trascendencia para el camino de la persona, podrían llegar a expresarse a través de un síntoma físico o enfermedad, que empujaría con más fuerza hacia la toma de conciencia y su integración. Cuando esta información llega al cuerpo físico en forma de síntoma, ya se ha convertido en una llamada intensa que pide preferencia y requiere atención inmediata.

El cuerpo registra todo lo que experimenta en tres distintos niveles cerebrales interrelacionados y también a través de conexiones neuronales distribuidas por el cuerpo. Explicado de manera fácilmente comprensible, la estructura de nuestro cerebro está formada por tres áreas, que son: un núcleo primigenio y dos áreas o capas más que recubren este núcleo, correspondiendo cada una a un distinto nivel evolutivo. El núcleo o primer nivel es el más antiguo y profundo, siendo el responsable de los impulsos primitivos —*la parte instintiva*—. El segundo nivel es el responsable de las emociones —*la parte que siente*—. El tercero, el más moderno, recubre la zona más externa del cerebro y coordina las capacidades mentales superiores —*la parte que piensa.*

Óptimamente estos tres niveles funcionan de forma coordinada y equilibrada. Otras veces es como si el nivel cognitivo, de apenas unos milímetros de espesor, se propusiera controlar la fuerza visceral de los otros dos niveles más profundos y primitivos del cerebro que rigen los instintos y las emociones[53]. A veces sentimos que la parte animal que representan estas capas más profundas no se puede controlar.

La parte del cerebro que denominamos mente pensante o cognitiva es la última que se desarrolla, y no alcanza su pleno funcionamiento hasta alrededor de los siete años de edad. A partir de ese momento la mente cognitiva trata de imponer su control sobre todo el sistema. Las experiencias dolorosas y no integradas trata de sumergirlas en el inconsciente para evitar volver a sentir el mismo dolor. Por ejemplo, en una experiencia muy temprana de una quemadura, siendo la persona ya adulta podría apreciar la cicatriz en la piel, pero no recordaría ni la experiencia ni el dolor que se sufrió. En todo caso recordaría lo que le habrían contado sobre lo que pasó, aunque la experiencia directa no formaría parte de sus recuerdos conscientes. Ahora bien, al detectar una fuente de calor, se alejaría de ella por todos los medios, y todo el sistema de cuerpos —mental, emocional, energético y físico— se pondrían inmediatamente en guardia. Lo mismo sucedería con lo que se llama una fobia: todo el cuerpo se pondría en guardia extrema cuando se presentara aunque fuera la mera posibilidad del estímulo externo con el que la fobia se relacionara. A efectos prácticos de encontrar el acontecimiento semilla, este se localiza antes de los siete años de edad, donde las memorias son corporales —instintivas y emocionales— y no cognitivas.

---

[53] La zona más interna del cerebro es la llamada *reptiliana* o instintiva, la más profunda, responsable de los impulsos más primitivos, como la agresión, la huida o la reproducción, además de regular funciones básicas como la respiración o el ritmo cardíaco. La siguiente es llamada el *sistema límbico*, o emocional, que incluye el tálamo, el hipotálamo, el hipocampo y la amígdala cerebral, procediendo de los mamíferos primitivos y siendo responsable de las emociones. La más reciente, propia de los mamíferos más evolucionados, es el neocórtex, la zona más externa, responsable de las capacidades mentales superiores.

Los cuatro ejemplos relatados en el apartado anterior son una muestra de un comportamiento inconsciente de protección que podría considerarse desproporcionado. No es desproporcionado si tenemos en cuenta que el sistema trata de evitar por *todos* los medios reproducir el dolor que potencialmente podría causar una situación similar a la original, dado que en todos los casos fue dolorosa. Como vimos en los mismos ejemplos, si un recuerdo es especialmente doloroso, la mente cognitiva tiene la capacidad de borrarlo de su memoria consciente.

Lo que ocurre más adelante en nuestra vida diaria es que nuestro estado de ánimo, las sensaciones que tenemos y, en bastantes ocasiones, nuestras creencias y comportamientos no están bajo el control de la mente racional, sino a merced del inconsciente.

Para que nos demos cuenta del juego entre una mente y otra, veamos unos ejemplos:

- Uno quiere racionalmente no enfadarse, y se enfada.
- Uno no quiere gritar a alguien querido, y le grita.
- Uno decide dejar de fumar, y sigue haciéndolo.
- Uno quiere hacer ejercicio temprano, y se queda en la cama.
- Uno quiere racionalmente ser feliz, y no lo consigue.
- Uno quiere estar sano, y enferma.
- Uno quiere algo, y sucede otra cosa.

¿Quién está al mando? En estos ejemplos se evidencia que el poder de la mente racional es limitado para conseguir lo que se propone.

El cuerpo vive en el presente

La mente racional vive en el tiempo, ya sea pasado o futuro, mientras que el cuerpo vive siempre en el ahora. Dado que todo lo que está almacenado en el inconsciente se manifiesta a través del cuerpo, si al presentarse una determinada situación en nuestro día a día brota una sensación del inconsciente, el cuerpo la vivirá en modo ahora, aunque no haya un vínculo visible entre lo que está sucediendo en este momento y la sensación que aflora. Hay situaciones que hacen que las experiencias no integradas almacenadas en el inconsciente salgan a la superficie de la conciencia en forma de sensaciones incómodas, aunque el vínculo entre la situación actual y el origen de la sensación permanece oculto. Así, podemos a veces disfrutar del momento sin causa aparente, y sin embargo otras veces nos sentirnos mal aunque no podamos señalar claramente la causa de ello en el escenario o en la situación actual.

Es decir, podemos encontrarnos deprimidos o decepcionados sin saber qué ha pasado para sentirnos así. En esa situación, la parte racional buscará afuera, hacia el exterior, la causa o el culpable, como un mecanismo de protección. Cree que si hay algo malo, tiene que estar ahora fuera. De esta forma hará responsable de la sensación desagradable a alguien o a algo que esté presente en su escenario actual, cuando lo cierto es que la causa del malestar se encuentra en un pasado remoto.

Si nos sentimos mal sin encontrar un vínculo directo con lo que está sucediendo en el momento presente, a partir de ahora sabremos que el origen, motivo o propósito de ese sentirse mal no está en el exterior. Buscarlo fuera o tratar de cambiarlo externamente es, en parte, una pérdida de tiempo, a no ser que usemos lo que aparentemente nos causa el malestar para darnos cuenta de qué parte de nosotros está reflejando. Como he ido compartiendo a lo largo del libro, lo que percibimos como el escenario exterior nos refleja como un espejo. Si nos resulta desagradable encontrarnos con nuestra parte oscura[54] o no aceptada, tendemos a negarla proyectándola hacia fuera. Mirar hacia

---

[54] C. G. Jung designó como «sombra» todos los aspectos ocultos o inconscientes de uno mismo, tanto positivos como negativos,

fuera y descubrir el aspecto que nos molesta o nos duele tiene la gran utilidad de mostrarnos qué parte de nosotros está reflejando. Esto nos permite verlo y nos da la oportunidad de aceptarlo e integrarlo.

El viaje de retorno a la unidad pasa por aceptar e integrar todas nuestras partes, recogiendo un regalo en esos espacios oscuros que no hemos querido mirar. Son oscuros porque aún no les llegó la luz, porque los tememos, no porque sean malos. *El lenguaje del alma* nos señala que está pendiente de recogerse un regalo o de encontrar un tesoro en esa parte oscura o no integrada que quedó oculta en el cuerpo.

El sentido de identidad

Como vemos, el cuerpo tiene la capacidad de archivar todo lo que ha vivido. Sorprendentemente, la conciencia tiene la capacidad de acceder a experiencias o a información previa a la concepción, como acabamos de mostrar en el ejemplo de Enrique y la voz. La conciencia tiene incluso la capacidad de remontarse a generaciones anteriores, como veremos en el último capítulo de esta obra.

Las experiencias que hemos vivido desde la concepción están en nuestro cuerpo. En él guardamos registro tanto de las experiencias integradas como de las no integradas, tal como hemos comprobado con los ejemplos previos. Este registro se lleva a cabo con cierto orden, aunque a veces la manera en que han sido almacenadas mantiene oculta la posibilidad de recoger su regalo.

Todas las experiencias vividas están asociadas entre ellas, dando globalmente un sentido de identidad o del yo, es decir, proveyendo de la idea o concepto de quién soy yo. La asociación entre las distintas experiencias está regida por criterios de similitud. Cuando ocurre algo en el escenario externo —es decir, en lo que percibo como realidad externa—, lo asocio y lo conecto con algo que he vivido anteriormente y con lo que he establecido cierta similitud.

Observemos la creencia antes mencionada: «Mi vida no avanza».

Si en mi trabajo pierdo a uno de mis clientes, conectaré este evento con la creencia. Si tengo una discusión o ruptura con una persona con la que quiero formalizar una relación, también la conectaré con la misma creencia. Ambas experiencias, aun produciéndose en distintos contextos, están asociadas y para mí significan lo mismo: «Mi vida no avanza».

Tendré cientos de experiencias en mi vida a las que habré dado ese mismo significado. Esto es precisamente lo que ha convertido esa creencia en *real* para mi: la multitud de experiencias a las que he dado el mismo significado.

Para que yo pierda actualmente un cliente y le dé el significado «Mi vida no avanza», tengo que haber vivido algunas experiencias previas a las que debo haber dado el mismo significado [55]. Esas cosas que he vivido están asociadas y globalmente han configurado el sistema de creencias del personaje que habito y con el que me identifico. En este caso, la creencia «Mi vida no avanza» está activa y actúa como un filtro de la realidad, de forma que tiendo a interpretar lo que me ocurre en ese mismo sentido. Si pierdo el autobús, eso significará también lo mismo: que mi vida no avanza. En última instancia, no importa lo que ocurra en mi vida porque yo siempre lo interpretaré como que mi vida no avanza. Al llegar a la edad adulta ya hemos acumulado cientos de experiencias que dan soporte a cada una de nuestras creencias. Si pusiéramos todas esas experiencias alineadas y ordenadas como si se tratara de un archivo con muchas carpetas y buscáramos al principio de cada carpeta, encontraríamos la primera vez. La primera experiencia de cada carpeta es el acontecimiento semilla, que es la que originó la creencia y dio nombre a la carpeta.

---

[55] En realidad las cosas que ocurren no tienen un significado hasta que uno las mira y *decide*, consciente o inconscientemente, lo que significan.

El cuerpo mental crea nuestra realidad

La forma en que percibimos los primeros acontecimientos de nuestra vida les da su significado. La forma en que conectamos las siguientes experiencias vividas con esos primeros acontecimientos va moldeando ese significado en una especie de suma y sigue, hasta la actualidad.

Un mismo hecho puede significar cosas diferentes. Por ejemplo, un despido del trabajo puede ser asumido como una desgracia o bien como la posibilidad de realizar por fin el trabajo soñado. El diagnóstico de una enfermedad puede ser percibido como una amenaza para la salud o bien como una oportunidad para cambiar el rumbo de la vida.

El significado que damos a lo que ocurre depende de lo que hemos vivido previamente, y también de cómo nos sentimos en el momento en que lo experimentamos. Nuestro estado actual —es decir, cómo nos sentimos en el momento presente— condiciona con qué acontecimientos previos vamos a conectar lo que suceda en el próximo instante. Cuando uno tiene un mal día o una mala época, todo lo que le ocurre suele ser nefasto. Eso es porque uno está conectado con una sensación desagradable determinada, y crea o da significado a lo que ocurre percibiéndolo a través de ese mismo estado.

Como vemos, tenemos la capacidad de percibir la realidad de distintas formas y, en consecuencia, de *crear* una determinada realidad. Esas percepciones moldean nuestra experiencia de la realidad y le dan consistencia haciéndose aún más real. Es decir, primero creamos la realidad desde nuestra percepción y luego entramos a vivir en ella como si se tratara de entrar en una habitación donde no encontramos la puerta de salida. Se nos pasa por alto que fuimos nosotros quienes creamos esa habitación.

No hay nadie ahí afuera que nombre y cree nuestra realidad, lo hacemos nosotros consciente o inconscientemente de forma automática a través de nuestro cuerpo mental. Somos cada uno de nosotros los que tenemos la capacidad de nombrar un mismo hecho, como por ejemplo nombrar como una desgracia o una oportunidad el fin de un trabajo o el diagnóstico de una enfermedad. Naturalmente, si nombramos un hecho como una «desgracia» vamos a sentirnos emocionalmente mal y eso va a crear distorsiones en nuestro campo energético. Si la emoción está permanentemente atrapada en el cuerpo emocional y la distorsión en el cuerpo energético se mantiene de forma indefinida, la creación del cuerpo mental puede llegar a manifestarse en el cuerpo físico en forma de síntoma. Es así como nos convertimos en artistas inconscientes en la creación de nuestro cuerpo y nuestra vida.

El viaje hacia el acontecimiento semilla permite encontrar la raíz de esa forma automática de pensar e inconsciente de actuar, para sanarla en su mismo origen. Nos convertimos en artistas conscientes de nuestra creación.

Se siembra una semilla: las situaciones que se repiten

El acontecimiento semilla es el primero de una serie de eventos que se van anudando. Simbólicamente, es como si se sembrara una semilla en ese acontecimiento. Cuando esta semilla comienza a germinar, la planta aún no es visible porque queda inicialmente bajo tierra desarrollando la raíz. Un tiempo más tarde aparecerá un diminuto tallo en la superficie del terreno, aunque al ser muy pequeño es posible que aún quede fuera de nuestro campo de percepción. Si la pequeña planta no molesta ni toma la apariencia de ser un problema, probablemente va a permanecer todavía más tiempo sin llamar la atención y, por tanto, oculta. Un día esa semilla florece, se hace bien visible y pide atención. Dependiendo del tipo de semilla, se puede convertir en una flor o en un árbol con distintas ramas. Si en un acontecimiento semilla determinado algo quedó oculto bajo la tierra, con el paso del tiempo puede florecer en forma de síntoma, ya sea físico, emocional o mental. Cuando aparece en forma de síntoma, ya no permite ser ignorado.

El proceso es el siguiente. La semilla que se siembra en esa primera experiencia actúa como un filtro en la percepción y va a *crear*, es decir, va a filtrar otros acontecimientos que apoyarán la interpretación inicial y que actuarán como el abono que necesita esa semilla para crecer. Por ejemplo, si alguien cree que la gente no le tiene en cuenta y le ignora, cuando se relacione con alguien tenderá a corroborar que, efectivamente, esa nueva persona responde como todos los demás y no le tiene en cuenta o ignora sus necesidades. El acontecimiento semilla crea una forma de ver o interpretar la vida y eso hará que sucesivas experiencias posteriores sean interpretadas de la misma manera, proporcionando a la creencia más alimento y, por tanto, más fuerza. En el futuro, esta repetición se consolidará como algo que da la sensación de que nos sucede a menudo y que no sabemos cómo manejar. Nos dará la sensación subjetiva de que se trata de situaciones que se repiten, reproduciendo el mismo argumento con distintos escenarios y actores. En realidad, lo que ocurre es que estamos creando, a través del filtro de nuestra percepción, la aparición del mismo tipo de situaciones. Incluso podrá parecer que esas experiencias se atraen unas a otras.

Un acontecimiento semilla podrá florecer tiempo después en forma de creencias, patrones emocionales o síntomas físicos. En ocasiones, se manifestará a la vez en todas estas formas. Si se manifiesta en forma de creencia, creará un tipo de situaciones y un patrón o una manera automática e inconsciente de reaccionar ante ellas. Si alguien cree que es incapaz de generar recursos económicos, esa creencia moldeará su experiencia de vida, apartándole de vivir en un mundo de abundancia al que, sin embargo, pertenecemos de forma genuina por el mero hecho de existir. Esto también se podrá manifestar como un patrón de comportamiento ante esas situaciones. Un patrón es algo que se repite en tu vida, como puede ser una misma idea que no se puede evitar, un pensamiento obsesivo o una emoción o sensación que aparecen una y otra vez. Puede aparecer en distintos escenarios, como son relaciones laborales, sociales, personales o de pareja, y también a nivel físico en forma de sensaciones corporales incómodas ante esas determinadas situaciones.

Entre otras formas de manifestarse, puede expresarse afectando al cuerpo a través de distintas molestias o síntomas físicos. Si se trata de un dolor en una parte del cuerpo, ese dolor puede aparecer una y otra vez hasta quizá convertirse en crónico, y entonces se le llamará enfermedad. De hecho, una enfermedad es también una situación que se repite. Hay una parte del cuerpo que llama la atención o un síntoma que aparece una y otra vez. Mientras esa parte del cuerpo siga molestando o doliendo, la situación se estará repitiendo. Lo veremos en el ejemplo siguiente, donde se evidenciará también la importancia de encontrar el acontecimiento semilla para transmutar el patrón repetitivo.

Marta merece estar aquí

El siguiente ejemplo muestra un acontecimiento semilla relacionado con la manifestación de varios síntomas físicos.

En uno de los cursos en Chile se presentó Marta como voluntaria para explorar sus dolencias, ofreciéndose de ejemplo al grupo. Estaba diagnosticada de una enfermedad muscular para la cual no se conocía tratamiento curativo, sino solo sintomático para aliviar sus dolores. Además de esto, también nos dijo que tenía intolerancia a la leche.

Usando *El lenguaje del alma* de forma práctica, el primer paso es descubrir cuál es el mensaje que está dando el cuerpo a través de los síntomas que manifiesta. Estamos fuera del área de la medicina oficial, por tanto no evaluamos su diagnóstico. Lo que nos da información es la sensación subjetiva que la persona tiene acerca de lo que hace su cuerpo, cómo lo siente y cómo lo describe para encontrar el mensaje que le está dando. En consecuencia, preguntamos a la persona: «¿Qué es lo que notas que está ocurriendo en tu cuerpo?». O, de forma descriptiva: «¿Qué está haciendo tu cuerpo?». Y, simbólicamente: «¿Qué indica eso?».

Al preguntar esto a Marta, nos dice:

> «Lo que ocurre con mis células es que no se están alimentando correctamente y esto genera, como desecho, ácido láctico. Ese desecho produce un intenso dolor por cualquier esfuerzo, algo parecido a unas agujetas increíbles».

Hasta aquí podemos observar que se presenta un mensaje doble acerca de la dificultad o resistencia a la alimentación:

1) No puede alimentarse de leche: intolerancia.
2) Además, como un reflejo a nivel microscópico, sus células tampoco pueden alimentarse correctamente.

Curiosamente, como un mensaje insistente en torno a la leche, las células generan como desecho *ácido láctico*. Por tanto, mi siguiente pregunta es acerca de la lactancia, ya que es la primera metáfora de alimentación en nuestra vida y también por la doble referencia: leche y ácido láctico.

Esta fue su respuesta:

> «Mi madre me quitó el pecho muy pronto porque se le retiró la leche. Según ella dice, fue porque yo "no chupaba lo suficiente" y, además, le salieron grietas en los pezones y le dolían mucho. El problema siguiente fue que no me iban bien las leches maternizadas y me puse muy enferma. En aquel tiempo aún no se contemplaba la intolerancia a la lactosa. Vomitaba todas las leches que me daban o tenía diarreas, y no paraba de llorar: de hambre, supongo. Quería el pecho y mi madre no tenía leche. Parece que fue muy angustioso para ambas. Por fin, usaron una leche para bebés prematuros con la que pudieron alimentarme».

Aquí, de nuevo, vuelve a presentarse otro mensaje sobre la dificultad o resistencia a la alimentación: la madre no tiene leche porque ella no chupa suficiente, y otras leches no la alimentan tampoco. Curiosamente, la única leche que al parecer toleró era una diseñada para bebés *prematuros*, lo cual desplaza nuestra atención metafóricamente hacia el periodo de antes de nacer. Es decir, algo podría haber ocurrido en un periodo prematuro. La manera de descubrirlo es visitar el acontecimiento semilla.

Para encontrar el acontecimiento semilla le pedimos al cuerpo que muestre, a través del movimiento de su brazo y señalando con la mano extendida, el momento y la experiencia donde este se produjo.

Marta se queda señalando un espacio que percibe como si fuera el vientre materno. El acontecimiento semilla se ubicó en el vientre materno, justo en el momento en que su madre supo que estaba embarazada de ella. Se daba la circunstancia de que la madre tenía ya un hijo que era aún muy pequeño; prácticamente acababa de nacer. Tener otro hijo en ese momento representaba para la madre descuidar a su recién nacido; era demasiado pronto para tener otro y debería retirarle el pecho. Por otro lado, los padres pasaron cierto sofoco por el nuevo embarazo, debido no solo a que se producía a los pocos meses de haber tenido ya un hijo, sino también por la situación de trabajo del padre. Tuvieron la intención de ocultar el mayor tiempo posible su embarazo de Marta y retrasar el nacimiento lo más posible para que no se hiciera evidente que el embarazo se produjo en la cuarentena. Así, además del acontecimiento semilla que vivió Marta en el momento en que su madre supo de su embarazo, descubrimos que estuvo diez meses en su barriga, es decir, uno más de lo normal.

Las sensaciones que Marta describe al señalar el espacio del vientre materno en el momento que se sabe de su embarazo son:

«Siento que no debo estar ahí, que estoy ocupando un lugar que no me pertenece. Siento que mi madre tiene mucha pena por quitarle el pecho a mi hermano. Creo que no me merezco alimentarme porque se lo estoy quitando a mi hermano».

Este es otro ejemplo en el que podemos observar la consciencia y la calidad de percepción de un recién llegado desde el momento en que tiene un mes o un mes y medio, no de edad, sino desde su concepción.

En el momento en que la madre sabe que está embarazada, su percepción sirve para crear una reacción insospechada en el camino de vida de la recién llegada. Esta es una creación conjunta entre la madre y el feto, ya que es ella quien aporta la sensación y es el feto quien elige no alimentarse para no privar a su hermano de alimento. Esto tendrá un impacto futuro en el camino de vida o la aventura que justamente está iniciando ese ser. Esto es así a pesar de que en todos los casos se le está ofreciendo el alimento. La semilla se planta en el momento en que Marta percibe y decide por fidelidad y entrega a su madre y a su hermano:

«No me merezco estar aquí y no merezco alimentarme porque le estoy quitando la leche a mi hermano».

Es importante darse cuenta de que es Marta quien determina que no merece alimentarse. Habiendo alimento para ella, «no chupa suficiente». Sea lo que sea lo que uno vive, siempre es uno quien decide cómo lo vive. Esto es así aun en los casos en los que parece que no hay otra elección. Lo cierto es que siempre la hay, y la toma de conciencia que sucede en el acontecimiento semilla lo demuestra. En el momento de darse cuenta y llevar a la consciencia lo que está ocurriendo, se hace una nueva elección que tiene un impacto desencadenante en toda la aventura de la persona. Es decir, el «darse cuenta», comprendiendo el origen de los síntomas físicos, sana tanto el futuro como el pasado. Es un auténtico acontecimiento atemporal y, por tanto, tiene efecto en todos los tiempos, dimensiones y miembros del sistema familiar, como veremos en los ejemplos del próximo capítulo, en el epígrafe *Somos Uno: se sana uno, se sanan todos*.

Recapitulando el proceso de Marta, sucedió primero que durante el viaje de exploración del acontecimiento semilla, a medida que ella desplazaba su brazo hacia la izquierda, tuvo varios *flashes* sobre distintos momentos de su infancia temprana. En uno de ellos, apareció un momento en el que, siendo bebé, al tomar la leche sintió la sensación: «No me la merezco…».

Este es un momento clave en la percepción de la realidad para Marta. Esta percepción queda instalada en su cuerpo mental y da forma a su mundo a partir de entonces. Es como ponerse unos lentes de un determinado color que *tiñen* todo lo que uno ve, es decir, percibiendo las situaciones teñidas de ese color. Con un acontecimiento semilla como este, en el que la persona siente que no merece estar en el vientre de su madre, lo habitual es que traslade el «no merece estar ahí» a otros escenarios o situaciones en su vida, como le ocurría también a Marta.

Expresando este sentimiento verbalmente en forma de creencias que quedan sumergidas en el inconsciente, descubrimos que estas eran:

— «No me merezco estar aquí».
— «No merezco alimento».

Como expliqué en el capítulo 1 sobre la jerarquía de los cinco cuerpos, una intervención o toma de conciencia en un cuerpo superior afecta a los inferiores, reflejándose todos ellos finalmente en el cuerpo físico. En este caso, la instrucción original del cuerpo mental hacia los demás cuerpos fue que no merecían alimentarse. El resto de cuerpos desarrollaron fielmente la capacidad de no alimentarse, parece que incluso a nivel celular, inhibiendo la función de absorción de determinados nutrientes. Observamos que este acontecimiento semilla está relacionado con la intención de no alimentarse. Si una persona siente que no merece alimentarse, lo congruente con esa creencia es:

- A nivel externo, no «chupar» el pecho materno y rechazar las otras leches desarrollando una intolerancia a la leche.
- A nivel interno, que sus células no se alimenten correctamente y que sigan generando como desecho —o rechazando— ácido láctico.

Ambas situaciones se daban en el caso de Marta. En este ejemplo se produjo una integración espontánea en el acontecimiento semilla; Marta se dio cuenta de que merecía estar aquí y vivir y, por tanto, sí tenía derecho a alimentarse. Eso fue definitivamente un buen regalo para recoger.

CONSTRUIMOS NUESTRA REALIDAD SOBRE EL ACONTECIMIENTO SEMILLA

Como acabamos de ver en el caso de Marta, a partir del acontecimiento semilla empezamos a filtrar la realidad con un determinado tono. Simbólicamente, es como si después del acontecimiento semilla usáramos unos lentes oscuros para mirar a determinados lugares. Súbitamente percibimos esos escenarios en un tono grisáceo y nos perdemos las posibilidades y la belleza de los colores naturales en esas áreas de nuestra vida.

¿Cómo lo hacemos para dar un significado determinado a algo que ocurre en nuestra vida? En el ejemplo anterior, Marta sentía que no merecía estar en lugares que, curiosamente, no tenían nada que ver ni con el vientre materno, ni con su casa, ni con su familia. Ella extendía su sensación de *no merecer estar* a otros escenarios.

Vemos que los lentes que la persona lleva moldean su realidad. Por ejemplo, si yo tengo la creencia de que no merezco estar aquí, podría conocer a un nuevo grupo de amigos e inmediatamente sentir que no debería estar ahí, porque de alguna manera no me lo merezco. Así extiendo la misma sensación a otros escenarios que no tienen que ver con el original. Esto recorta enormemente las posibilidades de la realidad, ya que esta queda reducida a mi peculiar escenario. Lo que ocurre en mi escenario queda moldeado por mi creencia, por tanto significa «eso» y ya no puede significar ninguna otra cosa. Para Marta el significado era: no merezco estar aquí.

Considerando este mecanismo de creación de realidad, lo que ocurre en mi escenario no significa nada antes de que lo moldee a través de mi percepción inconsciente. Cuando miro a través de mis lentes hago mi interpretación de lo que ocurre sin darme cuenta. Así le doy forma a mi realidad inconscientemente experimentándolo como si fuera verdadero.

Así es como somos artistas inconscientes en la creación de nuestra realidad. Cuando miramos a un nuevo escenario desconectados del cuerpo espiritual, no lo vemos de forma realmente nueva, sino que lo percibimos en función de nuestras experiencias anteriores. De esta manera, el nuevo acontecimiento queda asociado con una serie de eventos anteriores, que juntos sostienen una creencia determinada. A través de cada nuevo evento que queda asociado con la misma creencia, esta va tomando más peso o fuerza en nuestra vida.

Siguiendo con el ejemplo, si al conocer un nuevo grupo de amigos siento que «no merezco estar ahí», esa nueva experiencia pasa a engrosar esa misma creencia. Esta creencia toma más fuerza en mi vida y más posibilidades de ser extendida o contagiada a otros escenarios remotos. Cabe la posibilidad de que posteriormente, por ejemplo, al asistir a una fiesta o al incorporarme a un grupo de teatro, la creencia «no merezco estar ahí» quede extendida a estos nuevos escenarios automáticamente y sin que, en apariencia, pueda hacer nada para evitarlo. Si el proceso continuara de forma inconsciente, la creencia podría generalizarse a «no merezco estar en ningún lugar», convirtiendo mi experiencia de vida en una auténtica pesadilla. Es como el que sueña estar encerrado en una habitación, sin saber que realmente nunca estuvo dentro: en su pesadilla sigue buscando desesperadamente una salida sin saber que la llave de la puerta está en su bolsillo. No sabe que finalmente no hay ni habitación ni puerta ni un «quién» que pueda ser encerrado en ningún lugar.

Así vemos cómo creamos la realidad, y por tanto, como vimos en un apartado anterior, un mismo hecho puede ser interpretado de formas radicalmente opuestas. Puedo interpretar un mismo acontecimiento como una desgracia o una gran oportunidad. Es decir, lo que ocurre puede significar cualquier cosa en función del marco de percepción o el contexto en el que lo coloque. Algo tan sencillo se complica porque el marco de percepción que usamos para dar significado a lo que ocurre en el escenario suele ser inconsciente. Le damos el significado a lo que ocurre según nuestras experiencias previas, que son las que crearon nuestros actuales marcos de percepción. Esto es lo que puede convertir un bello día en un mal día, o lo que convierte un acontecimiento que nos trae un regalo en una dificultad más que se acumula con todas las anteriores. Así moldeamos la realidad; es así como la creamos y como nos quedamos atrapados en ella sin darnos cuenta.

Una pareja que no funciona

Percibimos la realidad de forma distorsionada, cada uno con respecto a los acontecimientos semilla que ha vivido. Es el filtro el que crea esa distorsión y esto hace que percibamos solo una parte de esa realidad: la que se ajusta o encaja con nuestro filtro.

En el estado de Chiapas atendí la consulta de Rosario, una mujer joven que tenía dificultades para encontrar una pareja con la que formar una familia.

Imagina que soy una niña pequeña en el momento de descubrir que tengo género, es decir, que percibo que no es lo mismo ser mujer que ser hombre. En ese momento, mis referentes serán probablemente mis padres. Buscaré en ellos los modelos pasa saber qué es ser mujer y qué es un hombre. Mi madre, o cuidadora, será mi modelo de mujer y en un primer momento trataré de ser como ella. No voy a cuestionar el modelo en absoluto —no se me va a ocurrir— y por tanto lo tomaré como la verdad. Mi padre será el modelo de hombre y sabré inconscientemente que deberé buscar uno como él para formar una pareja. En el ejemplo de Rosario, la relación entre su padre y su madre tenía una peculiaridad: él se comportaba de forma ruda y autoritaria y ella de forma vulnerable y sumisa.

Sin cuestionarlo en absoluto, yo entenderé que las relaciones entre hombre y mujer son como la de mis padres, es decir, que eso es amor de pareja. Esto será para mí un aprendizaje más y lo tomaré como la verdad. Este impacto quedará en mi inconsciente, y aunque con el tiempo entienda que hay mejores modelos de relación de pareja, la huella en mi inconsciente quedará intacta. Es muy probable que cuando crezca no me parecerá bien cómo mi padre trata a mi madre y tampoco me parecerá bien cómo ella reacciona; es decir, no me gustará ni que él sea rudo ni que ella se comporte de forma sumisa.

Aunque yo deteste ser sumisa, cabe la posibilidad de que en mis relaciones de pareja me sienta atraída por hombres autoritarios, porque para mí esa combinación significará inconscientemente amor. Con mi fuerte rebeldía frente a lo autoritario-masculino, lo más probable es que mi relación no funcione y me sienta impulsada a encontrar otra persona, como en el caso de Rosario. Desde mi parte racional, buscaré hombres amables y cariñosos porque sé perfectamente que es lo que quiero y necesito, pero simplemente no los veré. De los cientos de miles de hombres que representen una posibilidad de pareja, solo veré los que encajen con mi filtro inconsciente, los que tengan un estilo rudo y autoritario. Los demás hombres con los que me encuentre en mi vida, incluso los que manifiesten interés hacia mí, simplemente los descartaré porque no me sentiré atraída por ellos, quizá me parecerán poco hombres.

Si observamos las cualidades esenciales de cada género, ser autoritario no tiene que ver con lo masculino y la sumisión no tiene que ver con lo femenino. Sin embargo, en este caso la niña asumió estas cualidades como si fueran las verdaderas para cada género, sin plantearse ni siquiera que pudiera ser de otra manera. El caso de Rosario es un ejemplo de cómo filtramos la realidad y explica cómo se reproducen los patrones inconscientes en las relaciones de pareja, hasta que se descubren, se hacen conscientes y se liberan. Desde su nueva libertad, Rosario ha encontrado ahora el hombre que buscaba y además está felizmente embarazada.

El gran archivo

Imaginemos un gran archivo de información constituido por filas y columnas de cajones conectados, donde iremos guardando todo lo que vayamos viviendo. Cada uno de esos cajones está marcado con un título, una frase o una expresión que refleja una determinada creencia, filtro o forma de ver la vida. Al abrir un cajón encontramos todas las experiencias que sostienen esa creencia, ordenadas de la primera a la última. Algunos cajones están aún por estrenar —sin título—, y cuando aprendemos algo nuevo, abrimos uno de esos cajones nuevos para colocar allí esa primera experiencia; también asignamos un título a ese cajón en función de la experiencia. La primera vez que alguien perciba que no va a salir adelante, abrirá un nuevo cajón que titulará personalmente «No voy a salir adelante». En ese mismo cajón se irán colocando otras experiencias posteriores que hayan sido interpretadas de forma similar. Todas ellas quedarán vinculadas dando más peso al cajón y más fuerza a la creencia.

Cuando sucede algo en nuestro escenario y nos sentimos mal, es porque hemos asociado inconscientemente lo que ha ocurrido a algún determinado cajón. La nueva experiencia ha quedado vinculada a otras anteriores en las que también tuvimos ese tipo de sensación desagradable.

Por ejemplo, supongamos que en el trabajo el jefe hace unas correcciones en un documento que ha preparado una empleada. A medida que va realizando las correcciones, la empleada empieza a notar una sensación interna desagradable. Ella se siente poco valorada, la sensación se intensifica y teme incluso que la despidan del trabajo. Para que esta empleada se sienta poco valorada o incluso con temor hacia su futuro, tiene que haber vivido anteriormente otras situaciones en las que también se haya sentido de la misma manera.

Lo que ha ocurrido es que la empleada ha asociado inconscientemente esta última experiencia a otras anteriores en las que también se sintió amenazada y poco valorada. Lo mismo hizo con cada una de las anteriores: asociarlas a algo que había vivido previamente. Así hasta la primera experiencia, que es el acontecimiento semilla. Imaginando una lista de experiencias que tienen en común sentirse amenazada por el futuro y poco valorada, la experiencia actual es la última. Esta queda asociada a todas las anteriores de la misma lista o cajón, dando aún más peso a toda la serie y a la creencia de que el futuro es amenazante.

Pensemos en una situación en la que llega el quinto hijo a una familia con dificultades económicas. Se trata de un hijo no esperado, ya que bastante complicado es para los padres alimentar y atender a cuatro hijos, para que venga uno más. Los hijos mayores, aún niños, tienen que ayudar al padre o a la madre para seguir adelante.

Imagina una escena en la que la niña mayor está con la madre tratando de ayudarla: el niño pequeño llora en la cuna, el otro está pidiendo de comer, los otros dos están peleando y la madre, en un momento de desesperación, atosigada además por dificultades económicas, grita:

—¡No vamos a salir adelante!

Esta expresión, con la carga emocional que tiene en ese momento, probablemente tenga el suficiente impacto sobre la niña para que ella empiece a creer lo mismo. Así es como se convierte en su propia creencia, es decir, algo que ella cree que es verdadero a partir de entonces. Imaginemos que esa niña es la misma empleada del ejemplo anterior. Cuando personalice la creencia sobre sí misma, que es la tendencia natural, se formulará de esta forma: *No voy a salir adelante,* sintiendo la amenaza para su futuro. Quizá sienta además que ella misma tiene poco valor, ya que al ser tan pequeña no se siente capaz de ayudar a su madre como esta le pide.

Más adelante, la primera vez que un profesor le corrija un ejercicio de matemáticas, es probable que sienta internamente que vale poco y de forma amenazante que no será capaz de salir adelante. También lo sentirá cuando se rompa la relación con su primer novio, donde quizá creerá que él la ha dejado porque finalmente se ha dado cuenta de que ella es poca cosa y no vale la pena.

Tal como vamos viendo, esos lentes oscuros que incorporamos a raíz del acontecimiento semilla irán moldeando las sucesivas experiencias, las cuales serán percibidas conforme a la misma pauta y quedarán asociadas entre ellas. Cada nueva experiencia se asociará con la anterior, quedando vinculada con todas las demás, siendo la primera experiencia el acontecimiento semilla y formando entre todas un conjunto compacto. El vínculo les dará más fuerza y ejercerá un filtro sobre la realidad aún mayor.

En nuestro día a día adulto, cuando ocurre algo y nos sentimos de una manera determinada, es porque antes de esa situación ya nos hemos sentido de esa manera varias veces. Siguiendo el mismo ejemplo, habremos dado el significado «No voy a salir adelante» a una larga serie de experiencias. Si en algún momento llegamos a darnos cuenta de que hemos estado forjando una creencia así durante años, experiencia tras experiencia, será profundamente transformador, porque ya estaremos más allá de una posición de víctima o de pensar que hemos tenido una vida difícil. Nos habremos dado cuenta de que todo ese conjunto de experiencias asociadas a una misma creencia se ha erigido sobre el acontecimiento semilla, que fue la experiencia original. Recoger el regalo en el origen, es decir, transformar el acontecimiento semilla, es la clave para integrar todas las experiencias posteriores. Lo veremos a continuación.

Si pudiera viajar en el tiempo y aterrizar en la primera experiencia —es decir, en el acontecimiento semilla—, y pudiera encontrarle un significado diferente, me vería obligado a sacarla del cajón, porque ya no encajaría de ninguna manera con el significado o título de ese cajón.

Sigamos con el mismo ejemplo, viajando en el tiempo hasta el momento en el que la niña está haciendo como puede la comida para sus hermanos. Imagina que esa niña hubiera sabido que siempre habría comida para todos. En ese mismo momento se habría dicho: «Todo irá bien». Y ya no hubiera sido posible crear un cajón con el título «No vamos a salir adelante».

Vayamos ahora a por la segunda experiencia. Cuando esta se presentase, la niña ya no podría darle el mismo significado. ¿Por qué? Porque ya no existiría el cajón y, por tanto, no podría colocar la segunda experiencia en ese lugar. Así que o bien la colocaría en otro cajón, o bien abriría un nuevo cajón. De todas maneras, dejaría de tener el significado que le dio originalmente. Cuando llegara la tercera experiencia, su inconsciente se preguntaría: «¿Dónde la archivo?», y en un instante se vería obligado a colocarla en otro cajón, tomando también un significado diferente. Esto mismo sucedería con las siguientes experiencias, una tras otra pasarían a significar cosas diferentes.

Recapitulando, si pudiéramos viajar en el tiempo hasta la primera experiencia o acontecimiento semilla, podríamos transformar su significado en el mismo momento en que ocurrió. Y en ese mismo instante, el cajón desaparecería. En el ejemplo, una vez que sé que «Todo irá bien», el cajón «No voy a salir adelante» deja de existir. Más tarde, cuando revisen mi primer ejercicio de matemáticas en la escuela, le daré inconscientemente otro significado, por ejemplo: «Me gusta aprender matemáticas», o quizá otro diferente: «Las matemáticas no son lo mío». Esto definirá mi relación futura con las matemáticas, porque probablemente en ese momento abriré un nuevo cajón con ese título. Cuando termine la relación con mi novio, quizá me diré que él se lo pierde; y cuando mi jefe me corrija, pensaré simplemente que su criterio no coincide con el mío y que, si coincidiera, a él le funcionaría mejor su empresa.

De este modo, la serie de experiencias del cajón «No voy a salir adelante» se desmoronan como si se tratara de una cadena de fichas de dominó colocadas en serie, donde la primera derriba a la siguiente hasta que caen todas. El cajón queda vacío y el título-creencia desaparece, como si nunca hubiera existido esa forma de ver la vida.

Dando otro ejemplo gráfico, imagina una baraja de cartas extendida boca abajo, que ocultando sus caras reposan ordenadamente cada una sobre la siguiente. Cada carta representa una experiencia asociada inconscientemente a las demás de la misma baraja. De pronto llega la luz de la conciencia y el significado de la serie se transforma; dando la vuelta a la primera carta, se colocan todas a la vista, a la luz, cara arriba. Las experiencias, que ahora son comprendidas, quedan integradas y en lugar de limitarnos, como ocurría antes, pasan a dar soporte a otros aspectos de nuestra vida convirtiéndose en valiosos aprendizajes o recursos.

Ahora solo falta un detalle para que lo que hemos imaginado se haga posible: encontrar la manera de viajar en el tiempo hasta el acontecimiento semilla e integrarlo de forma que se transforme su significado en nuestra vida.

En cuanto a viajar en el tiempo, eso es justamente lo que hemos aprendido a hacer con la práctica *Punto semilla*. Como vivos anteriormente, la mente racional vive en el tiempo, ya sea pasado o futuro, mientras que el cuerpo vive siempre en el ahora. Contemplemos el tiempo como una creación de la mente racional; eso nos permite viajar mentalmente en la ilusión del tiempo, aterrizando en el acontecimiento semilla, mientras el cuerpo sigue experimentándolo en el presente. El hecho de que el cuerpo lo viva como si estuviera ocurriendo en ese preciso momento permite que la integración sea atemporal, y por tanto llegue a todas las dimensiones de la conciencia. Transforma pasado, presente y fututo, porque todas coexisten en el mismo instante, que es ahora.

En cuanto a realizar la integración del acontecimiento semilla para que se transforme su significado, es lo que vamos a explorar en el próximo y último capítulo. Para terminar este, veamos un ejemplo más de transformación de significado que sucede espontáneamente al encontrar el acontecimiento semilla.

Vero y los abusos

Vero, una mujer de 32 años, acudió a la consulta debido a que no conseguía tener una relación de pareja, aunque lo deseaba profundamente. No había tenido una sola relación que considerara sana. Decía que nunca había tenido un novio y que eso era debido al «trauma» causado por numerosas situaciones de abusos sexuales en su vida.

En el transcurso de la sesión se refirió en concreto a tres situaciones de abusos: la primera, siendo una niña y sufriéndolos por parte de un vecino; la segunda, en la etapa adolescente, un desconocido intentó violarla saliendo de una discoteca; la tercera, hacía cinco años, cuando sufrió abusos por parte de un compañero de trabajo. No entramos a explorar el contenido de cada uno de estos tres acontecimientos en los que su edad y escenarios eran tan diferentes; sin embargo, había algo que llamaba la atención: ella se refería a cada una de estas situaciones por separado con la misma expresión: «Me están usando», cuando quizá una expresión más acorde, según ella lo había etiquetado al presentarse en la primera sesión, habría sido: «Están abusando de mí o forzándome».

A pesar de ello, ella seguía manteniendo que la usaban. Eso hacía pensar que esa repetición de abusos en distintos escenarios podía haber empezado antes, en el acontecimiento semilla, en una experiencia donde no era tanto abusada como usada.

Lo confirmaba el hecho de que en la primera de las tres experiencias, en la que fue abusada por un vecino, dijo: «También me usa», y eso significaba, inequívocamente, que la habían usado antes; si no, no habría dicho *también*. Mi experiencia me decía que algo había sucedido antes, aunque cuando le preguntaba por una situación de uso o abuso anterior a esa en su niñez temprana, decía que no, rotundamente que no, que el primer contacto genital que había tenido en su vida, siendo una niña pequeña, fue con ese chico vecino suyo.

En la segunda sesión, en la que nos dirigimos al acontecimiento semilla a través de la práctica *Punto semilla*, apareció con claridad un momento anterior a todas las situaciones de abusos. En este caso, llegamos a un periodo previo al nacimiento en el que confluyó una situación singular. Se daba la circunstancia de que un médico le había dicho a su madre que sería bueno que se quedara embarazada para mejorar de una enfermedad que padecía. Por otro lado, su padre recibiría una recompensa por el hecho de tener descendencia, dado que su propio padre —el que iba a ser abuelo— había prometido una cuantiosa suma al primero de sus hijos que le diera un nieto. Ahí fue donde apareció la primera expresión «Me están usando». Así, con solo haber nacido, ya había sido usada por su madre —por temas de su salud— y por su padre —para obtener una recompensa.

Como sabemos, las experiencias posteriores se apilaron una tras otra sobre el acontecimiento semilla. Las situaciones de *ser usada* se fueron repitiendo, siendo unas más intensas que otras. Esto se había asociado en la edad adulta a la dificultad de mantener una relación normal con un hombre, ya que se sentía inmediatamente usada por él. Como expliqué en el apartado anterior, la sensación de ser usada se había extendido a otros escenarios.

Por lo que explicaba Vero, observé que ella había sido una persona que negaba la vida diciendo «No» a la mayoría de cosas que se le presentaban, tales como oportunidades para salir con amigos, viajes, celebraciones, posibilidades de trabajos, etc. Ella encontraba cierto poder al expresar su «No», que para ella significaba: «No me van a usar».

A través de la simple contemplación del acontecimiento semilla, ella se dio cuenta de que sus padres la querían a pesar de todo, que una cosa no tenía que ver con la otra. Es decir, que el hecho de que cada uno de ellos obtuviera ciertos beneficios derivados de su nacimiento no excluía que la quisieran. Cuando ella sintió en su cuerpo el verdadero amor de sus padres, se entregó conscientemente y con satisfacción a sus deseos; entonces le produjo alegría aliviar el sufrimiento de su madre y también satisfacer a su padre y a su abuelo.

Inmediatamente después de la integración me dijo que veía las cosas de manera distinta: que con el vecino en realidad solo estuvieron jugando; que él se pasó un poco de la raya ya que tocándola, aun superficialmente, fue más lejos de lo que debía, pero que no pasó nada más. Que en la segunda situación, el desconocido la asaltó a la salida de la discoteca, aunque ella gritó resistiéndose con fuerza y se defendió bien, de modo que tampoco ocurrió nada importante. En realidad no era un desconocido, sino un chico que ya la había estado molestando antes y que ella había ignorado deliberada y repetidamente. Era cierto que se llevó un gran susto, pero el contacto sexual que supuestamente debía ser la intención del chico nunca llegó a producirse. En la tercera situación, la del compañero de trabajo, me dijo que ella sabía que le gustaba mucho a ese chico, que parecía muy tímido. Se daba cuenta de que esa vez que se quedaron solos en la oficina hasta tarde, fue una situación que ambos propiciaron. El chico intentó abrazarla y besarla porque no fue capaz de mostrar su deseo hacia ella de otra manera. Tampoco ella se lo había permitido hasta entonces, ignorándole todo el tiempo, aunque reconocía que sentía algo de atracción por él.

Me contó también que había tenido algún flirteo con otros chicos, aunque no le había ido bien con ninguno. Ahora se daba cuenta de que ella vinculaba tener un novio con el hecho de ser usada por él, y eso le impedía consumar la relación. Ahora percibía la situación de forma completamente diferente.

El ejemplo que acabo de compartir no refleja una sola realidad, sino varias, todas ellas reales. No quedamos afectados por los hechos que ocurren, sino por la interpretación que hacemos de ellos. Antes de la integración del acontecimiento semilla ella contaba esos mismos hechos de manera dramática, es decir, antes había sufrido abusos, pero después ya no los había sufrido. ¿Acaso no era cierto lo que había contado antes, o acaso lo que era falso fue lo que contó después? No, nada de eso: lo que contaba antes era su verdad anteriormente, y lo que contó luego lo era también, solo que después. El caso es que el acontecimiento semilla quedó integrado y el regalo, recogido, y eso provocó que ella lo viviera todo de manera diferente; cambió su realidad.

Después de un tiempo supe, a través de una amiga común, que se sentía feliz y que al fin tenía una relación estable.

Para finalizar este apartado es importante resaltar que tu cuerpo espiritual siempre está intacto, nadie puede tocarlo; incluso en el caso de que alguien use tu cuerpo físico. Es cierto que los acontecimientos pueden causar dolor físico o emocional, aunque el sufrimiento sólo puede crearlo uno mismo con su cuerpo mental —sus pensamientos—, porque el alma es intocable y permanece luminosa.

Capítulo 6
El regalo está disponible
La integración y la transformación personal

E N EL CAPÍTULO ANTERIOR acabamos de descubrir cuál es la raíz de lo que se manifiesta como distintos síntomas o lo que llamamos enfermedades. Esta raíz es el acontecimiento semilla, y se mostró la práctica *Punto semilla* para que el lector pudiera realizar el viaje para llegar hasta esta primera experiencia.

Ahora bien, el hecho de descubrir dónde está el origen o la raíz de los síntomas no es siempre suficiente para que la integración sea completa y para que el regalo que está disponible se recoja en su totalidad. En ocasiones llegan personas a los cursos o las consultas queriendo saber cómo han hecho para crear una enfermedad determinada. En realidad, basta poco tiempo para que la persona descubra cómo ha creado sus síntomas y sepa cuál es el regalo que la está esperando. En la gran mayoría de los casos, tanto los asistentes a un curso de introducción como los que acuden a la primera consulta descubren muy pronto cómo han hecho para crear y mantener lo que se manifiesta en su cuerpo como una enfermedad.

Una vez lo han descubierto, la siguiente pregunta suele ser:

—¿Y ahora qué debo hacer, cuál es el siguiente paso?

Es posible que, como lector, te encuentres tú ahora en esta misma situación. Espero que en este punto del libro —si ese era uno de tus propósitos al leerlo— ya hayas descubierto la raíz del síntoma físico, emocional o mental que te interesaba explorar. En todos los casos que se expusieron en el capítulo anterior, el hecho de encontrar el acontecimiento semilla permitió que la integración completa sucediera automática e instantáneamente, aunque esto no siempre ocurre. Siguiendo con el ejemplo de las piezas del rompecabezas personal, el hecho de descubrir cómo estas encajan perfectamente desde una visión lógica o racional no siempre garantiza que la integración se realice a nivel corporal. En ocasiones es necesario dar un paso más.

Si sientes que en el momento en el que comprendiste cómo encajaban las piezas de tu rompecabezas personal no se produjo automáticamente la integración, significa que la llamada de la vida que llega a través de este síntoma contiene algo de mayor valor para ti. Queda pendiente el último paso, que es el que describo en este capítulo: recoger el regalo. Este paso definitivo indica que has realizado una integración completa y que finalmente has experimentado tu transformación personal.

LOS TRES PASOS QUE LLEVAN A RECOGER EL REGALO

El proceso de recoger el regalo tiene tres pasos. Hemos visto a lo largo del libro que el primero es atender o escuchar la llamada del alma, especialmente si esta llega cubierta de lo que aparenta ser una mala noticia. En esos casos, es posible que el impacto de recibir la mala noticia atrape nuestra atención y no se nos ocurra pensar que allí hay también un regalo que espera ser recogido. Para poder apreciar este regalo hay que desenvolverlo, «des-cubrirlo». Con este propósito hemos asumido que somos creadores de nuestra realidad y de nuestro cuerpo, por tanto nos corresponde tomar nuestro poder creador sobre lo que se presenta como una dificultad en nuestra vida o una enfermedad en nuestro cuerpo. Esta es la apertura que se necesita para el primer paso: asumir tu poder creador y disponerte a revelar el regalo que se presenta ante ti.

El segundo paso es descubrir el mensaje específico que trae esta llamada y que, como vemos, en ocasiones llega a través de lo que se presenta como un obstáculo en la vida o una enfermedad. Hemos dedicado por completo los capítulos 3 y 4 a que desarrolles la habilidad de descubrir los mensajes que llegan a través de las contrariedades y los síntomas físicos, respectivamente. Dispones de preguntas específicas, varios casos de ejemplo para que logres identificarte con alguno de ellos y las prácticas correspondientes a cada capítulo. También acabamos de encontrar el acontecimiento semilla, que nos ha dado la comprensión acerca del origen o raíz de ese mensaje.

El tercer paso es usar el poderoso mensaje que has descubierto para elegir impecablemente tu siguiente paso en el camino de vida, dado que probablemente la nueva percepción adquirida a través de comprender el mensaje le dará una nueva dirección a tu camino. Este es el propósito de este capítulo, porque en el momento en que tenemos el mensaje, la clave es cómo incorporamos y usamos la valiosa información que este contiene. Usar el mensaje nos dirigirá inevitablemente hacia una transformación personal.

El que finalmente se sana no es ya el mismo que el que se enfermó. Hay un antes y un después que incluye una transformación personal. La persona que ahora está sana no es la misma que era, se ha convertido en alguien diferente a través del proceso de descubrir el regalo de la enfermedad. Ahora es más consciente, más plena, más integra y congruente. Este es precisamente el regalo: descubrir la buena noticia que aguarda en la situación o la enfermedad; darnos cuenta de que lo que nos ha ocurrido nos sitúa con toda precisión frente al propósito y el sentido de nuestra vida.

Es posible que esta transformación en tu percepción haya ocurrido ya de forma espontánea al leer alguna parte del libro o al encontrar el acontecimiento semilla. En estos casos, este capítulo te ayudará a afirmar y establecer esta transformación en tu vida.

El capítulo está dedicado a concluir el proceso de integración o sanación del acontecimiento semilla. El cierre lo realizaremos con la práctica que veremos a continuación, a través de la expansión de conciencia que se logra cuando se observa una situación desde todos los puntos de vista o dimensiones.

Detrás de cada experiencia no integrada hay un regalo que está pendiente de ser recogido. Cuando hay un asunto sin resolver, este suele presentarse reiteradamente a lo largo de la vida para poder ser sanado algún día. Gracias a que se repite el mismo tipo de experiencia reiteradamente, podemos tomar conciencia de su existencia y reconocer e integrar finalmente el tesoro que contiene. Si no es un tema grave ni afecta a un aspecto básico de nuestra vida, podemos tratar de ignorarlo mirando hacia otro lugar, aunque esto no siempre es posible.

El asunto pendiente nos está hablando de algo que está relacionado con nuestro crecimiento o evolución y que está siendo ignorado, consciente o inconscientemente. Ese crecimiento o evolución es precisamente el regalo que nos ofrece la situación pendiente. No obstante, el hecho de que carezcamos de la consciencia o de la visión de que se trata de un regalo es lo que nos puede impedir afrontar la situación para así poder recogerlo. Por ello, la situación se repite una y otra vez, hasta que dispongamos de la conciencia que permitirá que el regalo sea recogido en su totalidad.

Es la llamada del alma que busca captar nuestra atención para que nos demos cuenta de que hay algo de valor en esa área de la vida y de que se presenta una buena oportunidad de descubrirlo. Si la situación se ha estado ignorando durante bastante tiempo, puede llegar a un límite en que nos obligue a hacer algo al respecto. Cuando la llamada del alma llega al cuerpo físico, significa que el asunto es de vital importancia. O bien es algo urgente, o bien lleva demasiado tiempo siendo ignorado.

Llegado ese momento, nos queda finalmente claro que ocupa no solo un espacio en nuestra conciencia, sino también en nuestro cuerpo a través del dolor o la incomodidad constante. En ese momento ya no permite ser ignorado por más tiempo, toma protagonismo y requiere atención. Mientras el regalo está pendiente de ser recogido, el patrón, situación o molestia física continúa presentándose.

Recoger el regalo despertará una parte de nosotros que se había quedado dormida y nos impulsará poderosamente a dar un nuevo paso en nuestro camino de vida. Si estamos atravesando una circunstancia que nos hace sufrir, nos liberará de ella a través de comprender ampliamente lo que está sucediendo. Recogerlo también tiene la capacidad de sanarnos a nosotros mismos, a nuestras relaciones personales y a nuestros ascendientes y descendientes. Así ha ocurrido en los distintos casos que se exponen a continuación, porque la enfermedad o la situación es un reflejo del ser interior y muestra algo que hemos ignorado y que es de vital importancia. Al llevarlo a la luz de la conciencia creamos salud en el cuerpo y plenitud en la vida.

LA SANACIÓN EN EL TEMPLO INTERIOR

Este trabajo está diseñado para realizarse a continuación de la práctica *Punto semilla* del capítulo anterior. Su propósito es concluir el proceso de integración y sanación una vez que estamos inmersos en la experiencia del acontecimiento semilla. El desarrollo de la práctica producirá una expansión de conciencia como efecto de observar este acontecimiento desde los puntos de vista de todas las personas que intervienen en él; también desde el punto de vista espiritual.

Cada uno de nosotros disponemos de un espacio interior sagrado que representa nuestra más pura esencia; denominamos a este espacio el templo interior. Podemos acudir a este espacio de recogimiento en cualquier momento, bien para descansar o para sentirnos simplemente en paz, o bien para explorar un propósito en particular. El proceso que describo nos conducirá al

templo interior con el propósito de integrar y sanar el acontecimiento semilla.

Llamamos a esta práctica *Sanación en el templo interior* y es
la versión que usamos en los cursos de introducción. La presentamos aquí debido a su sencillez, dado que permite que uno mismo pueda profundizar en el acontecimiento semilla, en caso de
que sienta el impulso de intentarlo.

La práctica ofrece la posibilidad de recoger un regalo pendiente y liberar un patrón que se repite, ya sea un comportamiento, una respuesta emocional o un síntoma físico. Si el acontecimiento ha sido integrado, es decir, si se ha producido la
transformación personal y la información obtenida se usa para el
nuevo camino de vida, lo más probable es que el alma deje de
llamar la atención en esa área. Sin embargo, no siempre hay ga-
rantía de que suceda la integración cuando uno se embarca por
sí solo en el trabajo del acontecimiento semilla. A veces es necesario esperar más tiempo, hasta que llegue el momento de maduración en el que uno está listo para ello, y otras veces se requiere el acompañamiento de un especialista que nos asegure
que hemos localizado el acontecimiento semilla y que nos acompañe para profundizar en él.

Al final de la práctica anterior, *Punto semilla*, ya habremos
averiguado cuál es el acontecimiento semilla y cuáles son los
personajes que participan en ese escenario. Lo que haremos a
continuación será imaginar que invitamos a estos personajes a
participar en nuestra ceremonia de sanación en el templo interior. También invitaremos a nuestro yo pequeño y pediremos la
presencia de alguien significativo para nosotros, como si fuera
un guía espiritual para la ceremonia. Una vez dentro del templo
interior imaginaremos una luz que irradia desde su centro y pediremos a los participantes que se sienten alrededor de este centro, formando entre todos un amplio círculo de sanación. En ese
momento iniciaremos la ceremonia con un diálogo o comunicación imaginada entre los personajes que intervinieron en el
acontecimiento semilla. Cada uno de ellos comunicará sus de-

seos y necesidades y escuchará los de los demás. Cuando la comunicación entre los personajes haya sido completada y comprendida, se producirá un determinante efecto de integración en ese acontecimiento y los posteriores que se hubieran construido sobre este.

Tenemos representaciones internas de todas las personas con las que hemos estado en contacto. En realidad, esas personas existen en nosotros a través de lo que representan internamente. Una representación interna de alguien es lo que sentimos, pensamos o creemos de esa persona; son las imágenes internas de lo que hemos vivido o imaginado, las palabras o conversaciones registradas en nuestra mente y las sensaciones grabadas en nuestra piel. Toda esta información está registrada en distintos lugares de nuestro cuerpo, y esas son las áreas donde el trabajo va a tener efecto inicialmente. El hecho de que esta información esté dentro de nosotros es lo que permite que se realice la integración y la sanación. No importa que no podamos hablar con esa persona porque no sepamos dónde está o porque esté en otro plano —fallecido—, porque lo que se sana es nuestra representación interna. De hecho, aunque pudiéramos hablar con la persona que participó en el acontecimiento semilla, no sería necesario. ¿Por qué? Porque en todo caso hablaríamos con la persona del momento actual, pero con quien tenemos que hablar es con la que *era* en el acontecimiento semilla. Por tanto, tenemos que viajar en el tiempo para encontrarla, esta es la clave, porque esa es la persona que realmente existe en nuestra representación interna de ese momento.

Antes de finalizar la ceremonia en el templo interior, observaremos el acontecimiento semilla desde el lugar o posición de todos los que participaron en él y también desde la posición del guía espiritual.

He incorporado en el anexo la descripción detallada de los pasos que se siguen en el proceso.

Marité ya apoya sus pies completamente

En un curso en México, en uno de los trabajos de demostración del acontecimiento semilla, Marité, la persona que se ofreció como voluntaria para realizar esa práctica, experimentó al finalizar la liberación de un intenso dolor que la había acompañado durante años.

No siempre estoy al corriente de las sanaciones corporales que suceden espontáneamente en algunos de los participantes en los cursos, ni de cómo estas evolucionan en el tiempo. La clave está en comprender profundamente lo que el alma les está queriendo decir a través del síntoma o dolor corporal. Esta integración sucede a través de un «darse cuenta» que puede producirse también simplemente al leer el libro. Para algunas personas, experimentar un darse cuenta es algo así como entrar en una nueva dimensión de la conciencia a la que no están habituadas. Es como vislumbrar un destello de una nueva realidad espiritual donde todo está bien y justamente en su lugar. Una realidad donde no hay lucha para sobrevivir, ni esfuerzo en el hacer, ni ansia de conseguir; ahora sabemos que una visión de esas características crea tensión en el cuerpo físico y finalmente puede enfermarlo.

Aun vislumbrando un destello de esta nueva realidad, puede ocurrir que luego estas personas regresen a su antigua realidad sin haber integrado la maravilla que han experimentado. En consecuencia, puede ocurrir que sus vidas no se transformen en absoluto, más allá de conservar un dulce recuerdo de lo experimentado, como si hubiera sido una ensoñación. Por ello, nuestra misión es compartir conocimientos prácticos, para que la persona se los pueda llevar «puestos», es decir, incorporados en su ser. Así, después de haber experimentado un darse cuenta, cuando regrese a los escenarios donde transcurre su vida cotidiana, tendrá la capacidad de sostenerlo y transformar la visión de esos eventos que aparentemente dificultaban su aventura.

Si la experiencia del despertar o darse cuenta no se ha establecido con fuerza, es posible que los síntomas, tanto físicos como emocionales que la persona tenía previamente, aparezcan de nuevo. La intención es que después de tener la experiencia de leer el libro o de asistir al curso, la persona permanezca anclada en esta nueva dimensión de la conciencia, que se experimenta como vivir en un nuevo mundo de paz interna.

En este caso que ofrecemos de ejemplo, tuvimos noticias de Marité después de un tiempo, al recibir la carta de agradecimiento que copio a continuación.

Te resumo la historia, querido Josep:

Había padecido a lo largo de muchos años de un intenso dolor de piernas y, sobre todo, de pies que en ocasiones era insoportable, pues ni sentada ni acostada se me quitaba este dolor. Ahora sé que hubo un detonante.

A los pocos minutos de iniciar el curso de México, ya estaba fascinada con lo que estaba comprobando y relacionando, con lo que sé de la relación mente-cuerpo. Por supuesto, nunca me habría imaginado que a mí me pasaría algo tan grandioso como para ser testigo de cómo es la magia de El lenguaje del alma. Pues bien, el domingo por la mañana, antes del curso, llamé a la organizadora para avisar de que llegaría tarde, pues acababa de tomar la decisión de ir. Momentos antes, creía que me sería imposible asistir con tan enorme dolor, que tantas veces antes me limitó y hasta llegó a paralizarme. Al llegar me dijiste: «¡Qué bueno que llegaste!». Y rompí en llanto, pues... ¡estaba llena de coraje y harta de ese dolor! Entonces fue cuando me ofreciste tomarme de ejemplo para mostrar cómo se hace para llegar al acontecimiento semilla.

Me preguntaste: «¿Cuándo fue la primera vez que recuerdas que tuviste este dolor tan intenso?».

Mi respuesta fue: en 1986 —mi edad era de 27 años—, en un evento mundial en el Estadio Cuauhtemoch, en Puebla. Mi labor ese día era recibir a los embajadores de distintos países y, desgraciadamente, comencé a sentir ese dolor en piernas y pies. Ahí mismo, los paramédicos dentro de la ambulancia tuvieron que suministrarme un medicamento inyectable muy potente para disminuir el dolor, y co-

mentaron que tenía flebitis, cosa que no era cierta. Solo fue en esa ocasión que se me pusieron las piernas negras.

A continuación, me guiaste para que señalara el acontecimiento semilla. Entonces recuerdo que me encontré en mi mente como una niña de tres años, enfrente de mi abuelita Carmelita, de quien guardo el recuerdo de que siempre me adoró y que me daba todo cuanto necesitaba hasta siendo ya mayor de edad; así fue conmigo. Ella se encontraba sentada, delgadita, muy arregladita. Entonces recuerdo que, por algún motivo, tropecé con sus piernitas y ella comenzó a sobarse y, con una expresión de un enorme dolor, solo se quejaba y decía: «¡Ay!, ¡ay!, ¡ay!». Me quedé petrificada, pues había comprendido que yo la había lastimado, y no recuerdo si fue porque yo estaba bailando y tropecé con ella o porque le iba a dar un beso. No sabía en ese entonces pedir perdón u ofrecerle mis disculpas; solo recuerdo su brazo estirado para que yo no me acercara y la volviera a lastimar.

Recuerdo que entonces tú me pediste que llevara esta experiencia a la ceremonia de sanación del templo interior y que iniciara un diálogo interior con mi abuela. Me di cuenta de que ella no se enojó conmigo, tan solo se estaba protegiendo. Cuando regresé del viaje al templo interior, me pediste que caminara. Parece que caminé con los laterales de las plantas de mis pies, pues seguramente desde entonces tuve precaución de no pisar para no lastimar a nadie, y me dijiste que a partir de ese momento ya podía andar normalmente apoyando todo el pie en el suelo.

Cabe mencionar que el día anterior preguntaste: «¿Qué regalos llevábamos a la fiesta[56]?». Te mencioné: «El dolor en mis pies, que no me permite ni caminar, ni hablar, ni pensar». A lo que tú repetiste lo

---

[56] En el curso de *El lenguaje del alma* hay un apartado que es como una fiesta. El asistente está invitado a traer un regalo que le ha hecho la Vida y al que no encuentra sentido. Puede traer un síntoma o dificultad física, lo que se denomina una enfermedad, un bloqueo emocional, una pérdida, un sentimiento desagradable o un desafío espiritual, todo es bienvenido. Durante el encuentro tomamos lo que la persona trae y lo transformamos en un regalo que ella pueda reconocer. Nuestra intención es que al terminar el curso se lleve un regalo que tenga la capacidad de transformar su vida o la situación que esté atravesando.

mismo, y dijiste: «¡Qué interesante!». Ahora comprendo tu expresión en relación a mi descubrimiento del día siguiente.

Ese día ya no sentí dolor. Pude terminar el curso y por la tarde me recosté a descansar, y hasta el día de hoy, casi dos años después, quiero decirte que... ¡soy libre de tan terrible dolor!

CRISIS DE SANACIÓN

Cuando en una integración están vinculados aspectos de salud física, el cuerpo activa y despliega su capacidad de autosanación. En ese momento cabe la posibilidad de experimentar una intensificación de los síntomas por un corto periodo de tiempo. Por ejemplo, un síntoma que es crónico puede pasar a agudo antes de desaparecer, justo al final del proceso de liberación y sanación.

Como hemos visto en ejemplos anteriores, cuando el cuerpo no tiene permiso para expresar una emoción, la guarda. La integración de un acontecimiento semilla puede permitir al cuerpo dejar de almacenar algo. Esto indica que el cuerpo tiene ahora el permiso para soltarlo y lo hace. En tales casos, tal como hemos dicho, es posible que aparezca una intensificación momentánea del síntoma.

Pensemos, por ejemplo, en alguien que no se da el permiso para expresar sus emociones. Esa falta de permiso puede ser aprendida, de modo que es posible que el entorno de origen —es decir, que otros miembros de la familia, ya sean los padres o los ancestros— no tuviera tampoco ese permiso. La negación de ese permiso para expresar hace que la emoción se intensifique internamente. De hecho, lo que se niega, se reprime o se resiste toma más fuerza en la vida.

Lo que ocurre físicamente es que si no hay permiso para expresar una emoción, el cuerpo tiene que guardarla dentro de él. Si el proceso es continuo, la retención se acumula y acaba por manifestarse ocasionalmente a través de síntomas que podrían

diagnosticarse como crónicos. Lo que es crónico no es el síntoma, sino el patrón de contener la emoción, en este caso, transmitido por la generación anterior. Esto también explica en parte
las repeticiones en los síntomas o enfermedades de los miembros de un mismo sistema familiar.

Cuando se produce un darse cuenta de este proceso y la integración correspondiente, de pronto desaparece la negación de
la emoción y el cuerpo tiene permiso para mostrar y soltar lo
que hasta entonces reprimía. Aunque el proceso de soltar pueda ser en alguna ocasión intenso y agudo, el cuerpo sabe lo que
está haciendo. Atendiendo a la sabiduría corporal, que es fruto
de millones de años de evolución, es seguro que el cuerpo va a
encontrar su mejor forma de liberar la emoción contenida. Este
proceso se llama crisis de sanación.

Naturalmente, hay otras formas de integración, como son los
sueños, el descanso profundo y también prolongado y otros ajustes corporales, entre los que podemos encontrar variaciones en
la postura corporal o en la forma de moverse, o por ejemplo tener apetito injustificado por un tipo de alimento determinado.
Hay que tener en cuenta que el cuerpo sabe lo que está haciendo y, en lo posible, hay que permitirle que lo haga; es decir, que
si el cuerpo pide descanso, hagamos lo posible para dárselo. La
integración puede continuar en los días siguientes a través de lo
que llamamos *darse cuenta* espontáneos, donde pueden aparecer
imágenes de distintos momentos de la vida que en ese instante
toman un nuevo significado.

Gastritis que desaparece

En uno de los cursos de acontecimiento semilla celebrados
en Monterrey, Madya, una de las participantes, se ofreció como
voluntaria para tratar una gastritis crónica con un intenso malestar abdominal que la dejaba a menudo tumbada durante horas sin la capacidad de hacer nada.

Su integración fue una de las más luminosas que he tenido el honor de presenciar, recogiendo Madya multitud de regalos en su camino de vida y contagiando de amor, emoción e inmensa alegría a otros participantes presentes. Además, al final del trabajo la sensación abdominal había desaparecido completamente.

Al día siguiente de realizar la integración, Madya fue a visitar a su padre, con el que había tenido diferencias desde la infancia y que desde bien pequeña le había transmitido el mensaje «¡Que sea fuerte la cabrona!». Este mensaje había aparecido repetidamente durante la integración en el templo interior y había sido también determinante en su integración.

Según las palabras de Madya, al encontrarse con su padre después de la integración:

«Le abracé con todo mi ser..., y mi madre me comentó: "¡Ay, hijita, cuánta luz se te ve reflejada en la cara!"».

Al día siguiente de este encuentro tuvo que dirigirse al hospital y quedarse allá ingresada por tres días. Aunque ya hemos mencionado que pueden suceder crisis de sanación, tener que acudir al hospital no es lo habitual en absoluto.

Madya comentó con posterioridad que lo que le había ocurrido durante su estancia en el hospital fue que estuvo haciendo una limpieza por arriba y por abajo. Lo que había comenzado como una gastritis crónica pasó a ser colitis aguda, y también se dirigió hacia arriba, presionando la boca del estómago y causando vómitos. Ella lo interpretó como la sanación definitiva de sus molestias. El hecho es que hasta la actualidad, más de dos años después de la integración, ni la gastritis ni las molestias abdominales le han vuelto a aparecer.

Aunque en ocasiones los síntomas parezcan disfuncionales, el cuerpo sabe lo que hace. La inteligencia creadora del mismo universo se expresa en nuestro cuerpo humano. En él se conjugan millones de años de sabiduría, mostrando una inteligencia que la mente racional no siempre es capaz de comprender. Por tanto, aunque no sabemos cómo va a reaccionar el cuerpo en el siguiente paso, se trata de tener conciencia de que él sabe lo que hace.

De este modo, quizá debamos, por primera vez, dejar que el cuerpo se exprese libremente en lugar de intentar detener la sintomatología que se manifiesta. Si los síntomas llegan a cierta intensidad, siempre podemos acudir a nuestros respectivos sistemas de salud, como en este ejemplo, acudir al hospital o recurrir a los tratamientos convencionales; eso sí, con la conciencia de que el cuerpo sabe lo que está haciendo. A la vez, tratando de descubrir la buena razón por la que el cuerpo físico hace lo que está haciendo, es decir, comprender el motivo por el que se manifiesta un determinado síntoma, en una parte específica del cuerpo, precisamente de la manera como lo está haciendo.

EL REGALO TE LLEVA A LA LUZ

El acontecimiento semilla es una experiencia donde pueden haber sucedido una gran variedad de situaciones, que podrían ir desde un ligero malentendido a una experiencia emocionalmente dolorosa. En cualquier caso y antes de que se produzca su integración, es una experiencia donde hay poca claridad, en la que filtramos o percibimos solo una parte de la realidad. El trabajo del acontecimiento semilla garantiza una integración en un espacio interno inicialmente confuso, donde finalmente llega la luz de la conciencia y se produce una completa comprensión de todas las circunstancias de la experiencia. En la integración se experimenta una liberación que se puede incorporar a la vida diaria a través de un sentimiento de plenitud y de agradecimiento por todo y hacia todos.

El acontecimiento semilla suele ser una experiencia de baja intensidad emocional en comparación con otros acontecimientos en la vida de la persona que podríamos llamar intensos y que algunas personas calificarían de traumáticos. Cuando comprendemos *El lenguaje del alma* nos damos cuenta de que no hay acontecimientos traumáticos, sino llamadas extremas que nos reubican en nuestro camino de vida. Como seres humanos estamos realizando una travesía que incluye desafíos de intensidad, individualmente y también globalmente como especie. En una aventura hay retos y a veces las situaciones se complican o las complicamos nosotros; en lugar de aceptar la situación tal como viene, hacemos difícil lo que es fácil. Por supuesto, a veces estos retos se presentan de forma intensa o extrema. Es bueno recordar que finalmente el alma está siempre bien, intacta sea cual sea la situación por la que el personaje deba cruzar. Al alma nunca le pasa nada y el viaje siempre es de crecimiento para todos los que participan.

En ocasiones, después de las distintas prácticas compartidas en *El lenguaje del alma*, he presenciado cambios espectaculares en el cuerpo físico. Alguna vez llegan mensajes como estos:

— «Ya no me ha dolido más».
— «La alergia ha desaparecido».
— «El bulto no está».
— «Ya no van a operarme».

No es seguro que estos sucesos extraordinarios con efecto en el cuerpo físico vayan a ocurrir. Lo que sí es seguro que va a ocurrir, o al menos con una enorme probabilidad, es que si había una sensación de falta o de carencia, esta va a desaparecer. Este será en cualquier caso un gran regalo que puedes recoger en ese acontecimiento, porque lo que parecía que faltaba, en realidad estaba ahí. Ya no hay carencia o ausencia, has comprendido quién o qué eres, ya no hay necesidad de búsqueda en el futuro. Eres, siempre has sido y siempre serás un ser completo.

En todos los casos en los que el trabajo del acontecimiento semilla se realizó completamente, sucedió una experiencia de claridad y liberación. Recoger el regalo significa darse cuenta de cómo el acontecimiento semilla nos enfoca en nuestro camino de vida. Entonces dejamos de percibir el suceso como un problema, un trauma o algo que nos condiciona o limita, y lo aceptamos con agradecimiento. No se trata de una aceptación forzada, sino de saber que todo está muy bien organizado; de darse cuenta de cómo todo encaja y da un sentido global a nuestra vida.

Pablo encuentra su regalo

En uno de los cursos se presentó un señor llamado Pablo diciendo que no podía recordar nada de su infancia, que no tenía ningún recuerdo. Solo *sabía* que había sido feliz hasta un día determinado de su niñez, y ya nunca más a partir de entonces, aunque no sabía qué había pasado ese día.

Este es un ejemplo de que la mente racional *olvida* no solo un acontecimiento doloroso, sino que es capaz de sepultar todo un periodo de vida para garantizar que nadie pueda llegar hasta ahí. Es una forma de protegerse del dolor que causó un acontecimiento, aunque al hacerlo se pierde la posibilidad de descubrir un regalo que sigue esperando ser recogido. También es un ejemplo de que a pesar de todo el esfuerzo que hace la mente racional para *enterrar* el suceso, a nivel subconsciente la sensación de infelicidad está presente. Esa sensación afecta como una música de fondo a toda una serie importante de experiencias que vive la persona a partir de ese momento.

En este caso es evidente en qué consiste el regalo, ya que, tal como Pablo lo expresa, perdió su felicidad a partir de ese día. Así pues, recoger el regalo para él significa recuperar la felicidad perdida. Supongamos que Pablo perdió la felicidad en torno a los tres años de edad; si ahora tiene 53, estamos hablando de unos 50 años con la sensación de ausencia de felicidad. La integración en el acontecimiento semilla es atemporal, eso significa que no solo puede recuperar su felicidad a partir de los 53 años, sino desde los tres y como si nunca la hubiera perdido. Como vimos, la integración del acontecimiento semilla tiene efecto sobre todas las experiencias que se construyeron sobre él, es decir, todos los acontecimientos posteriores que quedaron asociados al semilla. Veamos cómo se hace.

En el caso de Pablo partíamos aparentemente de un inconveniente: él decía que no recordaba nada de su infancia. En realidad, no necesitábamos su capacidad de recordar, que podría ser mejor o peor, sino su capacidad de revivir acontecimientos, que es algo de lo que disponemos de forma natural. Puede requerir cierto tiempo llegar a reconectar con esas áreas sumergidas de la consciencia, aunque si la persona está dispuesta a descubrir lo que hay ahí, conseguirá hacerlo.

Como hemos visto en alguno de los ejemplos anteriores, a veces es difícil recordar algo. Esto puede suceder por dos motivos: uno, porque quizá el evento sucedió en un momento tan temprano de la vida que la mente racional —la que se mueve en el tiempo y, por tanto, tiene la capacidad de recordar— no estaba del todo formada o no estaba aún totalmente activa; el segundo motivo es debido al esfuerzo que quizá haya hecho esta misma mente racional por enterrar un acontecimiento doloroso, borrando incluso el camino para llegar hasta allí. Por tanto, necesitamos una manera de llegar a ese episodio que sea distinta al mero *recordarlo*. La manera de llegar a él es *revivirlo*, y eso lo hacemos a través del cuerpo, no de la mente racional. El cuerpo vive en el momento y es capaz de traer al presente experiencias remotas, integrándolas en el presente continuo.

En el caso de Pablo, al iniciar el proceso del punto semilla el movimiento de su mano señala una experiencia en la que, sin saber él mismo dónde se encuentra, escucha unos gritos que inicialmente ni siquiera puede reconocer de quién son. Aquí cabe mencionar que los gritos tienen un tremendo impacto en los niños, y más aún si provienen de alguien tan importante como es uno de los progenitores.

Pablo, profundizando en la experiencia, se da cuenta poco después de que él, siendo muy pequeño, está escondido debajo de una mesa y que es su madre la que está gritando. Asustado, nos dice que su madre va a morir. Aquí se puede observar que el niño tuvo un susto enorme que incorporó a su vida a partir de ese momento.

Un niño pequeño asocia su supervivencia y su bienestar a su madre. Cuando la madre de Pablo, que es la persona que lo cuida, lo protege y además es la fuente de su felicidad, parece que va a morir, todo el mundo del niño se derrumba y él desciende hasta el infierno. Una parte de la consciencia de Pablo quedó atrapada ahí, aguardando a ser un día rescatada y llevada a la luz.

Siguiendo el proceso de Pablo, a medida que va descubriendo la escena, aparece también el padre, el cual le está haciendo algo a la madre, mientras ella sigue gritando.

El niño está muy asustado. Le pregunto:

—¿Quieres saber lo que está pasando?

—Sí —responde.

Llevando esta experiencia al templo interior para sanarla, iniciamos un diálogo entre todos los participantes del acontecimiento semilla. Para ello usamos una capacidad extraordinaria de la conciencia que, bajo determinadas circunstancias, nos permite moverla hacia las representaciones de otras personas —sus pensamientos, emociones y sensaciones—. En este caso movemos la conciencia de Pablo hacia la representación del padre y, estableciendo un diálogo imaginado, se le pregunta qué está pasando.

El padre contesta bastante tranquilo que su mujer está teniendo un ataque en la vesícula y que eso es muy doloroso; que cuando le ocurre, ella grita bien fuerte para que él la oiga desde donde esté, corra a ayudarla y le dé unas pastillas que consigue al otro lado de la frontera.

Una vez que sabemos lo que está ocurriendo, la consciencia de lo sucedido llega también al niño. Finalmente, no va pasar *nada* y él puede integrarlo. La información sale del inconsciente, se lleva al consciente y se integra.

En realidad nunca pasa *nada*, es decir, nada que una persona no sea capaz de integrar. Estamos en la aventura de la vida y las peores cosas que la mente pueda imaginar solo pueden pasarle al cuerpo, porque el alma es intocable. Finalmente, en lo que llamamos muerte tampoco pasa nada en el sentido de algo terrible o fúnebre; al contrario, el alma continúa su viaje y experimentamos la liberación del cuerpo y la re-unión con el Uno.

Como anécdota, unos días después recibimos noticias de la esposa de Pablo. Nos dijo que no sabía nada sobre estos temas que ella calificó de *espirituales* y tampoco sabía muy bien lo que le habíamos hecho a su marido, pero debido a que lo encontraba mejor que nunca ella también quería probar esa misma *medicina*.

INTEGRACIÓN Y TRANSFORMACIÓN PERSONAL

En 20 años de dedicación a las relaciones mente, cuerpo y alma, que he conjugado en el paradigma de la Medicina del Ser, he presenciado muchas cosas aparentemente imposibles, como coincidencias extraordinarias que suceden en el escenario de la vida y también sanaciones repentinas que ocurren en el cuerpo. Este libro es testimonio de algunas de ellas.

A tenor del marco dentro del cual se observe este suceso de sanación del cuerpo físico, puede considerarse que ha ocurrido una remisión espontánea, un fallo en el diagnóstico o bien una curación inesperada. Desde el enfoque de *El lenguaje del alma* se trata del reflejo o el efecto en el cuerpo físico de una integración y transformación personal.

Enseñamos el arte de escuchar el cuerpo para que la persona se dé cuenta ampliamente de qué está pasando en su vida. Así podrá descubrir el mensaje de los síntomas físicos y emocionales que su cuerpo le está transmitiendo. Una vez descubierto el mensaje, seguimos acompañando a la persona para que pueda integrarlo en su vida, incorporarlo para continuar su viaje de transformación. La persona queda alineada con un propósito más amplio: el del cuerpo espiritual, y los demás cuerpos le siguen, es decir, el cuerpo mental, el emocional y el energético quedan inmediatamente alineados. Entonces se crea el espacio interno para que pueda suceder la sanación del cuerpo físico, aunque esto no siempre ocurre, bien porque no es el momento o bien porque, en algunos casos, la persona ya se dirige hacia la culminación de su vida.

Cuando se produce la alineación entre los cuerpos ya hay sanación a algún nivel. El que está enfermo y el que se sana no son los mismos, les separa lo mismo que les une: una transformación personal. Lo experimenté en mi propio cuerpo en mi primer viaje a Oriente, y ello me inspiró a desarrollar este método para acompañar el proceso de transformación. En este paradigma uno no puede pretender sanarse y que todo en su vida siga igual; esto no sería más que una fantasía. De hecho, el síntoma que se está manifestando indica precisamente la necesidad de que la persona desarrolle un crecimiento o una transformación personal. Cuando alguien me pide que le *quite* algún dolor o enfermedad, le digo que no me dedico a eso e inmediatamente le pregunto si está dispuesto a dar un gran paso en su transformación personal. Si es así, tenemos un viaje por delante, porque justamente son sus síntomas corporales los que indican cuál es el siguiente paso en su vida y adónde se dirige su camino de transformación.

Las prácticas que se exponen en este libro tienen como propósito que puedas realizar por ti mismo este viaje de autodescubrimiento. He compartido a lo largo del libro las diez vías para que uno pueda alinear instantáneamente el timón de su vida realizando un suave viraje. También la serie de preguntas de autoexploración de los capítulos 3 y 4, con distintos casos de llamadas suaves e intensas. Estos muestran cómo uno puede recoger un regalo cuando se enfrenta a una situación aparentemente adversa o bien cuando se presentan síntomas en el cuerpo físico.

Como anuncié anteriormente, una enfermedad considerada grave es una llamada extrema del alma. En este caso ya no se trata de hacer un ligero ajuste en el timón de la vida, sino de realizar un drástico cambio de dirección. El regalo que trae esta grave enfermedad es la transformación personal y el cambio de vida que lleva consigo aparejada. Si este es tu caso, has tenido la ocasión de ver en los dos capítulos anteriores cómo se descubre el mensaje mediante las prácticas que llamamos *Esculpir el síntoma* y *Punto semilla*. Ahora tienes la oportunidad de aprender a integrarlo en el presente, tal como veremos en los ejemplos que expongo a continuación. El método que comparto en este libro está basado en escuchar y seguir la llamada de la Vida, en el que la sanación del cuerpo físico es un efecto o consecuencia de esta transformación personal.

Dania recupera la vista

El sentido de la vista es un reflejo de lo que vemos en el mundo o escenario, o bien de cómo nos vemos nosotros mismos dentro de él. La vista se deteriora en algunas ocasiones, como en el ejemplo que expondremos a continuación, porque es doloroso ver lo que estamos viendo y parece que es mejor no verlo.

Este caso trata de la consulta de Dania acerca de repetidos episodios de desprendimiento de retina, donde después de varias operaciones la visión en el ojo izquierdo ha quedado reducida al cinco por ciento y aparentemente sin ninguna expectativa de mejora. Por acuerdo con Dania esta consulta fue registrada en una grabación de audio.

Usamos las preguntas para comprender el mensaje de los síntomas físicos de las páginas 168 a 170:

1.º ¿Qué hace su cuerpo y cuándo ocurre?
El ojo no le permitía ver, que es lo que ella prefería inconscientemente, ya que ver le producía sufrimiento.

2.º ¿Qué está pasando a la vez en su vida, a su alrededor, cuando el cuerpo empieza a expresarse de esa forma?

En ese momento Dania había dejado la relación con su pareja y le horrorizaba mirar a su futuro porque se veía «dejada», es decir, sola y abandonada.

3.º ¿Qué representa simbólicamente lo que está pasando en el cuerpo?

En un caso como este, hay algo que está ocurriendo o va a ocurrir que es mejor no ver. Si hay algo que veo a mi lado que me hace sufrir, giraré la cabeza al otro lado para no verlo. Si lo que me hace sufrir no solo está a uno de mis lados sino que ocupa todo mi campo de visión, es decir, si no hay ningún lugar adonde pueda mirar que esté libre de lo que me hace sufrir, voy a tratar de verlo menos, por ejemplo, distorsionando mi vista. Si la pérdida de visión es importante, lo que es mejor no ver tiene que ser algo muy importante o que tenga un gran impacto en mi vida.

En este caso Dania no podía mirar hacia su futuro. Cuando una persona no puede mirar algo porque le es doloroso —cuerpo emocional— y cree —cuerpo mental— que debería hacerlo, está en un aprieto. El cuerpo físico puede acomodarse permitiendo a la persona salir del aprieto. ¿Cómo? Distorsionando la vista. Así, uno puede mirar sin ver.

Como vimos en el apartado *El corazón de tu proceso creativo y la señal clara*, del capítulo 2, el futuro no existe más que como una ilusión. Creamos esta ilusión cuando imaginamos el futuro; si lo imaginamos de forma negativa, es obvio que nos va a costar mirarlo. De modo que si ese futuro imaginado es terrible, como en este caso, podrían manifestarse dificultades en la vista.

Cuando uno crea su futuro dando forma a cosas que no quiere que ocurran, lo que está haciendo es proyectar un acontecimiento semilla hacia delante. Como hemos visto hasta ahora en varias ocasiones, en el acontecimiento semilla se establece una sensación de falta o ausencia que moldea los futuros acontecimientos. La sensación de falta es interna y lo que hacemos es proyectarla hacia el escenario que miramos, ya sea el del momento presente o el de un futuro imaginado. Si proyectamos esa sensación de falta hacia delante, el futuro imaginado no será agradable porque incluirá esa misma sensación. Entonces trataremos de arreglar lo que no ha sucedido aún y lo que conseguiremos será darle más fuerza.

Es más interesante darse cuenta de que unos pasos antes de crear un futuro intentando repararlo, este no estaba estropeado. Estamos creando el futuro a través de mirarlo y llenarlo de contenido, así que no se trata de arreglar una fantasía negativa sobre ese futuro, sino de que la visión que lo crea sea libre. Cuando se libera el acontecimiento semilla, la proyección del futuro queda limpia o, mejor expresado, inexistente y, por ello, libre. La sensación de falta ha desaparecido, por tanto la persona deja de proyectarla hacia delante. Cuando esa visión está liberada, uno no se ocupa del futuro, que es una ilusión, sino del presente, que es inmenso.

4.º *¿Cuándo fue la primera vez que ocurrió? ¿Cuándo fue la primera vez que pasó eso o se sintió así?*

Esta pregunta nos llevará al acontecimiento semilla. En este caso Dania no puede recordar cuál fue la primera vez que se sintió «dejada». Es el momento de usar la práctica *Punto semilla*, para que sea su memoria corporal la que nos indique la localización del acontecimiento semilla.

Describo a continuación la segunda consulta con Dania, para que veamos cómo se produjo la transformación.

Usando la práctica *Punto semilla* y siguiendo el movimiento de su mano, nos habíamos situado en un lugar o espacio imaginado justo antes de la concepción. Dania, conectando con ese espacio donde señala su mano, experimenta una sensación cálida de energía envolvente que la abraza completamente. Describe ese espacio como «estar flotando en el fondo de la no forma».

Posteriormente, al imaginarse dentro del vientre materno, en algún momento siente que pierde esa energía envolvente, que se queda sola y que su camino será duro y difícil. Entonces expresa hacia la energía envolvente:

—No me dejes. ¡No me dejes!

Regresamos al espacio anterior intentado tomar completamente esa energía. La energía le transmite que ha estado y estará siempre con ella, aunque ella no se ha dado cuenta hasta ahora. Si ella está cerrada no la percibe; por tanto, tiene que abrirse y confiar.

Dania va hacia esa energía, se funde con ella, se hace una con ella. A partir de ese momento sabe qué y quién es; ahora describe su camino como la expresión del amor en la tierra.

Le propongo que mire de dónde viene y adónde va desde un poco antes del lugar donde su mano señala la concepción y desde un poco después de donde señala la disolución —el momento imaginado de la muerte física—. Le propongo que mire aún más allá del final del camino de Dania, es decir, después de que deje su cuerpo y se funda de nuevo con esa energía. Dania reconoce el mismo espacio de antes y de después con distintos matices luminosos. Desde ese espacio de unidad después de su disolución física, percibe como un foco del otro lado y deja que ese foco se funda también con ella. Lo describe como una lluvia energética del otro lado que llega a todo su cuerpo, especialmente a la zona abdominal.

En ese punto, ella no solo ya puede mirar hacia delante, sino que además ese futuro la atrae. El foco la ilumina desde el otro lado, es decir, desde más allá del futuro. No importa lo que suceda en el camino, ella tiene ahora confianza.

Como continuación del trabajo invitamos a los participantes del acontecimiento semilla a asistir a la ceremonia de *Sanación en el templo interior*. Llevamos al templo interior la figura imaginada de la madre, a Dania en el momento de entrar en el vientre materno y de nuevo a Dania con su edad actual. También llevamos al templo interior a la misma energía que ha aparecido previamente en el trabajo, para que tome el papel de guía espiritual. Allí iniciamos un diálogo de integración, de forma que todas comunican sus deseos y necesidades y escuchan los de las demás.

Una vez la comunicación en el templo interior se ha completado y hemos regresado al momento presente, le pido a Dania que mire hacia el futuro. Abre los ojos y lo ve muy nítido. Dania expresa:

—Se está haciendo solo —dice refiriéndose a su futuro. Ya no tiene que preocuparse de él, pues se hace solo.

Luego le pica el ojo izquierdo, se rasca y de nuevo vuelve a ver borroso. Entonces se da cuenta de que cuando conecta con esa energía envolvente ve nítido, y que cuando se desconecta ve borroso.

—Al ponerme dentro del cuerpo y de la forma física —que según ella ocurre en la entrada al vientre materno— pierdo el fondo, la energía envolvente se va.

Le propongo:

—Estate con la forma física desde el fondo envolvente.

Le estoy proponiendo que esté fuera desde dentro, es decir, que entre en el vientre materno manteniendo la conciencia del fondo envolvente. Esta es la visión interior, reconociendo que fuera es la forma *física* y dentro es el *ser*, la esencia de quien realmente es ella, que Dania experimenta como un fondo envolvente.

Después de varios minutos de integración, expresa:

—¡Lo he vivido muy potente ahora, no sé exactamente qué pasó!

Al final de la sesión comentamos que la sensación de ser «dejada» empezó en algún momento dentro del vientre materno y que, una vez integrada, ella se sentía acompañada por la luz pasara lo que pasara y fuera donde fuera.

Me despedí de Dania deseándole que disfrutase de su camino. La transformación se había realizado, dado que:

1) Dania había descubierto la relación entre su pérdida de visión y su dificultad en ver el futuro: no podía mirar al futuro porque se veía «dejada» y abandonada.

2) Se había dado cuenta de que el sentimiento de soledad, que proyectaba hacia el futuro, no había empezado con la separación de su pareja, sino mucho antes. El aconte-

cimiento semilla estaba ubicado en el vientre materno, donde ella sentía que se quedaba sola y que su camino sería difícil.

3) En el acontecimiento semilla se produjo la integración que la llevó a darse cuenta de que nunca había estado sola. Dania queda alineada con un propósito que va más allá de tener una pareja o buscar compañía. Lo que la transforma y a la vez transforma su vida es saber que, pase lo que pase, está *acompañada*. Este mensaje queda incorporado a su vida de forma imborrable.

No volví a ver a Dania, aunque en uno de los cursos que hice la siguiente temporada me encontré con varias personas que se habían inscrito por recomendación suya. Me dijeron que Dania había recuperado la vista contra todo pronóstico y también que había regresado con su pareja, yéndose a vivir juntos a Estados Unidos.

El poder de las prácticas de transformación

Las cuatro prácticas expuestas en los capítulos 4, 5 y 6 *(Preguntas para comprender el mensaje* y *Esculpir el síntoma, Punto semilla* y *Sanación en el templo interior)* están concebidas para ser usadas una tras otra en la exploración de cualquier llamada del alma a través de un síntoma físico, emocional o mental.

A través de las prácticas *Preguntas para comprender el mensaje* y *Esculpir el síntoma* descubrirás el mensaje del síntoma, pudiendo distinguir entre el mensaje y el mensajero. El mensajero puede ser una molestia o síntoma, como son la enfermedad o el dolor; el mensaje es la llamada del alma que está detrás de la molestia o el síntoma. El propósito de la llamada es despertarte y que te des cuenta de que tienes un asunto pendiente que está empujando tu crecimiento hacia el siguiente nivel de evolución.

A través de la práctica *Punto semilla* vas a encontrar el acontecimiento raíz que está vinculado a un patrón que se repite en tu vida y que ha dado origen a la aparición de las molestias o síntomas.

A través de la práctica *Sanación en el templo interior* vas a poder sanar esta experiencia raíz, liberando así el patrón que se repite y llevando la integración desde el momento inicial hasta el momento presente y, desde entonces, ya siempre contigo.

Usando juntas las tres prácticas

Estas prácticas acompañarán tu proceso de transformación. Están transcritas tal como las usamos en los cursos de iniciación y en los procesos de acompañamiento. El siguiente ejemplo muestra cómo funcionan las tres prácticas anteriores, una detrás de otra, en el mismo proceso de transformación.

Fibroma en el pecho que cicatriza sin intervención

Mar, fisioterapeuta de profesión que ejerce en un hospital, se había inscrito con meses de antelación en uno de nuestros cursos de iniciación debido a su interés profesional. Ese curso en particular se celebraba a lo largo de un único fin de semana.

Ella tenía diagnosticado un fibroma de clase tres [57] en una mama desde hacía varios años, con una alta posibilidad de convertirse en un tumor maligno. El protocolo médico advertía que debía revisar su evolución a través de una mamografía cada seis meses, a no ser que ella notara algún cambio en el tamaño o en la sensación de dolor, en cuyo caso debía acudir al médico sin demora.

---

[57] Entre otros parámetros de interpretación de mamografías, la clasificación BI-RADS® indica el grado de benignidad/malignidad de un tumor entre 0-6 categorías. La clase 3 indica que se trata de un tumor benigno que tiene alta posibilidad de convertirse en un tumor cancerígeno.

La semana antes del curso notó que su mama estaba hinchada y empezó a sentir más dolor. El viernes acudió al hospital a realizarse la prueba, según le habían indicado. A la vista de la ecografía, el médico le dijo que la situación había empeorado, que el siguiente lunes continuarían con las pruebas y que muy probablemente tendría que entrar inmediatamente en quirófano para ser operada.

Al día siguiente, sábado, asistió al curso y, aun teniendo la oportunidad de ponerme al corriente de la situación, prefirió no comentarlo debido al shock que le había producido la noticia. En la intimidad de la práctica *Esculpir el síntoma*, decidió explorar el mensaje que le estaba dando su cuerpo a través del pecho y descubrió que tenía un asunto pendiente con su padre. Inicialmente eso la entristeció ya que, a pesar de que la relación con su padre había sido difícil, ella creía que ya estaba todo solucionado. Coincidentemente, se daba la circunstancia de que el fibroma había aparecido apenas unos pocos meses después de fallecer su padre.

En la segunda práctica, *Punto semilla*, apareció una escena en la que ella tenía poco más de un año y donde se veía pataleando al lado de su padre. El domingo, al realizar la última práctica, *Sanación en el templo interior,* apareció también su abuelo, que siempre la cuidó muy bien y al que quiso mucho. Lloró de emoción al sentir el amor entre su padre y ella, más allá de las circunstancias que habían vivido, acompañados por el abuelo. Se sintió plena y con la sensación interna de que todo estaba bien.

El día siguiente, lunes, realizando el protocolo de pruebas, estuvo esperando más de una hora los resultados. Cuando la llamó el especialista, le dijo que había que volver a hacer la prueba porque las imágenes no coincidían con las del viernes anterior. Al parecer debía haber una confusión con los expedientes ya que la imagen actual aparentaba ser la de una mama que hubiera sido sometida a una intervención quirúrgica. A pesar de que la segunda prueba del lunes salió exactamente igual que la anterior, el especialista dijo que había que repetir la prueba por tercera vez porque pasaba algo raro. De hecho, el especialista llamó la atención al técnico de rayos porque creía que este estaba tomando mal las imágenes y, debido a ello, probablemente un pliegue de la mama estaba dando un efecto extraño. Él mismo se aseguró de que, en el momento de la siguiente repetición, la mama estuviera perfectamente colocada y sin pliegues.

El resultado continuó siendo inexplicable. El especialista miraba a Mar por encima de las gafas sin poder entender lo que había ocurrido: el fibroma había desaparecido. En el lugar donde el viernes había un fibroma, el lunes aparecía una cicatriz alargada [58].

Fue en el siguiente curso cuando Mar quiso compartir públicamente lo ocurrido, agradeciéndoselo especialmente a Merche, su compañera de curso, por acompañarla en su proceso de sanación.

DE VÍCTIMA A CREADOR

Creemos que lo que percibimos como realidad externa es algo distinto de nosotros. Es normal pensar que estamos separados de lo que captamos con los sentidos externos, ya que, en nuestra cultura, así nos lo han enseñado y lo hemos aprendido desde niños. De esta forma, cuando nos ocurre una situación desagradable, por ejemplo cuando alguien hace algo que aparentemente nos perjudica, es fácil que nos sintamos víctimas de la situación; o bien cuando tenemos un resfriado nos parece que hemos sido víctimas de los virus que nos han contagiado. Quizá no víctimas en el sentido victimista «¡Ay, pobre de mí!», sino de creer que no somos partícipes de la creación de la realidad sino víctimas de ella. Es como si dibujáramos un círculo de protección alrededor nuestro encerrando dentro las pocas

---

[58] En el apartado *Imágenes* de www.lenguajedelalma.org ofrecemos los resultados de esta prueba.

cosas que creemos que están bajo nuestro control y quedando a merced de todo aquello que queda en el exterior de la línea o barrera: las acciones de los demás, los virus, la buena o mala suerte, etcétera.

No obstante, a medida que hemos ido avanzando en la lectura del libro quizá hayamos sido capaces de empezar a aceptar que una emoción retenida puede expresarse pocos días después a través de un resfriado; o que cuando ocurre en el escenario de nuestra vida algo que nos cuesta digerir puede llegar a reflejarse también en nuestro cuerpo físico a través de molestias estomacales. De este modo el círculo se amplía, ya que uno puede dejar de considerarse mera víctima de los virus o de las malas digestiones para, en cambio, empezar a darse cuenta de que las cosas que suceden en nuestro cuerpo tienen un sentido. En tal caso, empezaremos a estar dispuestos a escuchar la llamada del alma, es decir, a tratar de descubrir el mensaje que nos cuenta a través de nuestros síntomas y, finalmente, a encontrar su regalo.

El siguiente paso es aceptar la posibilidad de que la falta de alineación de los distintos cuerpos se expresa a través del cuerpo energético y tiene efecto sobre los aparatos o sistemas cercanos, como vimos en el capítulo 3. Ahora el círculo se ha ampliado aún más, porque ya no solo incluye nuestro cuerpo sino también los objetos que nos rodean, y así, despacio, nos vamos adentrando en la conciencia de unidad.

Otro paso extraordinario es aceptar la posibilidad de que los niños manifiestan los síntomas de su entorno familiar, como vimos en el capítulo anterior. De pronto descubrimos que el síntoma físico del niño o su comportamiento es la medicina que necesita nuestro sistema familiar para sanar. Estos síntomas podrían manifestarse también a través de los animales que conviven con la familia.

El siguiente nivel, que es ya definitivamente transformador, contundente y que no tiene vuelta atrás, es darnos cuenta de que la realidad externa es un perfecto reflejo de la interna. Las situaciones que vivimos a través de sincronías o coincidencias son el reflejo de nuestro ser interior. Cuando empezamos a vislumbrar esta realidad, el círculo se amplía a todo lo que percibimos a nuestro alrededor y al fin descubrimos que somos los creadores de nuestra realidad, y no meras víctimas de ella. Desde esta atalaya de comprensión podemos darnos cuenta de que lo que ocurre en el escenario que habitamos, es decir, en eso que antes percibíamos como la realidad, no es nada hasta que la miramos y la nombramos dándole contenido, y que después de haberla mirado y nombrado entramos a vivir dentro del significado que le hemos dado. De este modo, nos percatamos de que vivimos encerrados en nuestro cuerpo mental hasta que despertamos a la comprensión. En ese mismo momento desaparecen las barreras o los barrotes de la cárcel que nosotros mismos habíamos creado y descubrimos que somos libres y que siempre lo hemos sido.

El último paso es descubrir que somos Uno con toda la creación. Llegados a este punto el círculo limitador se diluye totalmente en el espacio y desaparece. Estamos ubicados en el cuerpo espiritual, el alma, que es la conciencia de unidad con todo lo que nos rodea; por tanto, ya no queda nada fuera del círculo.

Ahora somos capaces de comprender que la sanación o la integración del acontecimiento semilla tenga efecto no solo en nosotros mismos —que antes nos percibíamos como seres separados—, sino también en todo cuanto contiene nuestro escenario o cuerpo extendido, que es y siempre ha sido un preciso y precioso reflejo de nosotros mismos. De este modo, cuando uno sana también sanan los demás en nuestro escenario, como un reflejo en el espejo de la conciencia, tal como veremos en el apartado siguiente.

SOMOS UNO: SE SANA UNO, SE SANAN TODOS

Una forma práctica de experimentar que somos Uno con todo lo que nos rodea es empezar a percibir a las personas y situaciones que hay a nuestro alrededor como si nos reflejaran, como si fueran un espejo que reflejara aspectos de nosotros mismos. Cuando empiezas a reconocerte en el espejo, tus personas amadas y tu familia representan un espejo más cercano que otras personas que no son tan significativas en tu vida.

En la integración del acontecimiento semilla intervienen normalmente personajes cercanos o familiares. Explorarlo será una oportunidad para comprobar que hay cosas que percibes en ellos que son también aspectos tuyos y viceversa. Por tanto, cuando sane ese aspecto tuyo, tu percepción de ellos sanará y esos aspectos de ellos también.

¿Cuánto tarda un espejo en reflejar la luz? La respuesta es nada. Del mismo modo, son inmediatos los efectos de la integración en el espejo que es nuestro escenario exterior. Cuando se produce la integración, esta se extiende de inmediato en todas direcciones: lateralmente en relaciones personales o de pareja, hacia atrás a tus progenitores y ascendientes y hacia delante a tus descendientes.

Ya vimos en el apartado sobre los niños del capítulo anterior cómo estos pueden manifestar los síntomas de su entorno familiar. También vimos dos ejemplos de cómo la sanación que sucede en los padres o en el alma familiar tuvo su reflejo sanador en los síntomas que manifestaban los descendientes. Vamos a exponer a continuación tres ejemplos de integraciones interiores que se reflejan también en los personajes del escenario externo. Los dos primeros casos tienen que ver con la relación de pareja y el último muestra el efecto sobre los progenitores y ascendientes.

Dos casos de sanación de relaciones personales

En un curso celebrado en la Ciudad de México, una participante había sanado internamente un asunto pendiente con su anterior pareja mediante la práctica *Sanación en el templo interior*. Nada más finalizar el curso, al salir a la calle se topó justamente con esa persona con quien hacía muchos meses que no tenía contacto. Se pararon a hablar, fueron a tomar un té y el asunto pendiente se resolvió también en el escenario externo. Para los que sean amantes de las estadísticas, la probabilidad de cruzarse accidentalmente con alguien en la tercera ciudad más poblada del planeta es ínfima.

En otra ocasión, en víspera del inicio de un curso atendí en consulta privada a Helio, una señora que venía a verme por recomendación de un familiar. Ella sufría importantes molestias en distintos lugares de su cuerpo, siendo los síntomas más intensos un constante dolor en el pecho y una continua dificultad en respirar, que había sido diagnosticada como crónica. Ella estaba agotada debido, entre otras cosas, a que era incapaz de dormir. En cuanto se quedaba dormida le sobrevenía una apnea, de forma que su respiración se interrumpía y se despertaba instantes después ahogándose, y así una y otra vez. Al terminar de explicarme todo el conjunto de síntomas que se manifestaban en su cuerpo, me dijo que lo más importante para ella no era su salud, sino que su esposo le pidiera algún día perdón por su reiterada infidelidad durante muchos años. Me pareció curioso que diera más importancia a ese perdón que a su precaria salud.

No suelo prestar atención a los síntomas más que como metáfora de la situación interior de la persona, por ello durante la consulta no me enfoqué en la sanación del cuerpo físico de la señora ni en la idea de que su esposo le pidiera perdón, aunque pude apreciar que detrás de su demanda había una falta de autoestima. Hicimos un trabajo de integración del acontecimiento semilla, y paralelamente uno de los regalos que ella se llevó fue el llegar a reconocer su propia valía personal.

Esa misma tarde se presentó al inicio del curso y quiso compartir con los asistentes lo que calificó de acontecimiento extraordinario. Relató que justo después de la consulta regresó al negocio que tenía con su esposo. Poco después él entró, la miró, se dirigió hacia ella y le rogó perdón por sus infidelidades, algo que jamás había hecho antes. El colofón de la historia es que al día siguiente Helio anunció que era la primera vez en muchos años que no le dolía el pecho, que esa noche al fin había podido dormir y que respiraba perfectamente[59].

Los antepasados de Cris

Cris, una mujer joven, solicitó una consulta debido a sus intensos dolores cervicales que le imposibilitaban la mayoría de sus actividades cotidianas, hasta el punto de que ni siquiera podía salir a pasear, algo que le encantaba y relajaba. Además, también le estábamos siguiendo la pista a una sensación de rechazo, desvalorización y falta de reconocimiento hacia ella misma. Entre otras cosas, comentó que no recordaba que su madre le hubiera expresado verbalmente que la quería o que le pareciera guapa. En mi opinión, Cris era una mujer de una belleza encantadora. En el transcurso de la sesión observamos que su sensación de desvalorización le hacía sobreactuar en la mayoría de ámbitos de su vida, lo que le provocaba la extrema tensión cervical al límite de lo insoportable.

Llegamos hasta el acontecimiento semilla, que fue una experiencia en la que intervino su madre y también su abuela. A través de la práctica *Sanación en el templo interior*, realizamos una comunicación imaginada entre Cris, su madre y su abuela donde quedó sanada la relación entre las tres.

Al terminar la consulta, la madre de Cris, que no sabía nada acerca de la misma, la llamó por teléfono. Para enorme sorpresa de Cris, su madre le dijo que la quería y que era muy guapa; ¡era la primera vez que se lo decía en toda su vida! Pocos días después tuvo lugar otra sorpresa: su madre la llamó de nuevo para decirle que no entendía lo que pasaba con la abuela, ya que ha-

---

[59] En el apartado *Imágenes* de www.lenguajedelalma.org está registrado en el vídeo del curso el momento en que Helio hace estas afirmaciones, y se muestra por su consentimiento y agradecimiento.

cía varios días que le parecía como si fuera una persona completamente diferente. Temía incluso que algo *raro* le pasara a la abuela en la cabeza, porque por primera vez esta se mostraba como una persona atenta y cariñosa.

En el momento de escribir esta obra, más de un año después de la sesión, la abuela sigue manifestando cada vez más atención y cariño. Cabe destacar que Cris no contó nunca nada de su experiencia en la consulta ni a su madre ni a su abuela.

CONCIENCIA ANTES DE LA CONCEPCIÓN

Estamos en la parte final del libro y quiero ofrecerte un regalo más: es la posibilidad de que experimentes el lugar o el espacio de donde venimos y también al que nos dirigimos antes y después de la aventura de la vida en el cuerpo.

Esta es una experiencia que propongo en los cursos: acompañar a la persona a que conecte con la dimensión previa a la concepción. Normalmente la persona llega a un lugar o espacio más allá del tiempo y del cuerpo en el que sigue habiendo conciencia. Es sorprendente para muchas personas experimentar conciencia antes de entrar en el cuerpo.

La primera vez que tuve el gozo y el honor de acompañar a alguien a este espacio fue en un curso que se realizó en Segovia en el año 2002. Sucedió espontáneamente mientras estaba realizando una práctica con Ana, una participante en el curso que se había ofrecido voluntaria para recoger su regalo en el acontecimiento semilla. Le seguíamos la pista a una sensación corporal persistente y, atendiendo a mi intuición, le propuse que fuera al espacio previo a la concepción.

Ana estalló de alegría en el momento en que tocó el espacio al que le propuse ir, ubicado aún más atrás del que su mano había señalado como concepción. La sensación que experimentó fue tan intensa que contagió a los demás asistentes. Todos quedaron sorprendidos, incluso yo, pues a pesar de que conocía ese espacio de gozo puro al que había accedido en mis largas sesiones de meditación, nunca había visto que esa experiencia estallara y se expresara con una vibración tan alta a través del cuerpo de otra persona.

Desde entonces he realizado esta práctica con multitud de personas de distintas culturas, edades, creencias y convicciones. Todas ellas han experimentado a su manera un espacio fascinante y de difícil descripción, dado que no disponemos realmente de un código verbal para hacerlo. Con palabras es nombrado de múltiples formas. Quizá las más frecuentes hacen referencia a una luz blanca —o de algún color intenso—, llamándolo *Punto de Luz, Paz, Inmensidad, Flotando en el no tiempo, Espacio de la no forma, Limbo blanco, Vacío, Amor o Libertad*, estando la persona con el cuerpo expandido y en estado de gozo. Personas con creencias religiosas también aluden a este espacio con distintos nombres que hacen referencia a Dios. Otras descripciones de las personas que tocan justo el momento de la concepción son *Un torbellino de azul y rojo dando vueltas a toda velocidad*, o *Dos espirales que se unen*, y a veces acompañan la descripción con las manos moviéndose rápido o con todo el cuerpo temblando. Estas descripciones están sustentadas en un estado de plenitud o gozo que experimenta el participante en muchos casos, que también se contagia a otras personas que tienen la oportunidad de presenciar su experiencia como acompañantes.

Es fascinante tener la experiencia de ser o existir antes de la concepción. Esa experiencia aporta la evidencia de que somos una conciencia ubicada en un cuerpo físico, ya que constatamos que nosotros, como conciencia, existíamos antes de tener un cuerpo, con las consecuencias que ello implica. Por supuesto, esa experiencia da perspectiva o relativiza la intensidad de los acontecimientos de nuestra vida sobre la Tierra.

Hay personas que perciben y describen un ámbito de inmensidad y eternidad antes y después de su paso por la vida. Esto es algo que reduce drásticamente la ansiedad o preocupación por los eventos cotidianos, y quita peso e importancia a sucesos que antes de la experiencia eran considerados dramáticos o traumáticos. Por supuesto, esta vivencia tiene efectos terapéuticos y un impacto determinante sobre el sistema de creencias de la persona. De hecho, transforma literal e instantáneamente algunas de las creencias más limitantes acerca de quién soy yo, así como la identificación del «yo» con el cuerpo.

Una vez que has tocado ese lugar, deja de ser algo en lo que se puede creer o no y pasa a ser parte de tu experiencia. Hasta que no lo experimentes, seguirá siendo un concepto que puede resultar más o menos creíble o solo fruto de la imaginación. Después de la experiencia, sabes que simplemente es así. Sabrás qué o quién eres, de dónde vienes y adónde vas, ya que también se revela el espacio que existe después de dejar el cuerpo, que es muy parecido al de antes de tomarlo.

Ahora es tu turno, si te apetece puedes encontrar un lugar sosegado y disfrutar de un momento de tranquilidad para sumergirte en esta experiencia. Una vez hayas creado este momento de quietud, con los ojos cerrados, te invito a que te tomes unos minutos para imaginar el lugar o espacio del que formamos parte un instante antes de la concepción, un instante que es eterno y que está fuera del tiempo. Puedes conectar con ese espacio intuitivamente y también usando la práctica *Punto semilla* que se encuentra en el anexo, moviendo tu mano y apuntando hacia tu pasado hasta justo un instante antes de la concepción. Cuando te sumerjas en esta experiencia, tendrás la oportunidad de comprobar por ti mismo que todos somos parte del Todo y que más allá de la realidad aparente estamos todos fundidos en lo Uno.

Una de las consecuencias fascinantes de tener la experiencia de existir o ser antes de la concepción es darse cuenta de que si en ese espacio hay conciencia o existencia, también debe haber algún tipo de atracción, elección o propósito que nos conduce a tomar un cuerpo físico determinado. Quizá lo más interesante para ti, en tu particular aventura, sea descubrir el propósito de la atracción de tu alma para tomar el cuerpo que da forma a tu «yo» visible.

Este fenómeno de atracción no es arbitrario ya que incluye a los progenitores y también a sus circunstancias. Esto puede resultar contradictorio para la mente racional, especialmente para personas que hayan tenido relaciones difíciles con sus padres. En estos casos es lógico pensar que nunca hubieran elegido voluntariamente unos padres así. En la dimensión espiritual, lo que mueve esa atracción del alma, para vivir determinadas relaciones y situaciones, es el amor incondicional. A la vez, padres e hijos son como piedras preciosas que se pulen unos a otros; esto sucede naturalmente a través de friccionar y pulir, y es así como estas joyas muestran su extraordinario brillo y belleza. Eso ocurre a través del amor que los une y de las situaciones conflictivas que aparentemente los separan. Los padres enseñan a los hijos lo mejor que saben o pueden, y estos empujan a crecer o evolucionar a sus padres con sus comportamientos, respuestas y decisiones. Los hijos, en ocasiones, actúan de maestros espirituales de los padres.

En cualquier caso, tanto si una persona cree que esta atracción del alma se produjo realmente como si cree que uno llega casualmente a una determinada familia, se hace evidente que ese entorno familiar inicial define directamente los primeros pasos del nuevo ser a lo largo de su aventura vital y configura inicialmente su camino de vida.

Continuando este apartado de regalos, ofrecemos uno más para iluminar el concepto de ser concebido como un bebé deseado o no deseado. Tal como ya se ha dicho anteriormente, cuando uno llega a la dimensión física es porque la Vida lo desea y, por tanto, todos los bebés son deseados. Otro factor es el momento en el que llega el bebé, porque eso puede hacer que para los padres, en ocasiones, el bebé sea no esperado. Tanto en caso de ser un bebé esperado como si no, esas circunstancias ya están presentes en el momento en que se produce la atracción del alma para entrar en el cuerpo. Ese impulso a la vida, que se manifiesta en la entrada al vientre materno, se relaciona con el propósito o la atracción del alma para tomar ese determinado cuerpo, ya sea en un sentido o en otro y sin importar el tiempo en el calendario que dure la aventura en ese cuerpo. Como vimos recientemente con el ejemplo de *Dorje, el no nacido*, desde el nivel del alma todos los seres tenemos una existencia completa, incluso los que inician y terminan su camino en el vientre de la madre. Tenemos que recordar que la Vida es mucho más amplia de lo que somos capaces de ver en la dimensión física. La Vida es multidimensional, atemporal y eterna.

ENCUENTRA EL REGALO EN EL INSTANTE EN EL QUE LO PIDES

La intención de esta obra es que uses las preguntas y las prácticas que compartimos aquí para comprender las llamadas suaves, las intensas y las demás que el alma realiza a través de enfermedades, y poder así recoger los regalos que la Vida te está ofreciendo en este mismo momento.

Naturalmente, no es necesario que esperes a que la llamada del alma sea intensa para recoger tu regalo. Si afinas tu atención, puedes escuchar la llamada cuando empieza, que es cuando su tono es muy suave. Los regalos están disponibles en cualquier momento; para comprobarlo, puedes probar lo siguiente: pide un regalo y observa con atención lo que sucede a continuación. Puedes usar la práctica *Pedir una señal clara* del capítulo 2 y, tal como vimos, estar atento a lo que aparece en el escenario a continuación. También puedes pedir tu regalo para un día o circunstancia determinada, como verás en los dos ejemplos siguientes.

Un regalo de cumpleaños

Normalmente suelo empezar la celebración del día de mi cumpleaños la noche del día anterior, ya que nací casi al amanecer. En uno de mis cumpleaños, que coincidía en un día laborable en mitad de la semana, todos mis amigos estaban ocupados y me veía celebrándolo solo. Entonces pedí un regalo a la vida.

Lo pedí a media tarde y después de un par de horas nada había sucedido. Decidí entonces salir a dar un paseo para ponérselo fácil a la vida. Pensé que el regalo me encontraría más fácilmente en la calle que en casa...

Sin embargo, en el paseo no ocurrió nada excepcional; saludé a un par de personas y poco más. Regresé a casa y me puse ropa cómoda, ya sin intención de salir. No sabía qué forma iba a tomar el regalo, aunque no me parecía que fuera a recogerlo fuera de casa.

Cerca de las once de la noche, cuando ya estaba listo para acostarme, sonó el teléfono. Era Juan, un bombero de Cartagena, Murcia, que había conocido en un viaje a Nicaragua, dando su apoyo como voluntario en las áreas devastadas por el huracán Mitch. Hacía mucho tiempo que no sabía nada de Juan, quien me decía que estaba llegando a Barcelona y que tenía ganas de ir a bailar salsa. La verdad es que lo que me apetecía en ese momento era acostarme, aunque en mi opinión, cuando pides un regalo a la vida y se te presenta, no puedes decir que no.

Así que me vestí y me fui de celebración. Juan no sabía que era mi cumpleaños, ni tampoco que últimamente me estaba apeteciendo viajar a Perú. Curiosamente, minutos después de que el reloj marcara las doce de la noche, me dijo:

—Oye, ¿qué te parece si nos vamos a Perú?

Así se configuraba mi segundo regalo de la noche.

Elegir dónde encontrarlo. El regalo del lago

Si aún no quedaste convencido de que cuando pides un regalo a la vida, de corazón y con apertura, esta te lo presenta, te ofrezco otro ejemplo.

Viajé de nuevo a India a finales de 2003. Mi principal inspiración para este viaje fue el WSF (Foro Social Mundial, en español) que se celebraba en Mumbai. Una vez puesta mi intención en esa dirección, me encontré con unos meditadores que se dirigían a India para hacer allí la entrada en el Nuevo Año. Aunque no sabía exactamente adónde se dirigían, decidí ir con ellos siguiendo la sincronía que se presentó. Iban a la zona norte, hacia un lugar de meditación situado en el Himalaya.

Eso me conectó inmediatamente con un regalo que tenía pendiente. Poco después de regresar de India y Nepal en 1993 me pareció que habría algo para mí en un lago del Himalaya. Simbólicamente, todavía conservaba de ese viaje una camiseta con un bordado a mano en el que aparecía un lago en el Himalaya. No había vuelto a India desde entonces, y ahora que me dirigía a esa zona pensé que era el momento de recoger mi regalo en el lago.

«Y... ¿dónde estará el lago?», me pregunté.

En ese momento lo que surgió fue dejarme llevar y me dirigí con el grupo de meditadores hacia su lugar de retiro. Cuando te dejas llevar, la vida te lleva. Esto es así de simple y concluyente.

Así que me dije:

«Por aquí cerca debe de estar el lago que busco...».

En una de las frecuentes paradas del trayecto, cayó en mis manos una extensa guía de viaje de toda India. La abrí por una página cualquiera y lo primero que apareció fue la ciudad de Nainithal, señalando que había un lago ahí.

«Este debe de ser», pensé.

Como una sincronía más, resultó que el grupo de meditación tenía previsto pasar por Nainithal.

«¿Nainithal? Este nombre debe de significar algo», me dije.

Pregunté y resultó que *Naini* significa «nueve», y *Thal* significa «lago». Nainithal significaba «los nueve lagos». Poco antes de salir hacia este viaje, la editorial Gaia nos acababa de publicar el libro *Contando con tu alma* *, en el que se exploraban

---

* El autor acaba de publicar un nuevo libro sobre los 9 caminos de vida a través de la fecha de nacimiento. *La numerología del Ser. Gaia Ed.* (N. del E.)

a través de la numerología los nueve propósitos de vida principales, correspondientes con cada número, del 1 al 9. ¡Otra sincronía más!

Casualmente, llegamos a Nainithal la víspera del día de los Reyes Magos [60], otra sincronía que apuntaba a que iba a recoger mi regalo. A pesar del largo viaje, yo estaba lleno de energía y mi intención era visitar todos los lagos. Como el grupo de meditadores no era capaz de dar ni un paso más y se fueron todos a descansar, me fui por mi cuenta en busca del noveno lago, el último. Intuía que allí debía estar el regalo más significativo, como si el 9 representara la culminación de una serie de regalos.

Cuando llegué, lo primero que vi fue una gran fiesta.

«Me encantan las fiestas», me dije.

La metáfora de la fiesta estaba bien como regalo, aunque buscaba algo más concreto. Entonces vi una islita en medio del lago. Esa isla representaba para mí como un oasis dentro de un lago.

«¡Ahí debe estar mi regalo!», pensé.

Le pedí a un barquero que me llevara hasta la pequeña isla. Al acercarnos me di cuenta de que la isla no tendría ni unos diez pasos de largo. Desembarqué en un extremo y seguí andando hacia el lado opuesto.

«Por aquí cerca estará mi regalo...».

Justo cuando estaba dando los dos últimos pasos y la isla estaba acabando, me dije:

«¡Tiene que estar aquí!».

En el último paso, que resultó ser el noveno, encontré cuatro letras escritas con cáscaras de cacahuetes.

¿Sabes qué palabra formaban? En el lago del Himalaya encontré... LOVE [61].

---

[60] La noche del 5 al 6 de enero es cuando los Reyes Magos dejan sus regalos de Navidad.

[61] AMOR. En el apartado *Imágenes* de www.lenguajedelalma.org está disponible la fotografía que tomé.

Nota de apoyo

ESTA ES UNA NOTA DIRIGIDA a todas las personas que actualmente están en una situación complicada y no alcanzan a ver una salida, para anunciarles que la hay. Se requiere de su lado el valor y el impulso para mirar de frente lo que está sucediendo y reconocer su parte en lo que están viviendo. Sea lo que sea lo que de forma presumible vaya a ocurrir en el escenario de su vida, somos los creadores de esa percepción de la realidad. El único destino inevitable es despertar a la verdad de que somos seres espirituales en una aventura humana.

Animo a la persona que esté en una situación complicada a explorar el acontecimiento semilla que ha podido ser la raíz de la situación actual y a hacer un trabajo de integración en él cuando se le presente la oportunidad. Sea lo que sea lo que está pasando, comprenderlo profundamente va a dar luz a su camino y a las personas que se encuentran a su alrededor.

Espero que este libro te sirva de inspiración para encontrar un regalo en cualquier situación, o te dé el valor y el impulso para mirar de frente lo que está ocurriendo y buscarlo. Para los casos en los que se presente un desafío importante o en los complejos que puedan incluir las generaciones anteriores, o bien en una situación que no sepas cómo abordar, dispones del acompañamiento de guías profesionales [62].

---

[62] En el apartado *Profesionales* de www.lenguajedelalma.org se ofrece una relación de acompañantes.

El desafío del acontecimiento semilla nos acompaña hasta que se libera y se transforma en un don. He dado un ejemplo tras otro para mostrar cómo es posible transformar un desafío en un regalo, el cual se relaciona con la tarea que trae la persona al nacer y que revela el sentido y el propósito de su vida.

El último deseo

Estamos finalizando un viaje de transformación que ha tenido un claro propósito: aprender a escuchar *El lenguaje del alma* para así comprender su llamada. De este modo podremos alinearnos con el mensaje que nos transmite y transitar fluida y fecundamente por la vida.

En primer lugar hemos visto la importancia que tiene estar alineados en el momento presente, porque cuando estábamos desalineados y extraviados se manifestaba tensión en el cuerpo y caos en el escenario de nuestra vida. Por tanto, hemos dedicado un capítulo a explorar diez vías para lograr alinearnos instantáneamente con la llamada del alma. Cuando captamos el mensaje del alma, nos damos cuenta de que hay magia en nuestra vida y, de pronto, nos sentimos en paz y nuestro escenario se transforma.

Hemos aprendido a continuación que las llamadas suaves se expresan a través de lo que inicialmente aparentan ser contrariedades en nuestro escenario. El hecho de que haya algo que no salga como esperamos es la evidencia de que alguno de nuestros cuerpos no está alineado con el propósito o el plan que perseguimos. Cuando no hay alineación completa entre el pensar, el sentir, el decir y el hacer, o cuando estamos desconectados del sentido de lo que estamos haciendo, se manifiesta caos o contradicción en nuestro escenario, en lugar de que se manifieste nuestro propósito con facilidad.

Finalmente, en los capítulos subsiguientes hemos mostrado distintos casos como evidencia de que nuestro extraordinario cuerpo humano no se pone enfermo porque sí, es decir, que la enfermedad no es disfuncional como podíamos creer y que, por tanto, hay un claro propósito, razón o motivo para que se manifiesten unos determinados síntomas. Estas dolencias constituyen las llamadas intensas y en ocasiones extremas del alma, las cuales se expresan a través de la molestia o la enfermedad en nuestro cuerpo. Imagino que habrás llegado a un punto donde, lo que antes percibías como una tosca enfermedad, ahora es una sabia comunicación que nos muestra un claro sentido. Comprendiendo *El lenguaje del alma* puedes descifrar el poderoso mensaje que los síntomas te están transmitiendo.

Cuando profundizamos en la llamada del alma, vemos que esta nos lleva a despertar del sueño o la pesadilla de nuestra vida, en la cual creemos ser nada más que un personaje, ya sea afortunado o bien en serias dificultades, según sean las circunstancias. Por el contrario, los mensajes del alma te muestran vigorosamente que, lejos de ser un mero personaje separado del todo y sumido en el azar, eres Uno con toda la creación y que lo que percibes como realidad es solo tu reflejo en el espejo de la Vida. Llegados a este punto, la identificación constante con nuestro personaje y con nuestro cuerpo mental comienza a disolverse e incluso puede desaparecer por unos instantes, y esto es un atisbo del despertar. Esta es la parte más sublime del mensaje del alma, porque nos invita a soltar nuestros deseos personales, que, originados en el cuerpo mental, en ocasiones son la fuente de nuestra desalineación. Cuando nos damos cuenta, tenemos la posibilidad de soltarlos para entregarnos al propósito con pleno sentido que nos muestra el cuerpo espiritual.

Los deseos son del personaje y el propósito es del alma. Los deseos nos empujan en nuestro camino de vida para que el propósito del alma se realice. Por tanto, en el camino del despertar es natural que haya deseos hasta que estos se agotan. No se trata de que no haya deseos, sino de que dejemos de posicionarnos como víctimas del movimiento interno que genera el deseo. El primer paso es darse cuenta de que las cosas que desea el personaje solo persiguen un beneficio para sí mismo o para satisfacer el ego, y además, son poco importantes. La mayor parte de las veces lo que uno desea no vale la pena, aunque esté dispuesto a hacer cualquier cosa para conseguirlo.

Mientras el personaje tiene deseos vive en situación de falta, como si no estuviera completo; esa falta le hace buscar la satisfacción en el futuro. El proceso no termina nunca, porque mientras el personaje está esperando que algo llegue se está perdiendo lo que ya está aquí ahora. Y es una lástima, porque es aquí y ahora el único lugar donde podemos encontrar lo que finalmente estamos buscando: la plenitud. Sin embargo, en lugar de encontrarla directamente la buscamos confusos detrás de cosas materiales, o de emociones complacientes, o de información intelectual. Estamos perdidos en esa búsqueda debido a que aún no hemos comprendido la enseñanza primordial, a saber, que somos Uno con toda la creación, que ya somos ricos, que ya está todo aquí y que ahora es el momento de parar para encontrar. Si comparamos metafóricamente desear con tener hambre, podemos decir que mientras los deseos del ego dirijan la vida del personaje, por mucho que este coma va a seguir insaciado. Es como cuando invitan a una fiesta a un glotón: de tanto comer y beber se hace daño porque no está acostumbrado a la abundancia. Es fácil comenzar a vivir instantáneamente en un mundo de riqueza, el secreto es muy simple: basta ver que la Vida trae en el momento lo que se necesita. Esto nos coloca en un estado de abundancia pura y de creatividad infinita.

Podemos alinearnos en el instante estando atentos a lo que la Vida trae. Es fascinante darse cuenta de que lo que llega ahora es justo lo que se requiere para tejer este momento. De este modo, el proceso creativo se completa y se disuelve plenamente por sí mismo. Cuando nos atrevemos a dejar de manipular lo que se presenta, descubrimos que la Vida es inmensamente rica. Entonces podemos estar presentes de una manera mucho más viva que antes y alcanzamos a vivir en el mundo de los verdaderos ricos, que son aquellos que tienen para dar en el momento.

Este proceso creativo se realiza a través de la escucha atenta del momento y se consuma a través de la acción espontánea que surge de esa misma atención, donde nuestro hacer está al servicio del ser, al servicio de la Vida. Ya no hay nada que buscar ni otro lugar donde estar; no hay objetivos que alcanzar ni prácticas que realizar, porque todo está precisamente en su lugar en este presente eterno.

La ausencia de deseo marca el fin del camino personal y el inicio del camino espiritual, un camino que tiene un solo paso: la conciencia de que somos seres espirituales en esta deslumbrante aventura humana.

Agradecimientos

A LOS VERDADEROS IMPULSORES de este libro, las personas que, escuchando la llamada del alma, han tejido su camino y también el mío. Ellos son los protagonistas de las historias que he transcrito, de las que he sido testigo principalmente por mi dedicación a las relaciones mente, cuerpo y alma desde 1993.

Algunos de los nombres y lugares que aparecen en el libro son inventados con el fin de respetar la intimidad y privacidad de los protagonistas, aunque las historias relatadas son reales. En www.lenguajedelalma.org podrás encontrar algunas de sus imágenes y comentarios. Mi agradecimiento a todos ellos por su generosidad.

Doy las gracias principalmente a las siguientes personas, que me han acompañando desde su ser y hacer: Alberto Rojas, Allan Santos, Ana García, Ángeles Villanueva, Antonio Gil, Antuan de la Rue, Candela Moreno, Carlos J. Borque, Carme Soler, Cèlia Casanova, Cristina Blanco, Cristina Pazos, Delia Amézquita, Delia Govantes, Ellena Flores, Enrique Román, Fernando Sanz, Herminia Lorenzo, José M.ª Aden, Juan Pablo García, Laura Casanova, Litva Lazaneo, Lluís Victory, Madya Ayala, Maica Olé, Mar Godoy, Marcel Genestar, Marco Bianchi, M.ª Teresa González, Mariela Manzano, Mariela Pérez, Mariam Cárceles, Marian González, Merche y Miguel Ángel Amezaga, Miquel Condal, Miquel Ferrer, Neus Pintat, Noemí Garza, Olga Mayela, Pablo Merino, Patricia Basave, Patty Huertas, Pedro González, Pilar Casaseca, Pilar Hugas, Pilar Margarit, Rafa García, Silvia Ferrer, Teresa Moreno y Xavier Casanova.

Por su inspiración, entrega, apoyo y participación directa en este libro, mi agradecimiento a Alberto Lastra, Ana Moratinos, Antonio Mota, Cristina Cardona, Jorge Viñes, Laura Fernández, Marcus Dupuis, Mariano Marceca y Natàlia Terrats.

A los maestros en mi camino y especialmente a la Vida como maestra a través de las personas y situaciones que han sido mi fuente de inspiración.

Expreso mi gratitud a todos.

Anexo I
Ilustraciones

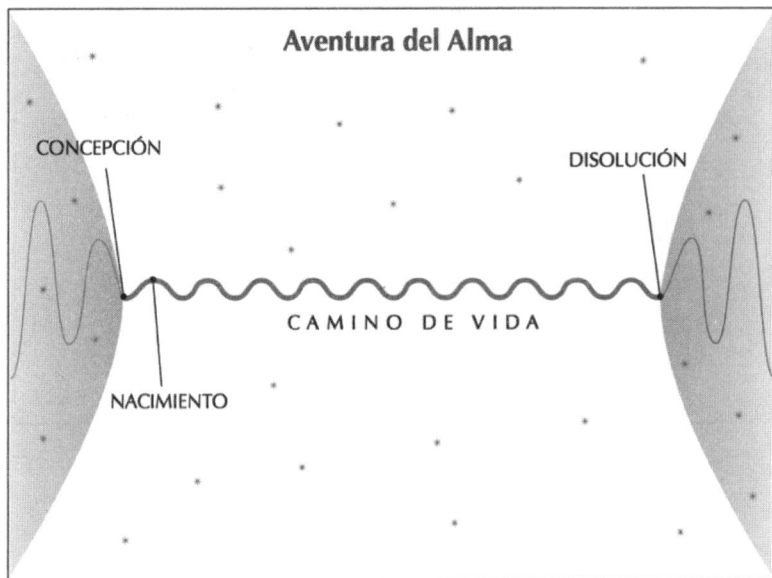

Aventura del Alma

CONCEPCIÓN

DISOLUCIÓN

CAMINO DE VIDA

NACIMIENTO

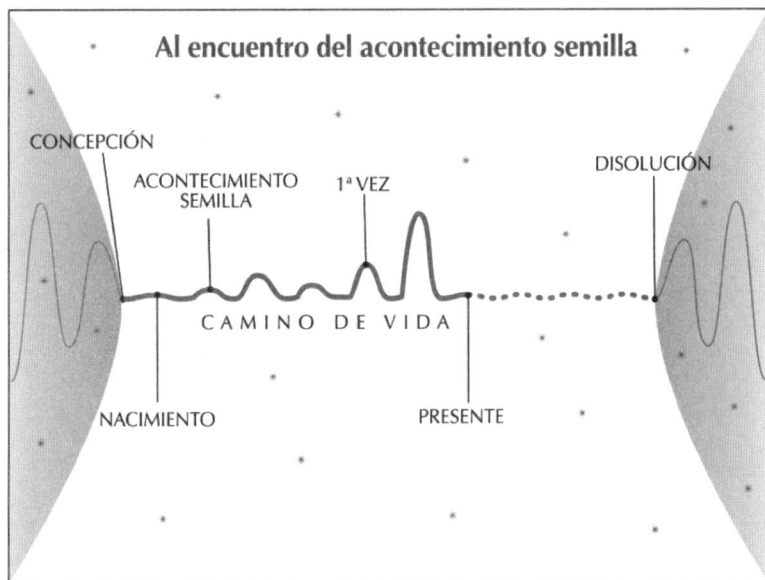

Al encuentro del acontecimiento semilla

CONCEPCIÓN

ACONTECIMIENTO
SEMILLA

1ª VEZ

DISOLUCIÓN

CAMINO DE VIDA

NACIMIENTO

PRESENTE

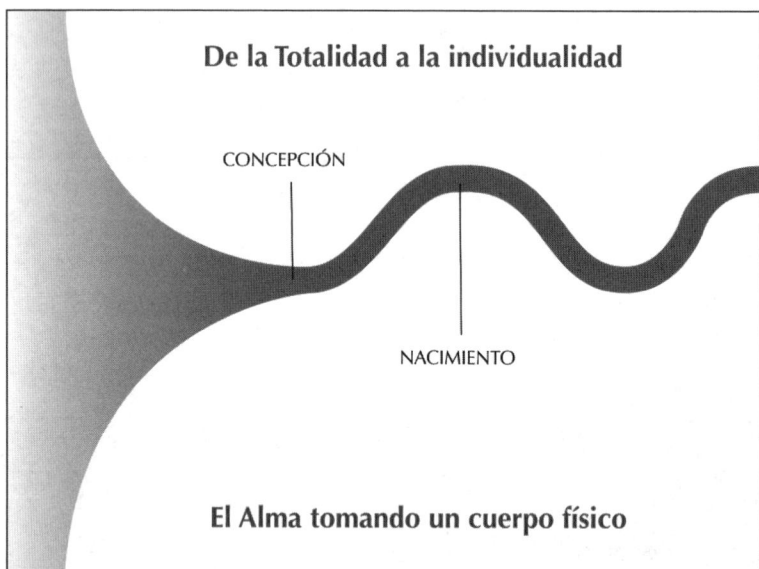

Anexo II
Detalle de prácticas por capítulos

E N 1993 FUI TESTIGO DE MI transformación a través de la serie de experiencias que se presentaron a lo largo de un viaje, con el efecto secundario de la sanación completa de mi dolor de cuello y espalda. En ese momento no supe cómo había ocurrido, y cuando lo descubrí desarrollé el método para acompañar el proceso de transformación que está descrito en este libro.

Este método ha sido útil a muchas personas para descubrir aspectos de sí mismas y para encontrar regalos escondidos dentro de experiencias difíciles. En este anexo doy las pautas o pasos que seguimos en los cursos y en las consultas para que el lector pueda experimentarlos para su proceso de autotransformación. No obstante, la persona que necesite un acompañante, lo encontrará en el apartado de miembros profesionales de www.lenguajedelalma.org.

PRÁCTICA DEL CAPÍTULO 4: ESCULPIR EL SÍNTOMA

La práctica que expongo a continuación fue desarrollada para revertir el proceso creativo de manifestación de un síntoma físico o emocional o situación personal, es decir, para pasar el síntoma desde el inconsciente al consciente. Este proceso creativo consciente se llama *Esculpir el síntoma*. Puedes usarla siempre que lo consideres necesario y enteramente por tu cuenta porque así es precisamente como fue desarrollada. Un día que sentía dolor de garganta y no sabía cómo lo había creado, cerré los ojos para concentrarme plenamente en esa sensación de dolor. Sentí mi garganta internamente tal cual como si me introdujera en el centro de mi dolor. Espontáneamente extendí las manos y empecé a dar forma a todo lo que sentía internamente, en el espacio vacío frente a mí, como si lo moldeara con la forma del síntoma. Cuando terminé de darle forma, di un paso hacia delante y me convertí en mi síntoma, el dolor de garganta. Súbitamente comprendí su mensaje y regresé a mi posición inicial. El dolor de garganta había bajado su intensidad y en unos instantes más casi no me dolía. Cuando abrí los ojos, me pareció haber creado una escultura y por eso le di ese nombre a la práctica.

La efectividad de la práctica está relacionada directamente con tu capacidad de realizarla desde tu sensación y no desde tu pensamiento. Es difícil sentir y pensar a la vez, la conciencia da preferencia a una de las dos áreas, bien al área de tus pensamientos o bien a la de tus sensaciones corporales; tú puedes elegir voluntariamente a cuál de ellas diriges tu atención. A los efectos de realizar esta práctica, tu capacidad de sentir más y pensar menos se puede desarrollar así: cada vez que te descubras pensando en lugar de sintiendo, regresa tu atención a la sensación; inmediata e indirectamente tu atención se retirará del pensamiento.

El proceso detallado es el siguiente:

a) En primer lugar, elige qué síntoma o situación quieres explorar para usar la práctica *Esculpir el síntoma*. Seguidamente cierra los ojos manteniéndolos cerrados todo el tiempo que dure la práctica. Establece una conexión con tu cuerpo desde el sentir y no desde el pensar. Empieza por sentir el movimiento de la respiración en alguna parte de tu cuerpo. Si no estás habituado a sentir tu respiración o sentir tu cuerpo por dentro, o si te parece que tienes dificultades para hacerlo, puedes usar previamente la práctica *Recuperar la sensibilidad corporal,* descrita en el capítulo 2.

b) Al poner la atención en tu respiración estás restableciendo tu sensibilidad natural, tu capacidad de sentir el cuerpo por dentro. Siente ahora especialmente la zona del cuerpo donde se manifiesta el síntoma o la sensación vinculada a la situación que estás contemplando. Es decir, si estás contemplando una situación que te provoca enojo, nota en qué lugar del cuerpo sientes ese enojo y ese será el síntoma físico vinculado a esta situación. Si elegiste explorar, por ejemplo, un dolor en el hombro, ese es el síntoma para ti. Ahora entrégate a sentir ese síntoma por dentro, como si te metieras dentro de él, en su mismo origen. Date cuenta de su forma, su movimiento, su temperatura, textura, sonido, olor, sabor y el resto de sus características. Después de unos minutos y como si te convirtieras en un artista, esculpe o representa tu síntoma o situación frente a ti. Te conviertes, de forma imaginada, en un escultor en el vacío: con tus manos extendidas creas en el espacio de delante de ti una entidad que represente el síntoma o la situación.

c) En ese momento, dirigiéndote a la escultura que representa el síntoma, formula en voz alta una o varias de las siguientes preguntas: ¿Cuál es tu intención? ¿Para qué estás aquí? ¿Qué quieres? ¿Qué quieres que yo haga o deje de hacer? ¿Qué quieres de bueno para ti misma? ¿Cuál es el mensaje o el regalo para mí?

d) Luego, con un gesto o con un soplo simbólico, le das aliento a la escultura y, metafóricamente, el síntoma o situación cobra vida; le otorgas así permiso para existir y expresarse. En ese momento ya está ocurriendo la transformación, dado que es posible que esta sea la primera vez que aceptas el síntoma o situación y que le permites expresarse. Le das un espacio al síntoma para que exista y también le das voz para que pueda expresarse, en lugar de rechazarlo y tratar de hacerlo desaparecer, como quizá hayas hecho hasta ahora.

e) Ahora das un paso hacia delante colocándote justamente en el lugar de la escultura y, como si dejaras tu cuerpo atrás en la posición del escultor, te conviertes completamente en la escultura. *Siendo* la escultura, reproduce una por una todas las características que han aparecido al esculpirla: forma, movimiento, temperatura, textura, sonido, olor, sabor y el resto de características que hayan aparecido. A la vez, recuerda que dejaste tu cuerpo atrás y, desde el lugar de la escultura, cuando miras al frente lo que estás viendo es una imagen del escultor, es decir, de ti mismo. Tras permitirte vivir el hecho de *ser el síntoma* el tiempo suficiente, sin ninguna prisa y como mínimo unos dos o tres minutos, deja que aparezcan intuitivamente las respuestas a las preguntas anteriores. La primera respuesta o información que aparezca, aunque aparentemente no tenga sentido, la tomas como verdadera. La respuesta puede ser una palabra, una frase, un gesto, un símbolo…, cualquier cosa que aparezca en ese momento. Aparezca lo que aparezca, dale forma interna a través de palabras expresándolo como un susurro, es decir, susurrando las palabras.

f) Cuando aparezca la respuesta, la intención, el mensaje o el regalo que la escultura tiene para el escultor, se la entregas a este tal como haya aparecido, es decir, como una palabra, una frase, un gesto, un símbolo o lo que haya aparecido. Ahora regresa a la posición del escultor y recibe el mensaje de la escultura, es decir, repite en voz alta las palabras susurradas anteriormente. Pregúntate ahora cómo puedes incorporar o usar ese mensaje en tu vida. Si no le encuentras sentido al mensaje, o bien no sabes cómo incorporarlo a tu vida, pide a la escultura que te aclare el sentido o bien pregunta cómo puedes incorporar el mensaje a tu vida. Una vez hecha la pregunta, regresa a la posición de la escultura de nuevo y conviértete en ella por segunda vez. Deja que aparezca la respuesta y susúrrala, igual que hiciste antes. Regresa a la posición del escultor y recibe el segundo mensaje de la escultura en voz alta.

g) Una vez que hayas recibido el mensaje o se te haya entregado el regalo, es posible que la escultura se transforme, aunque no es necesario que ocurra. Según lo que quede de esta escultura, recicla el material con la que la construiste entregándolo simbólicamente con tus manos al universo. Los restos de la escultura pueden entregarse al espacio o simplemente diluirse en tus manos. Esperamos que el proceso se realice amorosamente; si en el último paso sientes un rechazo hacia la escultura, es una evidencia de que la integración no se ha realizado completamente. En este caso, el proceso puede volver a realizarse pasados unos días.

Práctica del capítulo 5: Punto semilla

La clave del capítulo 5 es comprender la importancia de un acontecimiento semilla en la vida cotidiana, con las implicaciones que puede tener en la percepción de la realidad y en la salud. Si es tu deseo, puedes tratar de encontrar el acontecimiento semilla de un síntoma o situación determinada con la práctica que expongo a continuación.

En primer lugar, elige cuál es la situación o el síntoma físico del que quieres encontrar su origen, es decir, el acontecimiento semilla. Ahora se trata de encontrar este origen desconocido. Lo que se manifiesta como un síntoma en el cuerpo es algo que quedó en el inconsciente. Asumimos que uno no crearía para sí mismo, conscientemente, un síntoma doloroso en su cuerpo, por ejemplo, un dolor de espalda. Por tanto, el origen de ese dolor está en el inconsciente, porque si fuera consciente, simplemente lo haríamos desaparecer a voluntad. Aunque te parezca que sabes cuál es el origen de tu síntoma, te propongo que, por el momento, descartes esa información. Si conocieras el origen, eso indicaría que esa información está en tu consciente, pero la evidencia muestra que el síntoma se manifiesta desde el inconsciente; así que debe haber alguna pieza más del rompecabezas que hay que encontrar y llevar desde el inconsciente al consciente; este es el propósito de la práctica.

¿Cómo encontramos la pieza que nos falta?

Podemos pedirle al inconsciente que se manifieste a través del cuerpo señalando cuál, de entre todas las experiencias que has vivido, es el acontecimiento semilla del síntoma que estás explorando. Para ello puedes imaginar que colocas una tras otra todas las experiencias que has vivido, de forma ordenada desde la más antigua a la más reciente, desde la concepción hasta tu momento presente.

Esta práctica se llama *Punto semilla*[63] y se realiza trazando un semicírculo con el brazo izquierdo y la mano extendidos desde el frente y desplazándose hacia ambos lados. Es decir, se extiende el brazo izquierdo y la mano al frente, como si con esa mano se estuviera señalando el momento presente —usando la referencia de los puntos cardinales el brazo señalaría simbólicamente hacia el norte—. Entonces, trazando con un movimiento horizontal hacia la izquierda un cuarto de círculo con toda la extensión del brazo, el punto más alejado del presente sería el que señala la concepción —apuntando al oeste—. Recomiendo realizar esta práctica sentado con la espalda pegada a la pared; así se hará coincidir el momento de la concepción con el contacto con la pared —la mano no va a poder señalar más atrás ya que la pared es el límite[64].

---

[63] El proceso para señalar una experiencia determinada en relación a un comportamiento específico está desarrollado a partir de los trabajos de autoinducción a semitrance del máster de hipnosis moderna presentado por Allan Santos. El proceso está actualizado a partir de mi experiencia en las relaciones mente-cuerpo-alma y adaptado a síntomas físicos para encontrar el acontecimiento semilla, explorar el espacio previo a la concepción y el posterior a la disolución.

[64] Cuando esta práctica se use para visitar el momento previo a la concepción, recomiendo ubicar la concepción unos centímetros antes de tocar la pared, para que el contacto con la pared señale precisamente el momento previo a la concepción.

Hacia el otro lado, el derecho, se puede construir la representación del futuro; en ese extremo y por el lado derecho —apuntando al este—, el brazo izquierdo y la mano apuntarán al momento de la disolución, donde, dejando el cuerpo, el alma se fundirá con la totalidad. De esta forma ya tendrías dibujado en un semicírculo frente a ti una representación de todo tu camino de vida, desde tu concepción hasta tu disolución, centrado en tu momento presente.

El siguiente paso es pedirle al cuerpo que señale mediante el brazo izquierdo en qué momento ocurrió el acontecimiento semilla. Para hacerlo, puedes confiar entregándote a la sabiduría del cuerpo y dejarte llevar por la intuición, no por la mente lógica. Cierras los ojos —los vas a mantener cerrados todo el tiempo que dure la práctica— y llevas la atención al síntoma o la sensación en tu cuerpo del que quieres descubrir el acontecimiento semilla. Es decir, si estás explorando un dolor de estómago, llevas la atención a tu estómago. A continuación extiendes tu brazo izquierdo hacia delante, señalando el momento presente, y empiezas a desplazarlo voluntariamente desde el frente hacia la izquierda, muy, muy, muy despacio. El brazo empieza a moverse y tú no lo va a detener voluntariamente, es decir, vas a observar cómo se detiene él solo señalando a algún lugar. Simbólicamente, es como si estuviéramos yendo hacia atrás a través de todas las experiencias que contiene el cajón [65] que fue creado y titulado en el acontecimiento semilla. Moviendo sutilmente los dedos de la mano izquierda es como si fueras tocando todas las experiencias que están dentro de ese cajón, aun sin ser consciente de ello —dado que no es necesario—, hasta llegar al acontecimiento semilla.

Tu mano se moverá muy despacio hasta que notes un sutil o ligero impedimento para continuar moviéndola hacia la izquierda o hacia atrás. Si no fuerzas el movimiento, tu mano se detendrá sola. El lugar al que apunta tu mano representa intui-

---

[65] Este cajón está descrito en el apartado *El gran archivo*, del capítulo 5.

tivamente el acontecimiento semilla. Cuando la mano se detiene, está señalando y detectando la experiencia que se relaciona con el síntoma que se está explorando.

Entonces te preguntas internamente qué hay ahí y qué está pasando en ese acontecimiento. Es probable que a la vez que tu mano se detiene, o bien en los instantes siguientes, te llegue la información de lo que está sucediendo en ese acontecimiento:

- Qué edad tienes más o menos.
- Con quién estás.
- Qué está sucediendo.

En algunos casos va a llegar una información muy precisa acerca de lo que está ocurriendo en ese acontecimiento, detalles que no estaban en tu parte consciente aunque sí en la inconsciente. Precisamente de eso se trata, de llevar al consciente lo que estaba en el inconsciente para poder integrarlo.

En esa experiencia aparecerás más joven o incluso siendo muy niño. Es muy posible que este niño o niña esté con alguien más, o bien, si está solo, puede que eche de menos a alguna persona, alguien que debería estar ahí y no está.

Si no apareciera directamente una experiencia, observando la posición en la que quedó tu mano puedes preguntarte intuitivamente hacia qué edad está señalando. Esto es algo tan sencillo como que si ahora tengo treinta años y la mano señala un punto medio entre mi momento presente y mi concepción, es evidente que la mano señala a la época de mi vida en la que tenía unos catorce o quince años. Inmediatamente, sin analizar nada de lo que está ocurriendo, te preguntas internamente como si te lo susurraras:

—¿Qué estaba pasando en mi vida cuando tenía catorce o quince años?

Inevitablemente, aparecerá una experiencia en torno a esa edad, y a efectos de este trabajo la trataremos como el acontecimiento semilla.

En algunos casos, aunque pocos, la mano izquierda quizá no se detenga hasta que contacte con la pared. Esto indicará que el acontecimiento semilla está situado en torno a la concepción, así que los personajes que naturalmente están presentes son la madre y el padre biológicos.

Aparezca lo que aparezca en el acontecimiento semilla, tú estarás observando esa experiencia desde la distancia, es decir, tú estás sentado con tu edad actual, señalando hacia un lugar donde visualizas unas imágenes antiguas. Quien aparece en el acontecimiento semilla es el niño o la niña que eras en ese momento. Durante esta práctica siempre vas a mantener esa distancia entre tu yo actual y el niño o la niña que eras en ese momento, de forma que todo el tiempo estarás observando esa experiencia desde cierta distancia. Puedes visualizarlo como si estuvieras en el cine, sentado cómodamente en tu butaca, mientras en la pantalla se proyecta una película donde aparecen unos personajes.

Aquí termina este proceso simplificado de encontrar el acontecimiento semilla. El siguiente paso es llevar esta experiencia y los personajes que aparecen en ella al templo interior, a través de la práctica que se expone a continuación.

Práctica del capítulo 6:
Sanación en el templo interior

Esta práctica se realiza justo a continuación de la anterior, de forma que puedes encadenarlas. El propósito de esta práctica es facilitarte el proceso de integración en el acontecimiento semilla. El proceso puede llevarte a una expansión de conciencia como efecto de observar el mismo acontecimiento desde todos los puntos de vista de las personas que intervienen en él, incluyendo el punto de vista espiritual.

Cada uno de nosotros disponemos de un espacio interior sagrado que representa nuestra más pura esencia; denominamos a este espacio el templo interior. Podemos acudir a este espacio en cualquier momento, bien para sentirnos simplemente en paz, o bien para explorar un propósito en particular. El proceso que describo te conducirá al templo interior con el propósito de integrar y sanar el acontecimiento semilla.

En los cursos de introducción usamos esta práctica para integrar el acontecimiento semilla de forma simplificada [66]. La presentamos aquí debido a su sencillez, dado que posibilita que uno mismo pueda profundizar en el acontecimiento semilla, en caso de que sienta el impulso de hacerlo. La intención es realizar un viaje simbólico al templo interior.

Para ello puedes empezar conectando con tu cuerpo por el medio que estés habituado. Si no tienes un método en particular, puedes usar la *Meditación en la comunión de los cinco cuerpos* descrita en el capítulo 2, concretamente el apartado que hace referencia al cuerpo físico.

A partir de la toma de conciencia del cuerpo físico y manteniendo un hilo de atención en la respiración, imagina que se crea una abertura en el exterior de tu cuerpo que conduce a tu interior, al lugar donde se ubica un espacio sagrado que es tu más pura esencia, tu templo interior. Puedes imaginar esa abertura, por ejemplo, sobre el área del pecho o del plexo solar, o debajo del ombligo, o bien en otro lugar que tú elijas. En el caso de que haya un síntoma que se manifieste en una parte de tu cuerpo, puedes imaginar que la abertura que te dirigirá hacia tu templo interior se inicia en esa parte del cuerpo. Recuerda que el síntoma es una señal, una manifestación en el cuerpo que tiene su raíz en otro lugar, y que dirigimos nuestra intención hacia esa raíz u origen. Imagina tu conciencia entrando por esa

---

[66] Este proceso de integración de una experiencia determinada está desarrollado a partir de los trabajos de inducción a semitrance, también de segunda posición de PNL y el trabajo de re-impronta de Robert Dilts. El proceso, modificado y adaptado a partir de mi experiencia autodidacta como profesor de PNL y de hipnosis moderna, es la práctica que llamamos *Sanación en el templo interior.*

abertura que has elegido desde el exterior de tu cuerpo y con un movimiento descendente dirígela hacia el espacio interior, adquiriendo en cada una de tus respiraciones más y más profundidad. Continúa así durante varias respiraciones más, siguiendo muy lentamente el camino que te irá conduciendo a un espacio sagrado en el corazón o al lugar donde sientas ubicado tu templo interior.

Cuando te veas frente al templo interior podrás apreciar sus características particulares y la energía luminosa que sale de su interior. Tómate tu tiempo para observar y reconocer la belleza de tu propio templo, observando sus dimensiones, color, luz, materiales y otras características mientras llegas a la entrada y te introduces en él.

En esta ocasión y para esta ceremonia en particular el templo estará presidido por un guía espiritual. Elige cuál es tu guía en función de tus creencias espirituales o religiosas, el momento en el que te encuentras y el acontecimiento semilla que apareció en la práctica *Punto semilla* para ser integrado. O bien, en lugar de elegirlo tú, puedes simplemente pedir un guía espiritual y dejarte sorprender por el que aparece.

Sintiendo la paz que transmite el guía espiritual, serás guiado por el templo interior hasta su mismo centro, lugar donde imaginarás una luz irradiante que lo ilumina todo. Pedirás a todos los participantes del acontecimiento semilla que asistan a esta ceremonia de integración. Si hay alguien que, aun sin estar presente en el acontecimiento, crees que debería haber estado ahí, alguien que consideres un ausente, puedes invitarlo también. Los personajes aparecerán con la misma edad que tenían en el acontecimiento. Asistirá también tu yo más joven, o tu yo pequeño, con la misma edad que tenía en el acontecimiento semilla, que será el protagonista de esta ceremonia.

Les pedirás a todos ellos que se sienten alrededor del centro del templo, formando entre todos un amplio círculo de sanación espiritual. El protagonista se sentará frente a ti, en el otro extremo del círculo, el guía espiritual se sentará a tu izquierda y los participantes en el acontecimiento semilla, ya sea uno o varios, se sentarán a tu derecha.

En ese momento iniciarás la ceremonia con una comunicación imaginada entre los personajes que intervienen en el acontecimiento semilla. Imagina que tu conciencia se desplaza hacia el protagonista —tu cuerpo más joven con la edad que tenías en el acontecimiento semilla—. Le pedirás entonces al protagonista que exprese todo lo que tenga que decir, quizá lo que no se dijo en ese momento y era importante. Conectando con el corazón del protagonista, le das permiso y le otorgas poder para que exprese «su verdad», para que quede dicha y tenga efecto desde ese momento hasta el presente.

Una vez que el protagonista ha dicho todo lo que tuviera que decir, imagina que tu conciencia se desplaza hacia uno de los personajes que intervienen en el acontecimiento semilla. Le pides que conteste o que diga, conectando con su corazón, todo lo que tengan que decir, quizá lo que no dijo en ese momento o se entendió mal y era importante. Si hay más de un personaje, repites el mismo proceso para cada uno de ellos, uno por uno, cada uno con la edad que tenía en el acontecimiento semilla.

Así continúa el diálogo o la comunicación imaginada entre todos los personajes que aparecen en el acontecimiento semilla, hasta que quede todo dicho y comprendido, para que tenga efecto desde ese momento hasta el presente. Cada uno de ellos comunicará [67] sus deseos y necesidades y escuchará los de los de-

---

[67] Solo en el caso de que no se produzca esta comunicación esperada y quieras seguir intentándolo, puedes reproducir la escena imaginada dentro del templo en una sala real, creando el círculo de sanación espiritual. En el lugar donde estarían sentados los participantes en el acontecimiento semilla, es decir, a tu derecha, pondrías papeles con sus nombres. También lo harías con el guía sentado a tu izquierda. Podrías entonces desplazarte físicamente hacia el lugar que corresponde a cada persona dentro del círculo y sentarte en su lugar, imaginando ser esa persona y mirando a los demás del círculo, tal cual lo haría la persona que estuviera sentada ahí, y expresar lo que expresaría la persona en ese lugar.

más. El último turno de intervención corresponde al protagonista, para que dé cierre a todo lo compartido. Una vez expresado lo que todos tuvieran que comunicar, se producirá un determinante efecto de integración en ese acontecimiento y los posteriores que se hubieran construido sobre este.

Cuando la comunicación entre todos los personajes haya sido realizada, puedes pedir al guía un mensaje, un regalo o un símbolo de integración. Esperas unos minutos a que aparezca el regalo o mensaje del guía. Sea lo que sea lo que aparezca, dale forma interna a través de palabras expresándolo como un susurro, es decir, susurrando las palabras que aparecen o que describen el regalo del guía espiritual. A continuación entregas el mensaje, regalo o símbolo de integración al protagonista, tu yo pequeño, susurrándole las palabras que representan ese regalo. El protagonista las repite en viva voz y toma el regalo para él desde ese momento, llevándolo consigo. En este momento, cuando ha sido todo dicho y comprendido en todos sus aspectos, y cuando el regalo ha sido tomado por el protagonista, la integración en el acontecimiento semilla se ha producido.

Antes de finalizar la ceremonia en el templo interior, observaremos el acontecimiento semilla desde el lugar o posición de todos los que participaron en él y también desde la posición del guía espiritual. Simbólicamente es como si estuviéramos situados en la experiencia que dio nombre al cajón[68], donde se fueron guardando a partir de ese momento todas las experiencias vinculadas al mismo significado que se dio al acontecimiento semilla. El acontecimiento semilla se transforma y el cajón desaparece.

Ahora puedes agradecer la participación de todos y especialmente al guía por su presencia. Abres los brazos y creas un camino de luz, un túnel energético o una alfombra de algún color que llega hasta el protagonista. En ese momento el protagonista, con la edad que tenía en el acontecimiento semilla, em-

---

[68] Este cajón está descrito en el apartado *El gran archivo*, del capítulo 5.

pieza a andar, desplazarse o flotar hacia ti por el camino creado. Cada paso imaginado es un paso de integración, como si estuviera paseando sobre cada una de las experiencias que estaban dentro del mismo cajón. En cada paso se produce la integración de esas experiencias, sin ser necesario que recuerdes ninguna conscientemente. El protagonista va creciendo, haciéndose mayor a medida que se acerca a ti. En el último paso se convierte en ti; se encuentra contigo y se funde en tu cuerpo haciéndoos uno. La integración se ha realizado y el cajón ha dejado de existir.

Para finalizar, puedes reconocer el camino que te llevó hacia tu templo interior, sabiendo que puedes acceder a él cada vez que quieras y tantas veces como desees. Imagina ahora que eres guiado de regreso para dirigirte al exterior del templo. Con un movimiento ascendente imaginado, vas regresando por el mismo camino por el que llegaste, hasta volver a contactar con la realidad exterior. Devuelve tu atención a la respiración y a tus distintas sensaciones corporales. Abre los ojos suavemente y empieza a mover tu cuerpo muy despacio, el cual va llenándose de energía. Te sientes renovado, revitalizado y en paz con todos y con todo.

Si por el motivo que sea no consigues sentirte completamente en paz, el proceso puede volver a realizarse pasados unos días. Si aun así no consigues sentirte en paz, te recomendamos la atención de un especialista para que te acompañe en este viaje de integración al templo interior. Sea cual sea el contenido del acontecimiento semilla, sentirte completamente en paz es lo que mereces, definitivamente te lo ganaste y además está a tu alcance.

*   *   *

Anexo III
Simbología aplicada en este libro

*E*L LENGUAJE DEL ALMA es un lenguaje universal, ya que usa señales y símbolos que todos podemos entender. Al resumir aquí el conjunto de símbolos aparecidos en el libro y vincularlos a los ejemplos expuestos, nuestra intención es afinar tu sensibilidad para captar las señales del alma y desarrollar tu capacidad de leer la Vida.

ABORTO: Indica que el ser que llegó al vientre materno lo hizo para realizar un propósito de corta duración desde la perspectiva humana. Espiritualmente todos los seres que han iniciado y terminado su camino en el vientre materno, o que han vivido apenas unos primeros días después del nacimiento, han tenido una existencia completa.

ACIDEZ O REFLUJO: Indica un patrón sostenido de contención de emociones calientes —véase *Emoción caliente*— en su origen, que el estómago ya no puede contener. Cualquier eventualidad, incluso alimentaria, hace que el fuego empuje en dirección ascendente para liberarse, y el cardias ya no soporta más presión y cede.

AGUA: El fluir del agua, circulando libremente, es el símbolo del movimiento natural de las emociones.

ALEJARSE DE LA CASA, OÍDOS MUY SENSIBLES, TEMOR A LOS DES-
CONOCIDOS Y PIEL SENSIBLE: Ver los ejemplos del apartado
Niños muy conscientes del capítulo 5.

APARATOS: Cuando no funcionan hay que buscar qué «aparato»
hay en el cuerpo mental —es decir, un pensamiento o idea—
que no está alineado con el trabajo que estamos realizando
o con el uso que le vamos a dar.

ÁREA ABDOMINAL: Es el área corporal que recibe la fuerza creativa de la emoción y la dirige hacia su expresión cuando es
aceptada por el cuerpo mental.

AVERÍAS DE AGUA EN CASA: El agua simboliza emociones conte-
nidas. El agua siempre encuentra el lugar por donde salir, lo
que nosotros percibimos como una avería.

BATERÍA SIN CARGA: Simboliza tu nivel de energía en esa área
o actividad de tu vida; que te sientes sin energía, o bien,
aun teniéndola, te descargas rápido, o bien indica la creencia de que te falta energía para realizar una determinada
actividad.

BILLETERA: Es el símbolo de la relación con el dinero o el poder.

BRAZOS Y MANOS: Son los símbolos de la acción; cuando los
brazos duelen o no se pueden mover indica que hay desalineación en la acción, entre lo que uno hace y lo que quiere hacer.

CALENTADOR DE AGUA: El agua indica emociones. Un calentador
de agua indica que se trata de emociones calientes. Cuando
el calentador da problemas simboliza dificultad en manejar
las emociones calientes, como coraje, ira, enfado o rabia. Si
hay contención o represión de ellas, estas emociones pueden
expresarse en la piel, por ejemplo. Para más información, véase *Emoción caliente*.

CASA: Es el símbolo del hogar y del territorio a proteger, defender o conservar.

Catarros con bronquitis: Emoción de pena, miedo, tristeza, de ser herido por una persona querida, y que se contiene en el pecho.

Células que no se están alimentando, intolerancia al alimento: Indica que existe la creencia de que «no merezco o no debo alimentarme».

Computadora: Símbolo de la mente racional.

Depresión: No se trata de una enfermedad mental, ya que solo simboliza la dificultad o la negación a interiorizarse, a ir hacia dentro, que es la fuente de la vida. Indica resistencia al movimiento natural de la vida, cuyo primer paso es inspiración —ir hacia dentro— y el segundo es expresión —ir hacia fuera—, que constituye el proceso creativo completo.

Diarrea: Símbolo de soltar, limpieza interna y liberación de algo antiguo o del pasado.

Documentos de identidad: Son el símbolo de la identidad, de quién somos en relación con quién creíamos ser.

Emoción caliente: Coraje, ira, enfado, rabia, etc. Todas ellas son una fuerza vital con la capacidad de cambiar el mundo, fuerza que en general no se usa cuando esas emociones son consideradas negativas. El cuerpo físico las almacena cuando el cuerpo mental impide su expresión.

Emoción fría: Culpabilidad, impotencia, frustración o miedo no aceptado. Estas emociones siguen una dirección descendente, es decir, desde la zona abdominal hacia abajo, del mismo modo que el agua fría tiende naturalmente a ir hacia abajo. El intento indefinido de «contenerse» o «aguantarse» puede manifestarse físicamente como incontinencia.

Enfermedad grave: Simboliza que hay un asunto de *vital* importancia al que no se está atendiendo. El regalo apunta a un importante cambio de vida interno y externo.

Enfermedades de los niños: El niño es un reflejo del alma familiar, a la cual pertenece. Los problemas del sistema familiar pueden manifestarse en el niño a través de su comportamiento y también reflejarse en su cuerpo en forma de molestias y enfermedades.

Enrojecimiento y bultos en los ojos: Emoción reprimida que está relacionada con lo que uno está viendo y no quiere ver o imaginar.

Escenario exterior, lo que percibimos como realidad: Es el reflejo y el símbolo de lo que sucede en el escenario interior. Cuando sucede algo que nos desagrada, hay que detectar qué aspecto interno nuestro está reflejando.

Estómago: Cuando se presentan síntomas en este órgano, como por ejemplo dificultades en la digestión, indica que se está viviendo algo en el escenario exterior que cuesta o no se puede digerir.

Garganta: Cuando se presentan síntomas en esta zona, buscar la palabra o la emoción no expresada verbalmente, o bien expresada a medias o con dificultad. Las molestias en esta zona apuntan a que se alberga la idea de que es mejor callar, aunque ello sea doloroso.

Genitales: Los síntomas en esta zona indican que hay problemas vinculados con la procreación o bien aspectos de culpabilidad relacionados con lo sexual.

Herpes o culebrilla: Indica la metáfora de ser traicionado o atacado por una culebra. Es un caso de expresión de una emoción fuerte y caliente a través de la piel.

Hombros, cuello: Tener dolor en esta zona indica que se llevan cargas. Puede tratarse de un intento de control o de darse importancia, o bien de una responsabilidad excesiva.

Indicador de presión en el vehículo: Simboliza la presión interna o la que estás ejerciendo en una área de tu vida.

Intermitente del vehículo: Indica cambio de dirección interna.

Intestino delgado: Cuando se presentan síntomas en este órgano indica que se está viviendo algo que no se puede asimilar.

Intestino grueso o colon: Cuando se presentan síntomas en este órgano indica que simbólicamente se está viviendo algo que no se puede soltar o excretar.

Intolerancia alimentaria: Los dos grandes grupos de intolerancia alimentaria —a los derivados lácteos y al gluten— se relacionan con la madre o lo femenino (leche) y con el padre o lo masculino (pan), respectivamente. La madre es la que nutre con la leche y el padre es el que trae el pan al hogar.

Líquidos: Símbolo de liquidez, es decir, de una corriente de dinero para afrontar una situación.

Mama: Símbolo de nutrición, alimento y protección.

Mucosidad: Emoción contenida o reprimida mentalmente que se encuentra en su proceso de liberación corporal.

Muro: Separación. Símbolo de poner distancia o protegerte en tu vida.

Oídos: Son el símbolo de escuchar; cuando uno pierde audición está indicando que es doloroso escuchar. Los demás sentidos se adaptan de forma similar, ya que cuando es doloroso sentir en cualquier canal, este reacciona disminuyendo la percepción.

Ojos: El sentido de la vista es un reflejo de lo que vemos en el mundo o escenario, o bien de cómo nos vemos nosotros mismos dentro de él.

Pareja: Es el espejo o reflejo más cercano que tenemos. Las cosas que no aceptamos de la pareja señalan aquellos aspectos propios que debemos liberar en nosotros mismos.

PIEL: Es el límite entre dentro-fuera, lo que separa a una persona del resto de personas y cosas. Por tanto, los problemas en la piel son un símbolo de poner distancia o separación. El enrojecimiento o eccema es una forma de expresar una emoción caliente de forma silenciosa, aunque ya convertida en fuego. Más aún cuando se presentan picores, ya que rascarse hasta hacerse daño es una vía para disipar esa energía caliente.

PIERNAS: Son el símbolo de andar, avanzar o sostenerse. Si se manifiestan síntomas en las piernas, hay que encontrar el evento que hace que la persona crea o sienta que no avanza o no se sostiene en su vida.

PIES: Apoyo en el suelo. Cuando el apoyo es completo indica que se está presente físicamente.

PROBLEMAS DENTALES, BRUXISMO: Rabia o emoción caliente contenida, impulso ancestral reprimido de morder al oponente o de agredirlo verbalmente.

PULMONES: Cuando se presentan síntomas en este órgano, buscar la emoción de un miedo a morir o a desaparecer no expresado.

RELOJ: Es el símbolo del paso del tiempo. Si no funciona correctamente indica que algo está pasando con nuestra relación con el tiempo.

RESPIRACIÓN ACORTADA: Apunta a un vínculo entre sentir y sufrir. Contraigo inconscientemente los músculos relacionados con la respiración, ya que cuanto menos respire, menos sentiré y, por tanto, menos sufriré.

ROTURA: Señala a algo que se ha roto o bien que debe o puede romperse en tu vida.

SENSACIÓN DE FALTA: Somos seres completos y no nos falta nada. Por tanto, la sensación de carencia es una ilusión, un error que apunta a un acontecimiento semilla que fue donde se originó.

SUEÑOS: Un sueño recordado es un puente de conexión entre el inconsciente y el consciente. El alma emplea este puente para decirnos lo que necesitamos saber.

TENSIÓN EN LA MANDÍBULA: Apunta a la creencia de que es mejor guardar o esconder la tensión o el enfado antes que expresarlo, ya que el enfado tiende a salir al exterior a través de la tensión de la mandíbula y el sonido, y por tanto es normal que las mandíbulas acumulen tensión.

TOS: Es una forma de sacar algo que se guardó en el pecho o de sacar algo que se tragó y quedó en la garganta.

TRABAJO: Símbolo de tu propósito actual. Perderlo o dejarlo indica una nueva etapa o una nueva alineación con tu propósito de vida.

UTENSILIOS QUE SE ESTROPEAN O SE PIERDEN: Simbólicamente hay que encontrar qué parte de nosotros se quedó anticuada y es el momento de despedir o renovar.

VASO: Símbolo de contención y también de transparencia.

VOLANTE DEL VEHÍCULO: Indica alineación con la dirección interna.

VÓMITOS: Rechazo a algo que está ocurriendo en tu vida.

Página de contacto

El lenguaje del alma es un marco, paradigma o forma de experimentar la realidad que puede ser incorporado tanto por psicólogos como por médicos y terapeutas acreditados en cualquier especialidad. Es una metodología a través de la cual el cliente recupera su poder y pasa a ser «co-creador» de su sanación junto con el profesional de la salud.

Escuchar y comprender *El lenguaje del alma* no es una terapia y, sin embargo, tiene efectos terapéuticos. Es compatible con cualquier medicina, método de sanación o terapia, ya que brinda consciencia y sentido al proceso de salud. Este conocimiento incorporará a tu actual sistema de salud nuevos aspectos que están relacionados con los síntomas que el cliente manifiesta en su cuerpo.

El método muestra cómo generar experiencias para que el cliente descubra que sus patrones mentales y emocionales están asociados a los síntomas físicos que manifiesta, y permite explorar los aspectos espirituales vinculados con la salud. El profesional adquiere la capacidad de actuar como acompañante-espejo, ofreciendo al cliente un espejo limpio donde pueda reconocerse, creando un espacio que le permite acceder, aceptar e integrar distintos aspectos de su proceso de transformación.

Facilita que el cliente transite desde sentirse amenazado o víctima de la situación, a vivirlo como un reto o desafío personal que le situará como co-creador de su realidad. Desarrolla habilidades para poner más atención al cuerpo, a la respiración y al origen de las emociones, pensamientos, comportamientos y patrones.

El lenguaje del alma pone la atención en el proceso creativo del que surgen las circunstancias de la vida, incluyendo los síntomas en el cuerpo físico y también los tratamientos o sistemas de medicina que el cliente manifiesta. Por tanto, en ningún caso se recomienda al cliente la interrupción de un tratamiento médico, psiquiátrico, psicológico ni cualquier otro, ni se le propone tomar ni dejar medicación alguna.

INTERÉS PERSONAL

Si tu interés es personal, los cursos y las consultas de transformación que facilitamos están dirigidos a toda persona que esté en un proceso de cambio, transición y evolución, así como para la que siente que no dispone de todas las habilidades, conocimientos o experiencias que le permitan integrar lo que está viviendo. En esta transición suelen estar implicados aspectos físicos, emocionales y mentales, y también distintos aspectos relacionados con el propósito de vida o espirituales. *El lenguaje del alma* te propone un proceso de escucha y entrega; en la medida en la que se produce la entrega a *lo que es*, puede ocurrir la sanación de los distintos cuerpos como una consecuencia de estar alineado.

Cursos y Procesos de TransFormación
info@medicinadelser.com
Telf. (0034) 669 063 723
www.medicinadelser.com

LA NUMEROLOGÍA DEL SER

Los 9 caminos de retorno a la unidad
JOSEP SOLER

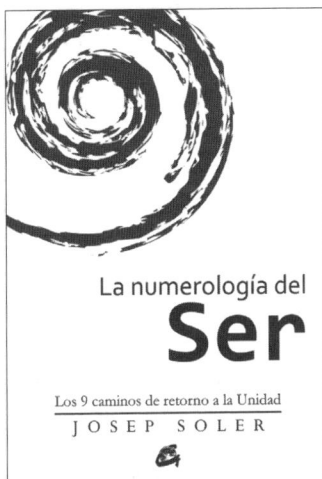

Descubre la relación que guarda tu Ser interior con el personaje que encarnas.

La numerología del Ser es una sabiduría que conjuga arte y ciencia con el fin de enfocar con claridad las claves esenciales del propósito de vida de cada persona. Mediante la información que contiene la fecha de nacimiento podemos establecer la relación que hay entre el Ser o alma que somos y el personaje que encarnamos, lo cual nos permite comprender aspectos de vital relevancia de nuestra existencia y reconocer nuestro camino de vida.

El camino de vida es diferente para cada persona y está constituido por la sucesión o encadenamiento de acontecimientos que nos lleva a despertar en el plano espiritual. Es un viaje incomparable donde se presentan sorpresas, aventuras, desenlaces inesperados, desafíos y maravillosos regalos, incluyendo algunos tramos en los que aparecen situaciones especialmente difíciles y que son precisamente los que contienen las enseñanzas más valiosas.

La intención de este libro es acompañarte para que descubras tus dones genuinos, y también aportarte luz ante tus mayores desafíos para que estos finalmente queden transformados también en dones.

Gaia Ediciones

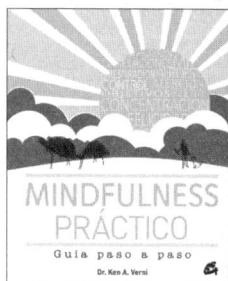

MINDFULNESS PRÁCTICO

Guía paso a paso

DR. KEN A. VERNI

Mindfulness Práctico es una excelente guía que te enseña de modo minucioso cómo aplicar en la vida diaria los bien conocidos beneficios del mindfulness: vivir en el momento presente y conquistar la felicidad.

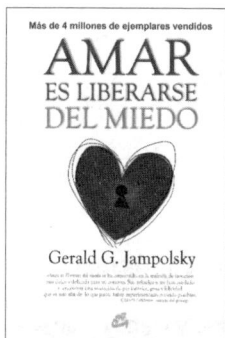

AMAR ES LIBERARSE DEL MIEDO

GERALD G. JAMPOLSKY

Amar es liberarse del miedo ha servido de guía a millones de lectores en el camino de la autosanación gracias a la profundidad, el poder y la sencillez de su mensaje. Abraza sus palabras con una mente abierta y un corazón decidido y permite que ellas te dirijan a una vida en la que la negatividad, la duda y el miedo se sustituyen por optimismo, alegría y amor..

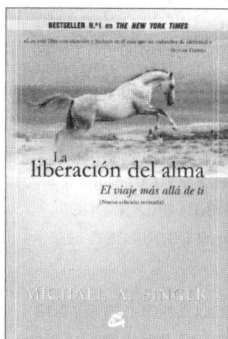

LA LIBERACIÓN DEL ALMA

El viaje más allá de ti

MICHAEL SINGER

Michael Singer pone a nuestro alcance la esencia de las grandes enseñanzas espirituales de todas las épocas. Cada capítulo de *La liberación del alma* es una instructiva meditación sobre las ataduras de la condición humana y de cómo se pueden desatar delicadamente todos y cada uno de sus nudos para que el alma pueda volar en libertad.

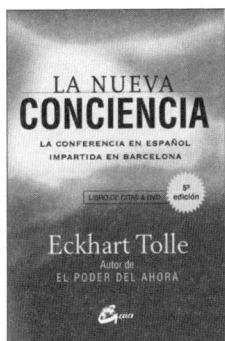

LA NUEVA CONCIENCIA

La conferencia en español impartida en Barcelona

ECKHART TOLLE

El presente libro recoge una selección de enseñanzas de Tolle ilustradas con inspiradoras fotografías a color, además del DVD de la conferencia íntegra, que trasluce un particular ambiente de quietud, sencillez y complicidad con los asistentes.

LUNA ROJA

Emplea los dones creativos, sexuales y espirituales del ciclo menstrual

MIRANDA GRAY

El ciclo menstrual femenino es un poderoso proceso creativo cuyos efectos no se reducen al plano meramente fisiológico, sino que también se hacen sentir intensamente a nivel psicológico y espiritual. En *Luna roja* Miranda Gray ofrece a la mujer moderna una profunda y clarificadora visión de su naturaleza cíclica y de los dones y posibilidades que encierra el ciclo menstrual.

MORIR PARA SER YO

Mi viaje a través del cáncer y la muerte hasta el despertar y la verdadera curación

ANITA MOORJANI

A lo largo de más de cuatro años, el avance implacable de un cáncer llevó a Anita Moorjani a las puertas de la muerte y hasta lo más profundo de la morada de la muerte. La minuciosa descripción de todo el proceso que hace la autora ha convertido esta obra en un relato esclarecedor de lo que nos aguarda tras la muerte y el despertar final. Uno de los testimonios espirituales más lúcidos y poderosos de nuestro tiempo.

Para más información
sobre otros títulos de
GAIA EDICIONES

visita

www.alfaomega.es

Email: alfaomega@alfaomega.es
Tel.: 91 614 53 46